人文社科
高校学术研究论著丛刊

汉语作为第二语言教学：理论、方法与实践

姜艳艳 著

中国书籍出版社
China Book Press

图书在版编目(CIP)数据

汉语作为第二语言教学：理论、方法与实践 / 姜艳艳著. -- 北京：中国书籍出版社，2021.11
ISBN 978-7-5068-8783-0

Ⅰ.①汉… Ⅱ.①姜… Ⅲ.①汉语－对外汉语教学－教学研究 Ⅳ.①H195.3

中国版本图书馆 CIP 数据核字(2021)第 224040 号

汉语作为第二语言教学：理论、方法与实践

姜艳艳　著

丛书策划	谭　鹏　武　斌
责任编辑	毕　磊
责任印制	孙马飞　马　芝
封面设计	东方美迪
出版发行	中国书籍出版社
地　　址	北京市丰台区三路居路 97 号(邮编：100073)
电　　话	(010)52257143(总编室)　　(010)52257140(发行部)
电子邮箱	eo@chinabp.com.cn
经　　销	全国新华书店
印　　厂	三河市德贤弘印务有限公司
开　　本	710 毫米×1000 毫米　1/16
字　　数	249 千字
印　　张	15.75
版　　次	2022 年 7 月第 1 版
印　　次	2022 年 7 月第 1 次印刷
书　　号	ISBN 978-7-5068-8783-0
定　　价	80.00 元

版权所有　翻印必究

目 录

第一章　汉语作为第二语言教学的前世今生 ……………… 1
- 第一节　中华人民共和国成立前的汉语传播 ……………… 1
- 第二节　中华人民共和国成立后的汉语作为第二语言教学 …… 5
- 第三节　新时代的国际中文教育 ……………………………… 14
- 第四节　国际中文线上教学 …………………………………… 19

第二章　汉语作为第二语言课堂教学概述 ………………… 29
- 第一节　课堂教学的内涵 ……………………………………… 29
- 第二节　汉语课堂教学的理论基础 …………………………… 38
- 第三节　汉语课堂教学的原则与方法 ………………………… 42
- 第四节　汉语课堂教学管理 …………………………………… 50

第三章　备课与教案设计 ……………………………………… 54
- 第一节　备教材 ………………………………………………… 54
- 第二节　备教学对象 …………………………………………… 61
- 第三节　备教学方法 …………………………………………… 65
- 第四节　汉语课堂教学教案设计 ……………………………… 70

第四章　汉语作为第二语言语音教学 ……………………… 89
- 第一节　语音概说 ……………………………………………… 89
- 第二节　汉语语音教学的原则 ………………………………… 96
- 第三节　汉语语音教学的方法 ………………………………… 105
- 第四节　汉语语音教学中应注意的问题 ……………………… 111

第五章　汉语作为第二语言词汇教学 ……………………… 121
- 第一节　词汇概说 ……………………………………………… 121

第二节　汉语词汇大纲与词汇教学原则 …………………… 129
　　第三节　汉语词汇教学的方法 ………………………………… 133

第六章　汉语作为第二语言语法教学 ……………………………… 147
　　第一节　语法概说 ……………………………………………… 147
　　第二节　汉语母语语法教学与汉语作为第二语言语法教学 … 153
　　第三节　汉语语法教学的原则 ………………………………… 156
　　第四节　汉语语法教学的方法 ………………………………… 161

第七章　汉语作为第二语言汉字教学 ……………………………… 177
　　第一节　汉字的结构及其特点 ………………………………… 177
　　第二节　汉字教学的范围和原则 ……………………………… 181
　　第三节　汉字教学的方法和技巧 ……………………………… 184

第八章　多模态教学模式在汉语作为第二语言教学中的应用 …… 195
　　第一节　多模态话语分析理论综述 …………………………… 195
　　第二节　多模态教学模式在汉语教学中的应用 ……………… 199
　　第三节　汉语教师多模态课堂话语分析 ……………………… 204
　　第四节　汉语写作教学教师多模态话语分析 ………………… 211
　　第五节　基于ELAN的汉语口语课多模态教学考察 ………… 221

参考文献 ……………………………………………………………… 232

后记 …………………………………………………………………… 242

第一章　汉语作为第二语言教学的前世今生

　　汉语作为第二语言教学有着悠久的历史。据考证,早在秦汉时期,汉字汉语就已经向外传播。中华人民共和国成立后,汉语传播走上了规划之路,成了国家和民族的事业。王春辉(2021)认为,中华人民共和国成立以来,汉语作为第二语言教学事业经历了从 1.0 到 4.0 的演变:1949—1986 年是 1.0 阶段,事业处于起始期和积累期;1987—2003 年是 2.0 阶段,这一时期以国家对外汉语教学领导小组的成立为标志,开启了汉语作为第二语言教学学科和事业发展的系统规划;2004—2019 年是 3.0 阶段,以孔子学院和孔子课堂的全球布局为标志,见证了中国主动助力中文国际化的历程;2020 年进入 4.0 阶段,大变局与大疫情叠加之年,汉语作为第二语言教学开始致力于构建更加开放、包容、规范的现代国际中文教育体系。了解一门学科,必先了解这门学科的发展历史。本章我们首先透过历史,窥见汉语传播、汉语教学的前世今生。

第一节　中华人民共和国成立前的汉语传播

　　目前学界一致认同,早在先秦时期,汉语就已经开始向四周传播。至汉唐时期,汉语传播达到一个极盛时代。我们常常提及的"汉字文化圈"在汉唐时期已经形成,古代丝绸之路也为汉语的传播提供了契机。

一、汉语在亚洲的传播

　　汉语在亚洲的传播有一个显著共性,即"将汉语汉字民族化"。朝鲜半岛、日本、越南等地,都曾将汉语的经典文献(如《论语》)等作为学习的对象。起初,汉语只是社会上层人士学习的对象,并逐渐成为上层人士用来写作的语言,政府公文也用汉语书写发布。汉字成为记录他们本国语言的重要的文字,如日本现存最早的两本史书《古事记》和《日本书记》,都是用汉字写成。唐代的兴盛,吸引了很多日本、朝鲜的留学生。例如,日本多次派出"遣唐使",其中有不少留学生和僧侣来到中国,有些人在中国留学数年甚至数十年。这些留学生在中国的汉语学习与汉语母语教育相仿,中国政府的教育机构并没有考虑对这些留学者来说汉语是第二语言,并未遵循第二语言教学的特点和规律,而是和中国学生一样学习中国的经史经典。这些知识分子精英在中国接受私塾式的工匠式训练,不仅精通汉语,而且接受了正规的汉学和儒学教育,并把这种做法原封不动地搬回他们的国家。他们回国之后,有力促进了汉语的传播,汉语词汇大量输入,汉语也逐渐通过教育扩展到民间。在完全借用汉字记录本国语言文字之后,这些地区对汉字进行了调整,创造出一些特殊的汉字,如越南的喃字、日本的国字。此后,模仿汉语的特点创制本民族的文字,如唐代,日本留学生吉备真备在汉字楷书的基础上设计出片假名,朝鲜仿照汉字的结构方式设计出谚文。

  至元明清时代,汉语传播出现了新的特点。由最初完全引进汉语经典,重视阅读到开始自己编撰一些汉语教材,如日本编写了《唐话便用》《唐化纂要》等唐话课本,侧重口语,实用性大大增强。当时朝鲜有两本著名的汉语教材《老乞大》和《朴通事》同样以北方老百姓的口语对话为主,专供朝鲜人学习汉语。这两本教材多次再版,它们的出现,一改以往从古朝鲜到三国、高丽时期延续的以汉文经典为教学内容,侧重汉语书面语学习的学习方式,开始注重口语教学,注重培养汉语的交际能力。《老乞大》以高丽商人来中国经商为线索,采用高丽人和中国人对话的形式,表现道路见闻、住宿饮食、买卖货物等,中间还插入一些宴饮、治病的段落。《朴通事》没有一个统一的主线,用对话或一人叙述的方式,介绍中国社会生活的各个方面,涉及宴会、买卖、农业、手工业、词讼、宗教、游艺、景物等多项内容。如果说《老乞大》是一本初级汉语口语教材,《朴通事》就是一个短篇故事集,适合中高级阶段的汉语学习。我们来看一段《老乞大》和《朴通事》的内容。

第一章　汉语作为第二语言教学的前世今生

　　大哥,你从那里来?我从高丽王京来。

　　如今那里去?我往北京去。

　　你几时离了王京?我这月初一日离了王京。

　　既是这月初一日离了王京,到今半个月,怎么才到的这里?

　　我有一个伙伴落后了来,我沿路上慢慢的行着等候来,因此上来的迟了。

　　那伙伴如今赶上来了不曾?这个伙伴便是,夜来才到。

　　你这月尽头到的北京么?

　　到不得。知他,那话怎敢说?天可怜见,身已安乐时,也到。

　　你是高丽人,却怎么汉儿言语说的好?

　　我汉儿人上学文书,因此上些小汉儿言语省的。

　　你谁根底学文书来?我在汉儿学堂里学文书来。

　　你学甚么文书来?读《论语》《孟子》《小学》。

　　你每日做甚么工课?

　　每日清早晨起来,到学里。师傅上受了文书,下学,到家里吃饭罢,却到学里写仿书,写仿书罢对句,对句罢吟诗,吟诗罢师傅前讲书。

　　讲甚么文书?讲《小学》《论语》《孟子》。

　　说书罢又做甚么工课?

　　到晚,师傅前撒签背念书。背过的,师傅与免帖一个;若背不过时,教当值学生背起,打三下。

——《老乞大》

　　当今圣主,洪福齐天,风调雨顺,国泰民安。又逢着这春二三月好时节,休蹉过了好时光。人生一世,草生一秋,咱们几个好弟兄,去那有名的花园里,做一个赏花筵席,咱们消愁解闷如何?

　　众兄弟们商量了。咱们三十个人,各出一百个铜钱,共通三千个铜钱,勾使用了。着张三买羊去。买二十个好肥羊,休买母的,都要羯的。又买一只好肥牛,买五十斤猪肉。着李四买果子、拖炉、随食去。酒京城糟房虽然多,街市酒打将来怎么吃?咱们问那光禄寺里,讨南方来的蜜林檎烧酒一桶、长春酒一桶、苦酒一桶、豆酒一桶。又内府管酒的官人们造的好酒,讨十来瓶如何?

——《朴通事》

· 3 ·

从这两段文字我们可以看出,两本教材口语性很强,反映了当时中国的社会文化,如《老乞大》的这段对话,就详细描述了当时外国人在中国是如何学习汉语的。这两本教材不仅是学习汉语的绝佳教材,是朝鲜半岛第二语言教学史上的瑰宝,而且反映了当时中国北方生活的方方面面,极具史料研究价值。

二、汉语在西方的传播

由于地域的原因,汉语在西方传播相对较晚。13世纪末,伴随着意大利旅行家马可波罗的《马可波罗游记》的诞生,西方人开始比较全面地了解了中国。16世纪中后期,基督教耶稣会不断向外发展,在此后的几百年间,不少传教士来到中国,他们当中很多人有深厚的学识,来华后学习汉语,研读中国典籍,将汉语和中国文化传播到了西方,不少人成为后来所熟知的传教士汉学家,如意大利的罗明坚、利玛窦,德意志的汤若望,法国的冯秉正、金尼阁等。当然,耶稣会也将一些中国的信徒带去欧洲,这些中国信徒在学习神学的同时,有的也进行汉语教学和汉文化传播,如中国人黄嘉略在18世纪初到达欧洲,编写了《汉语语法》和《汉语词典》,是较早的中国人自己编写的对外汉语教材。19世纪,欧洲出现了一批汉学家,编写了一些汉语语法书、汉语教材及汉外字典。例如,法国汉学家雷慕莎的《汉语语法基础知识》、美国卫三畏的《简易汉语教程》、英国驻华公使威妥玛的《语言自迩集》、英国马礼逊的《华英字典》。我们不妨看一下《语言自迩集》的编写体例。

《语言自迩集》的书名取自《中庸》第九章:"君子之道,辟如行远必自迩,辟如登高必自卑。"从整本教材的编写体例来看,基本按照"语音—汉字—词—句—篇章"这样的顺序编排,确实体现了由浅入深,循序渐进的原则。书中运用了威妥玛式拼音,仿照西方语言的语法对汉语词类进行分析,词语复现率高,加入中国的民间故事和很多文化内容,配置大量的练习,这些很适合西方人学习汉语,体现了汉语教材编写科学、有趣、实用的原则。

第一章　发音	第八章　词类章
单元音和复元音	绪论
辅音	名词与冠词
送气音	汉话的量词
音节总表	数,单数与复数
第二章　部首	格
部首总表	性
部首测验表（一）	形容词及其比较级
部首测验表（二）	代词
部首测验表（三）	动词的情态、时态和语态修饰
答案	副词
第三章　散语章	介词
第四章　问答章	连词
第五章　谈论篇	叹词
第六章　践约传	附录
第七章　声调练习	北京话音节表//北京话字音表
关于声调影响韵母的条件的注释	
练习燕山平仄编	
声调练习	

第二节　中华人民共和国成立后的汉语作为第二语言教学

　　汉语作为第二语言的教学真正成为一项事业和一门学科是在中华人民共和国成立以后,从无到有,再到蓬勃发展,这个学科的名称也经历了"对外汉语教学—汉语国际教育—国际中文教育"的发展演变。"对外汉语教学"原本指对外国人的汉语教学,但是后来不少学者认为这个名称多是站在国人自己的视角上,因此随着汉语逐步走向世界,"汉语国际教育""汉语国际教学"的使用越来越多。"今天我们通常用对外汉语教学指称在国内对来华留学生进行的汉语教学,用汉语国际教育指称在海外把汉语作为外语的教学"(崔希亮,2010)。

一、对外汉语教学的发展

对外汉语教学的发展,学界一般认为经历了以下几个阶段。

(一)初步发展阶段——20世纪50年代初到60年代初

1950年应东欧的捷克斯洛伐克和波兰两国的要求,我国同这两个国家各交换了5名留学生。同时,还主动同罗马尼亚、匈牙利、保加利亚、朝鲜等国各交换了5名留学生。为此,教育部在清华大学设立了"东欧交换生中国语文专修班",共接收了33名东欧国家留学生。这是我国第一个专门从事对外汉语教学的机构,吕叔湘任清华大学外籍留学生管理委员会主席并监管专修班业务工作。自此,中华人民共和国的对外汉语教学开始平稳起步。这个阶段比较有代表性的事件如下。[①]

1952年,由于全国高等学校院系调整,专修班调到北京大学,并更名为"北京大学外国留学生中国语文专修班",周培源任班主任。这一年,朱德熙等人赴保加利亚教授汉语,这是中华人民共和国成立后我国首次向海外派遣汉语教师。紧接着,我国又向越南、匈牙利等国派遣了汉语教师。1953年,我国在广西桂林开办了专门培养越南留学生的中国语文专修学校,同时也接收了一批朝鲜留学生。1955年,《中国建设》杂志开设了"中文月课"进行对外汉语的刊授教学。1956年,厦门大学创办了华侨函授部,进行对外汉语的函授教学。1958年,我国第一部对外汉语教材《汉语教科书》(北京大学外国留学生中国语文专修班编,时代出版社)出版,这部教材以语法为主线,按照由易到难、由简及繁等循序渐进的原则对语法项目做了科学、合理的编排,创建了对外汉语教学的语法体系。1960年9月,北京外国语学院设立非洲留学生办公室,接收非洲国家留学生200名左右。1961年,非洲留学生办公室同北京大学外国留学生中国语文专修班合并,改名为"北京外国语学院外国留学生办公室"。中国高等教育部自这一年开始,从一些大学的中文系挑选优秀应届毕业生到北京外国语学院和北京大学进修外语,作为出国汉语储备师资,期限三年。

---

① 刘珣.对外汉语教育学引论[M].北京:北京语言大学出版社,2000.

从 1951 年至 1961 年,我国共接收 60 多个国家的 3315 名留学生,1961 年在校留学生人数为 471 名,接受的都是汉语预备教育。在汉语作为第二语言教学的初步发展阶段,我国成立了专门的教学机构,进行学校教育的同时,还发展了刊授、函授教学,开始培养具有一定外语水平的教师队伍,并向国外派遣汉语教师,出版了第一部中国人自己编写的教材。1953 年,周祖谟发表了《教非汉族学生学习汉语的一些问题》,成为汉语作为第二语言教学研究的最早的一篇论文。虽然对外汉语教学事业还处于起步阶段,但是学者们对学科的认识还是比较深刻的,主要表现在:认识到对外国人和外族人的汉语教学与对我国学生的语文教学是不同的,要根据外国人和外族人学习汉语的特点,有针对性地教学;在教授语言知识的同时,还要与实践相结合,培养他们实际运用汉语的能力。然而在实际的教学中,受传统和当时一些教学法流派的影响,教师们通常只重视知识讲解而忽视实践应用。

(二)稳步发展阶段——20 世纪 60 年代初到 60 年代中期

1962 年 6 月,经国务院批准,北京外国语学院外国留学生办公室与出国留学生部合并,成立"外国留学生高等预备学校",这是我国第一所专门从事对外汉语教学与研究的高等学校。该校于 1964 年改名为北京语言学院,1996 年又改名为北京语言文化大学,2002 年再次改名为北京语言大学。至今,这所学校都是我国唯一一所以对来华留学生进行汉语、中华文化教育为主要任务的国际型大学。中国国际广播电台在这一年开办"学中国话"和"汉语讲座"节目,厦门大学的华侨函授部扩充为海外函授部。

1964 年 5 月,北京语言学院设立"出国汉语师资系",开始招收本科生,培养专门的对外汉语教师,教授中文和外语两个专业的部分课程。

1965 年暑期,越南向我国派遣 2000 名留学生,全国有包括北京语言学院、北京大学、中国人民大学、南开大学、吉林大学、复旦大学、武汉大学等在内的 23 所大学承担了这次教学任务。北京语言学院在暑期特地为其他 22 所院校的汉语教师举办了培训班,这是我国第一次举办全国性的对外汉语教师培训班。这一年,北京语言学院创办了内部刊物《外国留学生基础汉语教学通讯》,这是我国第一份对外汉语教学方面的专业刊物,共出版了 11 期。

从 1962 年至 1965 年,我国共接收了 3944 名留学生,1965 年在校留学生人数为 3312 名。短短几年间,我国对外汉语教学事业得到进一步的发展:学生数量不断增加,从事对外汉语教学的院校也不断增多;各种教学形式进一步丰富发展;开始培养专门的对外汉语教师,并向亚洲、非洲和欧洲的多个国家派出大量汉语教师。这期间,钟梫的《十五年汉语教学总结》反映了人们在这个阶段对对外汉语教学事业的进一步认识:提出教学内容要与学生专业相结合的学以致用原则;"精讲多练、课内外结合"的实践性原则;全面训练听说读写、"语文并进"、阶段侧重的原则;语法的系统性与课文的生动性相结合;尽量用汉语进行课堂教学等。1971 年出版的对外汉语教材《基础汉语》,主要反映了这一时期的教学理论、教学方法和教学经验。但这一时期仍然有偏重系统地讲解语法的问题。

1966 年以后的几年,对外汉语教学事业受到政治形势影响,几乎陷于停滞。所有的高等院校都被迫停课,其他形式的教学也大都中断。

(三)恢复发展阶段——20 世纪 70 年代初到 70 年代后期

20 世纪 70 年代初到 70 年代后期,国际形势发生变化,我国恢复在联合国的合法席位,中国与美国、日本实现外交关系正常化,汉语作为第二语言教学事业也随之逐渐恢复发展。

1972 年,很多国家要求向我国派遣留学生。6 月,北方交通大学首先接受了 200 名来自坦桑尼亚和赞比亚的铁路专用技术人员,并教授他们汉语。10 月,周恩来亲自批示恢复北京语言学院。

1973 年秋季,北京语言学院恢复招生,当年共接收了 42 个国家的 383 名学生。同时,北京语言学院还成立了第一个从事对外汉语教材编写和对外汉语教学研究的机构——编辑研究部。中国国际广播电台恢复了"汉语讲座"节目,并于 1976 年恢复"学中国话"节目。

1977 年,商务印书馆出版了对外汉语教材《汉语课本》,该教材受到当时国外盛行的听说法和交际性的影响,努力探索新的教学途径,有很多创新之处。但由于历史原因,该教材从课文内容到语言风格都带有浓厚的政治色彩,因而使用时间很短。

从 1972 年至 1977 年,我国共接收 2266 名留学生,1977 年在校留学生总数为 1217 人,其中日本、欧洲、美洲、澳洲留学生的比例明显上升。这期间为了解决师资力量不足的问题,北京语言学院举办了多期对外汉语教师培训班,帮助新教师提高业务水平和教学能力。这一阶段学者们对对外汉语教学理论做了更加深入的研究,加深了对实践性原则的认识,引入句型教学,并在语言技能训练方面进行了一些教学试验,如直接用汉字教语音,设置听说和读写两种课型等。但在一定程度上仍然忽视语言的交际功能。

(四)繁荣发展阶段——20世纪70年代末至今

改革开放后,对外汉语教学真正成为一门独立学科,与近前30年相比,取得了更为丰硕的成果。1978年,中国社会科学院召开了北京地区语言学科规划座谈会,吕必松在会上提出:应当把对外国人的汉语教学作为一个专门的学科,在高校中设立培养这类教师的专业,并成立专门的研究机构。1983年6月,中国教育学会对外汉语教学研究会成立,参与筹备的有关专家学者正式提出"对外汉语教学"的学科名称,标志着学科的正式诞生。国家教委在其后颁布的学科专业目录中列入了"对外汉语"这门新的学科。

各种专门的科研机构和管理机构应运而生。1983年6月,成立了中国教育学会对外汉语教学研究会,其宗旨是:"团结全国对外汉语教学工作者,推动本学科的理论研究,促进国内外的学术交流。"1986年该研究会改属新成立的中国高等教育学会,1988年又独立出来,改名为中国对外汉语教学学会。1984年11月,经教育部批准,北京语言学院成立了语言教学研究所,这是我国第一个对外汉语教学的专门研究机构。1987年,国务院批准成立国家对外汉语教学领导小组和这个小组的常设机构办公室(以下简称"国家汉办"或"汉办"),统一领导和协调全国的对外汉语教学工作。从此,我国对外汉语教学事业走上了更加有计划、有组织的发展道路。

学科专业出版刊物从无到有,从少到多。1979年9月,北京语言学院出版了原为内部刊物的《语言教学与研究》,成为我国对外汉语教学第一份正式出版的专业刊物。此后,《世界汉语教学》《汉语学习》《语言文字应用》《云南师范大学学报(对外汉语教学与研究版)》《华文教学与研究》《对外汉语教学研究》等期刊形成了对外汉语学科专业的期刊阵地。北京语言大学出版社、华语教学出版社、商务印书馆、上海教育出版社、语文出版社,以及北京大学出版社等一些大学的出版社成为出版对外汉语学科书籍的出版阵地。

这一阶段我们研制了汉语水平考试(HSK),HSK 成为汉语母语国测试非汉语母语者的汉语水平而设立的国家级标准化考试。为应对各种需求,还研发汉语水平口语考试(HSKK)、中小学生汉语考试(YCT)、商务汉语考试(BCT)等专项 HSK 考试。此外,汉语教材的编写有了量和质的飞跃,而且随着信息化技术的发展,除传统的纸质教材外,多媒体教材、立体化教材也不断涌现。

学科理论不断深化,学界逐渐认识到对外汉语教学是一个专门、综合的学科,明确研究教什么、怎么教、怎么学、用什么工具手段教等问题。各种教学方法层出不穷,从 20 世纪 70 年代中期引进功能法,到 70 年代末至 80 年代末提出"结构—情景—功能法",再到 80 年代末提出"结构—功能—文化"相结合的有中国特色的教学原则,对对外汉语教学法的研究已经越来越深入。

这一阶段留学生教育渐成体系,规模不断扩大。1978 年,北京语言学院正式创办面向外国留学生的四年制现代汉语本科专业,主要培养汉语教师、翻译和汉语研究人才。此后,南开大学、南京大学、复旦大学等高校也都相继设立了该专业。1986 年,北京语言学院现代汉语硕士专业开始招收外国留学生。1996 年,北京语言文化大学开设外国留学生四年制中国语言文化本科专业,以培养通用型语言文化人才。1999 年,北京语言文化大学对外汉语教学方向博士学位开始招收外国留学生。随后北京师范大学、中山大学、上海师范大学等高校也开始招收该方向博士学位的外国留学生。至此,对外汉语教学学科就有了从学士学位到博士学位的完整的学历教育体系。

来华留学生的人数不断增多。1988 年,在校留学生是 5245 人。1997 年,在校留学生是 43712 人。2004 年,来华留学生人数猛增到 11 万。到了 2013 年,数量已突破 35 万。这些学生来自 200 多个国家和地区,所学科目由原来的语言类、中医类、农学类扩展到文、史、哲、政、经、法、理、工、农、医等各个门类,接收这些学生的高校现已超过了 700 所。

二、汉语国际教育事业的发展

进入 21 世纪以来,随着我国综合国力的不断增强,越来越多的外国人意识到汉语学习的重要性,国家也认识到汉语学习更大的市场在海外。2004年,第一所孔子学院在韩国首尔大学挂牌,成为汉语作为第二语言教学发展史上具有里程碑意义的大事件。2006年,教育部等11个部门提出汉语加快走向世界的指导思想、总体规划。同年7月,国务委员陈至立在全国汉语国际推广工作会议上指出,要树立新的汉语国际推广观,从发展战略、工作重心、推广理念、推广机制、推广模式和教学方法实现"六大转变",即从对外汉语教学向全方位的汉语国际推广转变;工作重心从将外国人"请进来"学汉语向汉语"走出去"转变;推广理念从专业汉语教学向大众化、普及型、应用型转变;推广机制从主要靠教育系统推广向系统内外共同推广转变;推广模式从政府行政主导为主向政府推动的市场运作转变;教学方法从纸质教材、面授为主向充分利用现代信息技术、多媒体网络教学为主转变。此时,汉语作为第二语言教学有了一个新的名称:汉语国际推广、汉语国际教育。相比较而言,"推广"一词有"强行输出"的潜在意义,因此"汉语国际教育"一词使用相对更加广泛。2021年8月1日,我们以"汉语国际推广"和"汉语国际教育"为篇名在"中国知网"进行检索,检索结果分别是495篇和2535篇,由此可见一斑。

因此,在这一阶段,在国内对外汉语教学蓬勃发展的同时,海外的国际汉语教学也在迅速发展。自2004年第一所孔子学院挂牌后,截至2019年底,全球已有162国家(地区)设立了550所孔子学院和1172个孔子课堂。孔子学院作为中外合作建立的非营利性教育机构,致力于适应世界各国(地区)人民对汉语学习的需要,增进世界各国(地区)人民对中国语言文化的了解,加强中国与世界各国教育文化交流合作,发展中国与外国的友好关系,促进世界多元文化发展,构建和谐世界。十几年的时间,孔子学院高速发展,成为海外汉语国际教育的主力军。

为适应"汉语加快走向世界"的迫切需要,满足海外汉语教师巨大需求,促进汉语作为第二语言/外语教学与文化传播人才的培养,我国拟设置汉语国际教育硕士专业学位。2007年,北京大学、中国人民大学、北京师范大学、北京语言大学等国内24所高校开展了汉语国际教育硕士专业学位教育的试点工作,至2021年9月,我国又新增47所招收汉语国际教育硕士的高校,这意味着短短十五年的时间,全国就已有199所汉语国际教育硕士专业学位培养学校,此外还有12所高校可以招收汉语国际教育博士。由此,我们已经形成了汉语国际教育专业"本—硕—博"一贯的学制,大大促进了汉语作为第二语言教师的培养。

2019年,北京语言大学在原"对外汉语研究中心"与"国际汉语教学研究基地"的基础上,重新整合校内外汉语国际教育学科优势资源,建立了"汉语国际教育研究院"。从对外汉语研究中心到汉语国际教育研究院的转变,标志着北京语言大学对外汉语教学这一国家和民族事业的教学科研重镇实现了学科内涵建设的深刻转型,研究院的成立将对汉语国际教育学科建设和汉语国际传播事业发展产生重要影响。

三、"对外汉语教学"与"汉语国际教育"的区别

由上可知,"对外汉语教学"和"汉语国际教育"是汉语作为第二语言教学事业发展在不同时代的反映。从对外汉语教学到汉语国际教育,标明了汉语作为第二语言教学由"请进来"到"走出去"的巨大转变,当然在汉语国际教育蓬勃发展的同时,国内的对外汉语教学也在不断发展,二者同时推进,形成了一个有机整体,共同促进了我国汉语作为第二语言教学的发展。"对外汉语教学"这个术语侧重指称中华人民共和国成立后到21世纪初国内的汉语作为第二语言教学,教师是中国人。而21世纪汉语推广"走出去"战略实施后,中国人在国外进行汉语教学,此时仍用"对外"一词显然不合适,更遑论如果是国外本土汉语教师教授自己本国人学习汉语,可以说是"自己人教自己人",用"对外汉语教学"更是错误。因此"汉语国际教育"应运而生,该名称侧重指称国外的汉语作为第二语言教学。目前,国内两个术语都在使用,有时候可能还会混用,但是二者还是有一些本质区别的。

(一)学习环境和学习时间不同

"对外汉语教学"由于侧重国内的汉语作为第二语言教学,具有汉语学习的大环境,学生不仅在课堂上学习汉语,课下结束后仍然具有汉语自然环境,接触到的是中国人,出去看到的是汉字,听到的也是汉语,汉语环境可以极大促进学生汉语的学习,同时学生在课堂上往往面对来自不同国家的学生,处于一个多元文化的环境。而"汉语国际教育"主要指国外的汉语作为第二语言教学,课堂上基本都是本国人,是单一文化为

主,学生结束了课堂学习后,基本上是接触不到汉语的。在汉语环境下,学生的课堂教学学习时间长,如很多外国学生在中国的大学里学习汉语,可以确保每周30个课时的汉语学习时间,而在国外非汉语环境下,汉语大多是选修课,一周2个课时是很普遍的。

(二)学习对象不同

国内对外汉语教学的教学对象以成年人为主,而国外汉语国际教育的教学对象覆盖多个年龄段,有成年人,同时汉语学习者低龄化趋势明显。所谓"低龄化",指国外未成年人学习汉语的人数越来越多,青少年学习汉语的比例在增大。一般来说,与成人相比,儿童学习第二语言更容易建立语言认同感。李宇明、唐培兰(2020)认为外语角色形成由领事外语、领域外语、泛领域外语、基础教育外语、重要外语、重要语言等不同的梯度,"汉语作为外语,其角色已经经历了外事外语、领域外语、泛领域外语,正在进入基础教育外语阶段"①。至2019年,全球已有70个国家将汉语纳入基础教育体系。由成人外语教育到基础外语教育的发展,意义重大,也意味着汉语教材、教法、师资等都需要进行比较大的调整。

(三)学习方式和教学方法不同

学习对象的差异直接导致了学习方式和教学方法的不同。我们知道,成人和孩子学习第二语言还是有很大差别的。第一,成人在学习第二语言时一般已经完成了第一语言的学习,而孩子学第二语言时,一般也在同时学习着第一语言。成人有了第一语言学习经验,在学习第二语言过程中可能就会借鉴,而孩子则很难将一语学习经验正迁移到二语学习中。第二,成人学习第二语言的学习目的一般比较明确,如喜欢或想用汉语找一份工作等,而大多孩子可能自己并不清楚为什么要学习第二语言,往往是家长让学或者是学校的安排等。第三,孩子学习第二语言不会顾忌面子等问题,他们可能想说就说,不怕说错;成人则会有谨慎心理,有时会顾及面子,怕说错。

此外,教学对象的年龄特点也决定了上课时教师采用的教学方法会

---

① 李宇明,唐培兰.论汉语的外语角色[J].语言教学与研究,2020(5).

不一样。一般来说,孩子注意力短,抽象思维能力发展还不完善,因此对课堂的趣味性要求更高,课堂上教师就必须多采用直观手段,大量使用图片、视频、动作等,多设计游戏活动,以提升他们学习的兴趣。

(四)教学体系不同

与国外的汉语作为二语教学相比,国内的对外汉语教学体系更全面,经过几十年的发展,各种学历教育和非学历教育建制完整,而"汉语国际教育"则以非学历教育为主。

第三节 新时代的国际中文教育

面对当今世界百年未有之大变局,中国先后提出了构建"人类命运共同体"的理念和"一带一路"倡议,从理论和实践层面为世界贡献中国方案和中国智慧。无论是"人类命运共同体"还是"一带一路"建设,民心相通都是基础和核心,而语言又是民心相通的基础,是连接心灵相通的桥梁。习近平总书记在十九大报告中指出,要"推进国际传播能力建设,讲好中国故事,展现真实、立体、全面的中国,提高国家文化软实力"。汉语传播能力是我国国际传播能力的有机组成部分,是进行"一带一路"建设、构筑人类命运共同体的应有之义。

2019年12月9日,举办了13届的"全球孔子学院大会"更名为"国际中文教育大会",标志着汉语作为第二语言教学有了一个新的转折。2020年6月,由北京大学、北京语言大学、外语教学与研究出版社、中国教育发展基金会等27所高校和企业共同发起成立了中国国际中文教育基金会,全面负责未来孔子学院品牌的运行工作。随后,教育部设立中外语言交流合作中心(简称"语合中心"),使用了30余年的"国家汉办"这一名称成为历史。2020年突如其来的新冠肺炎疫情也给全世界的汉语教学带来了巨大挑战,新冠疫情给全球政治、经济甚至是意识形态等方面都带来了巨大的变化。国际中文教育正处在转型升级、动能转换的关键时期,有学者(李泉,2020)甚至将2020年定为国际中文教育转型之元年。在当前"百年未有之大变局"之下,国际中文教育更需提高站位,

第一章　汉语作为第二语言教学的前世今生

顺应时代发展潮流,满足国外多元化汉语学习需求,构建更加开放、包容、规范的现代国际中文教育体系,助力人类命运共同体建设。

一、国际中文教育的内涵

自2019年12月"国际中文教育大会"召开后,"国际中文教育"一词引起了业内的普遍关注和讨论,有的学者认为使用这个新术语没有必要,只会增加人们使用术语时的困扰,但更多学者致力探讨该术语与"对外汉语教学""汉语国际教育"的区别,对其内涵进行分析。目前,人们对"对外汉语教学"和"汉语国际教育"两个术语的界定是比较清晰的,一致认为这两个术语是汉语作为第二语言教学事业在不同时代的反映。此外,我们一直还有面向华人华侨进行的汉语作为第二语言教育,一般称之为"海外华文教育",华文教育与"对外汉语教学"及"汉语国际教育"在教学对象、环境等方面存在不同,而且一直以来行政主管部门各异,前者的主管部门是国务院侨务办公室,后两者的主管部门一直是国家汉办,长期以来似乎"各自为营"。"学科的发展首先需要做好顶层设计,需要把三者包含进来,形成三位一体的有机整体。而国际中文教育的出线恰好可以弥补这一缺憾"[①]。目前,学界普遍认同,"国际中文教育"具有更强的包容性,既包括国内的"对外汉语教学",也涵盖了国外的"国际汉语教学",同时还囊括海外的"华文教学",三者在"国际中文教育"的大框架下,可以融合协同发展,实现汉语作为第二语言教学新格局。

此外,我们很容易发现,与之前的"对外汉语教学"和"国际汉语教学"相比,新名称将"汉语"改为"中文",内涵更丰富了。"中文",中国的语言文字,更多的是站在"明确国家语言名称"的视角,正如邵滨、刘帅奇(2020)所指出的,随着国际中文教育的深入发展,未来"中文"的定义有可能进一步拓展,从特指汉语普通话到涵盖诸多方言,从汉语语言文字扩大到中国语言文字,从汉语言文学扩展为中国语言文学。

---

① 王辉,冯伟娟.何为"国际中文教育"?[EB/OL].光明网,2021-3-15.

二、新时代国际中文教育努力的方向

（一）提高站位，在人类命运共同体理念指导下发展国际中文教育

2012年11月中共十八大报告明确提出"人类命运共同体"概念，此后，习近平总书记在多个场合阐述人类命运共同体理念，指出当今人类社会"越来越成为你中有我、我中有你的命运共同体"，需要"建设持久和平、普遍安全、共同繁荣、开放包容清洁美丽的世界"。构建"人类命运共同体"理念向世界提出了一种超越种族、超越文化、超越国家、超越意识形态界限的和谐世界观，为解决人类问题贡献了中国方案、中国智慧。语言文化交流是构建人类命运共同体的助推器，从建设人类命运共同体的视角出发，清晰定位国际中文教育的发展，做好国际中文教育的顶层设计。国际中文教育，应致力于向世界提供汉语言文化资源与服务，满足各国语言学习者的多元语言、文化需求，推动中华文明与其他文明的交流互鉴，实现民心相通，夯实构建人类命运共同体的基础。

（二）做好国际中文教育的声望规划

语言的声望规划是语言规划的重要内容之一，是指对语言的声望和名誉进行积极的、正面的影响和干预。长期以来，似乎世界上有一种普遍观点：汉语难学，汉语是世界上最难的语言，甚至连很多汉语教师也持有这样的观点并将其灌输给学生，无形之中让很多语言学习者对汉语望而却步。李泉（2021）明确指出，"汉语难学"是一个伪命题，我们并没有科学的方法和客观的证明方法，语言学习过程中的不可控因素太多，想要学好任何一门语言，不付出努力是不可能实现的。事实上，与世界上其他语言相比，汉语有很多"易学"之处，如汉语复合词构词规律强、词义透明度很高。举个简单的例子，学生只要会数字，学习一个词"月"，就可以说出一年十二个月的名称，对比英语，每月都有一个单独的词语去表达。未来，我们需要做好汉语的形象规划，更多地呈现汉语"易学"的形象，破除"汉语难学"的伪命题。

此外，随着汉语传播的深入开展，中西文化、意识形态碰撞频繁，很

多西方国家戴着有色眼镜看中国,不时宣扬"中国威胁论",也将国际中文教育"污名化",认为汉语的传播是一种意识形态的渗透。2020年4月,瑞典关闭了最后一所孔子学院,成为第一个彻底关闭孔子学院的欧洲国家。要知道,2005年,中国在瑞典斯德哥尔摩大学开设了第一所孔子学院,曾是欧洲第一所孔子学院。近些年,美国关闭孔子学院的消息也屡见不鲜,并常以国家安全为由对孔子学院加以限制。西方媒体对孔子学院的负面报道也很多。这其中当然受国与国之间关系的影响,但也与孔子学院带有较强的官方色彩有关。今后,国际中文教育需要进一步加强市场化,2021年"国际中文教育基金会"的成立和"语合中心"的设立就是一个很好的开端。不过由于时间太短,孔子学院转制后仍有不少问题需要解决,"如基金会和中外方合作机构在孔子学院发展中的角色分配、基金会的资金来源、基金会和教育部中外语言交流合作中心的关系、海外孔子学院的选址、管理和运行如何做出相应的调整等,这些都是日后会影响孔子学院发展以及孔子学院在海外文化形象的关键问题"[①]。总之,做好国外国际中文教育的声誉规划,需要引起我们足够的重视,提升孔子学院的海外认同,让国际中文教育助力新时代我国海外形象的建构。

(三)进一步健全国际中文教育体系,做好国际中文教育标准规划

当前,国内对外汉语教学的结构体系是比较完善的,但是综观国际中文教育各阶段的教育体系还有待进一步健全。王春辉(2021)指出,我们需要"建立从幼儿园到中小学、大学和研究生的全域覆盖教育结构"[②],而且需要特别重视汉语学习低龄化的趋势。在横向上,也需要根据海外各个国家汉语学习者的不同需求打造多样化的汉语课程,如不仅有正规的学校汉语学习课程体系,也需加强社区汉语课堂、职业汉语培训等,形成纵横交错、有质、有序的国际中文教育体系。此外,大力发展国际中文教育服务体系,健全国际中文教育人培养机制,做好国际中文教育教师培训,加快国际中文教育人才供给,加强国际中文教育的基础研究。

---

① 张未然. 新形势下孔子学院的舆情困境:特征、原因与对策[J]. 现代传播,2021(3).
② 王春辉. 历史大变局下的国际中文教育[J]. 云南师范大学学报(哲学社会科学版),2021(2).

我们进行国际中文教育,要使中文成为世界的公共产品,这一产品需要我们为其打造一份合格的"产品说明书",这是我们作为汉语母语国应该承担的责任。2021年7月开始实施的《国际中文教育中文水平等级标准》就是一个很好的开始。今后,国际中文教育需要进一步加强各种标准体系的建设,研制新形势下各类汉语教材标准、各类汉语课程标准、汉语教师标准、汉语学习者学习标准等,还需要将标准国别化,针对不同国家中文教育的实际情况帮助他们研制各种标准。此外,还需要建立国际中文教育质量监督体系,确保对各级中文教育机构和项目进行有效监督,规范各类教育机构的准入和退出机制,定期对各类教育机构进行考察,通过优胜劣汰实现教育资源的优化配置,切实保证各机构的合理市场化运作,推动国际中文教育质量(李宝贵,刘家宁,2021)。

正如赵杨(2021)所言,"未来我国要制定针对不同类别、不同领域、不同对象的各种标准,构建国际中文教育标准矩阵,通过标准建设,掌握国际中文教育的话语权。"[1]

(四)进一步创新教育方式,打造多样化教学内容

2020年,新冠疫情让全世界的国际中文教育教学方式发生了重大变化。不少专家、学者都预测,后疫情时代线上线下相结合的教学模式会成为常态。线上教学虽有不足,但也有其无法替代的优点。在教育技术信息化发展突飞猛进的今天,我们应当利用新技术,让技术赋能国际中文教育。以慕课学习为例,北京大学在Coursera和edX平台有十七门课程上线,截至2013年3月,注册学习人数达121万,完成课程获得证书的有64510人,学员覆盖203个国家和地区[2]。这种规模优势是线下教学无法比拟的。又如,太平洋岛国目前是全球国际中文教育比较薄弱的地区,如能大力发展网络远程教学无疑可以有效解决各岛国因岛屿分散交通不便,线下中文教学点不便于布局的问题。国际中文教育应顺势而变,打造线上教学和线下教学的新模式、新生态,创新教育方法。为此,汉语教师也应提升专业信息化素养,更新教学观念,提升线上教学技能。

此外,未来需要突破传统的汉语教学内容,着力打造"汉语+职业"

---

[1] 赵杨.构建国际中文教育标准体系[J].国际汉语教学研究,2021(2).
[2] 数据出自赵杨.构建国际中文教育标准体系[J].国际汉语教学研究,2021(2).

的新内容。在马来西亚马来亚大学孔子学院,中兴教育管理有限公司开设了通信、物联网、大数据等社会亟须专业的"汉语职业技能培训班";泰国孔敬大学的孔子学院开办了"中泰高铁汉语培训项目";尼泊尔加德满都大学孔子学院举办了"汉语+汽修"培训班等,都非常受汉语学习者的欢迎。打造"中文+职业"教育也是顺势而为,随着"一带一路"建设推进,越来越多的中国企业参与沿线各国的基础设施建设中,汉语语言服务需求也大量增加。以"一带一路"建设为契机,孔子学院、民间培训机构等可以与国内职业类院校、各国中方企业合作,共建"中文+职业教育"项目,发展语言市场,带动世界各国共享汉语红利。

(五)多举措推进国际中文教育本土化发展

汉语教学本土化发展是21世纪以来我们一直在倡导的,但是经过多年发展仍显薄弱。国际中文教育的终极目标应该是汉语成为国际语言,汉语国际教育本土化是实现这个目标的关键路径(张新生、李明芳,2018)。国际中文教育是否能够本土化关系到中文教育能否长期、可持续发展。未来,仍需从国别研究入手,从教育内容和教育行为两方面针对性开展国际中文教育本土化建设,特别是本土师资培养和本土汉语教材的编写。例如,优先选拔具有中国留学经历的当地人担任汉语教师,从薪资待遇等方面提升职位吸引力,将教师考核与职业长期发展和薪资待遇等挂钩;由政府主导,增加奖学金名额,联合创造各国本土汉语教师来华深造、培训的机会,联合举办各国本土教师和中方教师共同参加的学术交流活动和联谊活动等。

总之,国际中文教育是一项长期的、复杂的、系统的工程,前方路漫漫,在当前百年未有之大变局下,我们需要保持清醒的头脑,不断总结经验,科学发展,让国际中文教育助力我国国际话语权的提升,让国际中文教育助力人类命运共同体建设,促进世界多元、和谐发展。

第四节　国际中文线上教学

虽然汉语线上教学早已有之,但是整体仍以线下学习为主。2020年新冠疫情爆发之后,全面线上教学迅速改变了国际中文教育的生态,如果说疫情之前线上学习更多的是辅助地位的话，疫情之中开启的大规模线上学习某种程度上是一种无奈之举，那么经过2020年一年的发展，线上教学已经成为国际中文教育不可忽视的一种独立样态。

一、线上汉语教学的界定

线上汉语教学是以现代化网络技术和音视频通信设备为支撑，将汉语作为第二语言教学的教学原则及教学方法融入网络平台从而创新汉语教学方式的教学活动。线上汉语教学以教学过程为核心，采取最接近"学生为中心"的教学方法（李丹萌，2017）。汉语教师可以足不出户和学生组建网络教室进行汉语教学，实现教师资源利用效率最大化。在网络学习过程中，学生在教师的指导下参与到线上汉语教学环境中，以实现提高汉语语言技能水平和交际能力的目标。当前，国际中文教育线上教学一般有实时直播、异步录播及直播录播混合式教学三种模式。对教师和学生而言，线上汉语教学是一种简单高效的汉语传播新方式，它可以时空限制，受众更广。虽然较之传统线下教学，线上教学特别是录播教学，教与学异时异地异步，交互性差，对学生的监控度低，这也给汉语教学提出了更大的挑战，也需要汉语教师不断提高信息化素养，设计更加有效的线上互动教学模式。

二、疫情对国际中文教育线上教学的影响

（一）疫情过后国际中文教育线上教学的发展

2019年12月，新型冠状病毒肺炎疫情突如其来，逐渐肆虐全球，受疫情影响，世界范围内人口流动受到限制，经济发展速度减缓，国际关系也在发生着各种微妙变化。李宇明（2020）指出"汉语国际教育是一种'国际敏感型'教育，是国际事态的'晴雨表'，新冠疫情对汉语国际教育带来了显性或隐性的、直接或间接的、短期或长期的、负面或正面的影响"[①]，如果不寻求出路，疫情很可能会使汉语国际教育事业的发展呈现

---

① 李宇明．新冠疫情对汉语国际教育的影响[J]．语言教学与研究，2020(4)．

下滑趋势,出现办学实体减少、入学人数下降、办学"热区"转移、学习方式变革、一些教育资源闲置、一些人士的求学愿望不能满足等种种问题。在新冠疫情带来的巨大危机面前,全世界范围内的教育都迅速转型,转变教学模式,由线下教学为主转变为线上教学为主。在此情况下,国际汉语教育紧随世界教育大趋势,实施线上授课方式,线上教学教育生态在未给教育界试错机会的情况下形成了。手机和电脑等电子设备上"一夜之间"猛然增添了许多平台客户端,线下教学全面向线上转型,这既是必然趋势,也是不得已的选择,新冠疫情的爆发倒逼线上教学与线下教学的混合式教学模式大规模登上历史舞台,有不少专家认为国际中文教育进入了"后疫情时代"。

在新冠疫情的影响下,全球教育生态发生着改变,国际中文教育亦不例外。首先,教学模式由以往的线下教学为主,转变为线上教学为主。以往线上教学基本为线下教学的有益补充,属于"小众",而"后疫情时代"的国际中文教育沿用疫情期间积累的网络教育资源和教学经验,与线下教学相结合,而且地位日益凸显。其次,教学方法突破传统教学范式,利用现代网络多媒体技术,利用可操作性强的平台,汇聚汉语教学资源,展开全面教学。目前,实践证明"后疫情时代"国际中文教育线上教学革新教学方法,是顺应5G和语言智能时代的要求,适应全球汉语教育智能化的要求,更加重视汉语教学是外语教学的特点,重视外语教学的理论和方法,更充分地利用现代语言技术,将网络上包罗万象的汉语教学资源整理取优,并且结合以往的教学材料,尽可能地汇聚国际中文教育教学资源。最后,由于疫情持续的时间较长,短时期内世界各国的汉语学习者还不能来到中国本土学习汉语,线上教学是最符合现实条件的,随着网络汉语教学的不断深入,汉语教师和汉语学习者均已逐渐适应了这种可以跨越时空的教学方式,全球汉语教师共同研讨交流,如北京语言大学汉语国际教育学部和北京语言大学出版社于2020年7月起,搭建"全球中文教学线上交流平台",探索出了许多适合线上汉语教学的方法和路径,教学状态渐入佳境。

(二)疫情对线上教学的挑战

由于新型冠状病毒疫情爆发突然,国际汉语线上教学在没有充分准备的情况下就大规模实施了,因而在发展的过程中必然会存在一些问题,也会遭遇瓶颈。例如,在线课堂师生缺乏互动性,无法观察学生的实时动态,跟传统课堂教学效果存在差距。总体来看,国际中文教育线上教学存在以下主要问题(闫旭,2021)。

1. 教师线上教学平台选择不当

首先,可供选择的线上教学平台多种多样,教师最常使用腾讯会议、钉钉、腾讯课堂、Zoom等平台,或者几种平台混合使用,有的教师授课用钉钉,而将作业和答疑等环节设置在了QQ和微信等国内学生最常用的通信平台,这可能增加了国外学生的使用难度,也可能造成学习者平台切换的混乱,有时会搞不清楚哪些课程使用哪个平台。

其次,目前各平台课程开放的情况不尽相同,有的平台教学模式单一,教师在网络授课过程中只能占主导地位,无法将各种教学方式以及师生互动完美呈现。比如,有的老师单一使用"腾讯会议",课后作业上交、学习效果反馈、教学资源上传等都无法实现,因而导致很多教学后续环节无法开展。

再次,有些教师选择的平台界面单一陈旧,缺乏创新和设计感,跟不上快速发展的互联网科技,使学生易产生疲劳感。国际中文教育线上教学主要依托视频界面。因此,教师选择平台要注意教学界面和教学工具的多样化、专业化,还需更加注意课件设计的趣味性和吸引力。

最后,国际中文教育线上教学平台目前还处于各机构独立运营阶段,没有一个客观的评估标准,各平台间的教学课程优劣不等,教师有时把关不严,或者选择不当会对汉语学习者造成负面影响,因此教师在平台选择或者推介过程中要认真研究。

2. 线上、线下教学很难等质同效

首先,我们希望线上、线下教学"等质同效",但实际上存在着差异。国际中文教育线上直播教学师生处于不同的时空,教师无法像现实课堂一样管理学生,组织课堂纪律,部分学生在没有教师现场监管的情况下,注意力不集中。而且,由于各种原因,有的学生在上课时关闭摄像头、话筒或麦克风,教师也无法观测到学生的实时反应。

其次,对教师而言,国际中文教育线上教学的教学手段繁多,"依靠技术的多媒体手段、'聊天式'授课的娱乐化教学手段、多模块组合的社区式教学手段等都是与线下汉语教学明显不同的地方,但是也因为其中的差异性和复杂性,使相当一部分教师不能轻松地适应线上汉语教学工作,从而导致这些多样化的教学工具成了教学负担",影响了学生的学习效果和教学效果。

最后,环境也是影响线上教学效果的因素之一,学生的学习环境不再局限于教室,换成了家里、图书馆,有些国家网络流量费用很大,一些学生为了节约上课成本,到咖啡馆、餐厅等地蹭网,嘈杂的学习环境会直接影响学生学习的注意力和听课效果,这些都为教师的教学增加了难度,直接影响了教学效果。

3. 教师线上教学综合能力参差不齐

线上教学没有时间和空间的限制,为汉语教学与学习提供了便利。随着"汉语热"的兴起,汉语学习者基数一直较大,汉语教师紧缺,如2019年泰国民办教育委员会秘书Payom曾表示,目前泰国的各行业至少缺口十万名"中文人才",这已经影响到了国家经济发展,同时培养"中文人才"的华文学校更是严重缺少中文教师。受疫情影响,2021年中国汉语教师志愿者及公派教师出于对安全等因素考虑,实际派出人数较与往年相比大大减少,而面对市场需求量大的情况,线上教师的门槛随之降低。线上教学与互联网息息相关,现代网络技术的掌握与运用能力也成了教师应具备的素质,但部分教师缺乏这种能力,市场需求与实际教师业务水平之间形成矛盾,由此造成国际中文教育线上教学教师素质参差不齐的问题。甚至,专业素质不强的教师,或非本学科的教师都可以通过简单的程序开展线上汉语教学。

另外,一些教学经验丰富的汉语教师在面对网络教学这种新型的教学模式时,也会面临网络技术、平台选用、知识体系、教学方法、教学技巧等方面的问题。

4. 网络技术的限制影响教学实施

国际中文教育线上教学依托稳定的网络技术支持,需要顺畅的双向宽带连接和音频、视频支持。在线上教学过程中,受网络技术限制,学生或教师经常遇到音频或视频发生卡顿、延迟、掉线、音画不同步、无法打开视频、分辨率太低导致清晰度不够等突发状况,这些问题往往是由于网络速度和网课平台本身系统兼容、系统配置等方面不足造成的。在实际线上汉语教学过程中,卡顿问题、滞后问题最为严重,有时由于建立网络课堂较多,学生在同一时间集中进入平台学习,卡顿出现的频率增大,甚至出现教师掉线和学生进不去网络课堂或直播间等情况,导致教学中断。卡顿使线上汉语教学缺乏连贯性,既扰乱了教师的教学安排,又对学生的学习效果产生了影响。学生上课设备运行速度、内存大小、学生所在国家的网络通信技术是否发达等客观技术因素都直接影响着学生的学习效果。如何突破技术限制,是国际中文教育线上教学亟待解决的问题。

总之,汉语教师进行线上教学,一定要选择交互性好的教学平台,通过技术手段设计丰富多样的线上课堂教学活动,吸引学生注意力,提高学生线上课堂的参与度,以获得更好的教学效果。

三、国际中文教育线上教学方法探索

(一)"看图表达法"在线上语言点教学中的应用

汉语线上教学某种程度上是新形势下的无奈之举,业内流行的很多教学方法,如角色扮演法、任务教学法、听说法等在网络教学中具有很大的局限性。语言课堂应该具有很高的艺术性,在线下课堂上我们经常会设计"齐唱"活动,调动课堂气氛和学生的注意力,如连珠炮式的提问,配合教师的手势、语调等快速调动学生。但是,这些活动在线上教学就显得"无用武之地",受制于学生的网速,齐唱显示不出线下课堂教学的效果,采用齐唱的可能性就减少了。此外,线上教学教师的手势语也很受限,必须叫学生的名字才能明确知道叫谁,这些都降低了课堂的节奏。语言教学的本质是口耳之学,重在说话。在线上直播课中,如何让学生有更多的开口机会是教学设计中应该考虑的重要方面。既要坚持语言教学的本质,又要挖掘出网络教学的优势,这给每位汉语教师提出了很大的挑战。

实验心理学家赤瑞特拉(Treicher)通过大量的实验证实:在获取信息方面,与其他感官相比,视觉获取的信息量最多,约85%以上,人在使用视觉时最不容易分心。语言教学重在听说,但听和说本身会互相干扰,而视觉却和听说基本不冲突。因此,线上教学可以使用带有大量图片的PPT,为视觉配合语言学习提供极好的辅助。下面我们以"把"字句语言点为例,探讨这种线上"看图表达法"在线上汉语教学时如何应用。①

首先,在语言点导入阶段,教师可以呈现两张图片(图 1-1):蛋糕和冰箱,通过做出把蛋糕放入冰箱的动画,询问学生:我把蛋糕放在哪儿了?引导学生说出"我把蛋糕放入冰箱里了"的句子。点名提问多名学生,巩固这个例句。

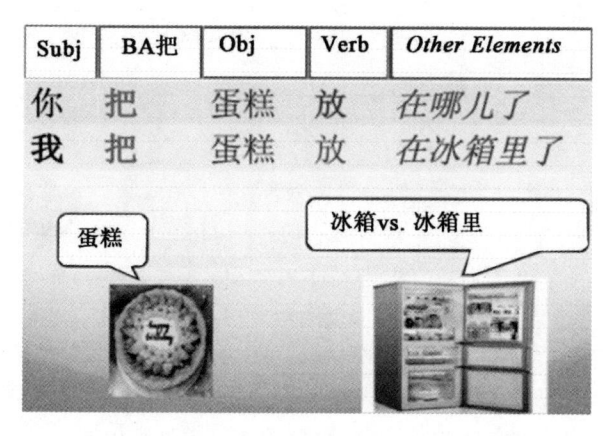

图 1-1

其次,将更多的时间用于语言点操练:出示多组图片(图 1-2),加快课堂节奏提问,为更加明确图片,可以在图片上标上序号,快速随机点名请学生回答。

图 1-2

---

① 参见朱永平. 扬长避短:网课的"看图说话"式语法点导入[EB/OL]. app. readoor. cn/app/dt/bi/1564663415/93772-4033255f2b71cb.

最后,可以将句子进一步复杂化,将"把"字句和趋向补语结合在一起,提供楼上楼下物品摆设的图片(图 1-3),请学生看图说出不同物品的位置发生的改变。

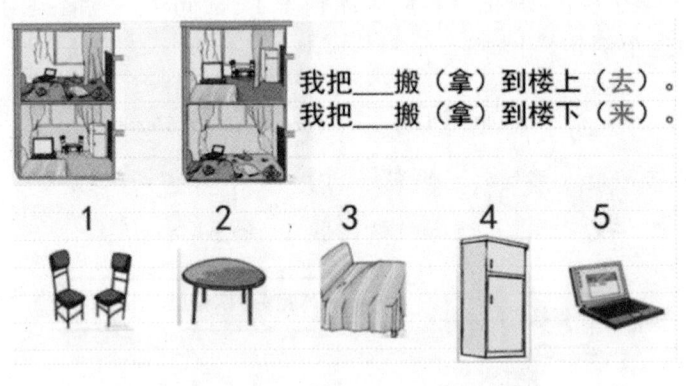

我把___搬(拿)到楼上(去)。
我把___搬(拿)到楼下(来)。

图 1-3

这种"看图表达法"的基本理念是以带有诱导意义的图片引出所要教授的词语、语言点,通过有选择的与词语、语言点相匹配的图片进行多种形式的操练。每页 PPT 可以包含多幅与词语、语言点相对应的图片,这样做既可以节省课堂时间,又可以加快课堂操练的节奏,使每位同学都有练习的机会。与线下教学相比,使用这种教学方法对图片的要求更高,既要切题,又要幽默有趣,以提高学生的注意力和学习效果。

(二)"线上翻转"的混合式教学模式探索

以"听说课"(使用教材《成功之路(进步篇):听和说》)为例,我们来探讨"线上翻转"的混合式教学模式在线上教学中如何应用。听说课重在培养学生的听、说技能。我们可以采用"录播+直播"的方式,具体设计如下。①

1. 课前听力录播自学

课前异步学习听力录播课,此时学习以输入为主,输出为辅。为使课程更加规范,教师可以设计风格一致的教学模板。在听力录播课的具

---

① 参见沈红丹. 听和说线上课程模块化教学设计[EB/OL]. app. readoor. cn/app/dt/bi/1564663415/93772-4033255f2b71cb.

体设计上,可以设计复习、听力、口语、文化、总结思考、作业等不同的模块。复习模块主要是回顾并巩固学生所学;听力模块是听力录播课的主模块,主要训练学生的听力技能;口语模块在听力录播课中主要是单向启发学生的口语表达方向,为使教学更加立体化,可以从当课的听力主题切入,设置一个文化模块,让学生更加深入地学习汉语;总结思考模块进一步促进学生反思;作业模块主要用于检验和反馈。各模块之间相互独立又相互联系,步步推进,推动学生达到教学目标。

2. 课上口语直播教学

线上口语直播教学的话题取自课前的听力内容,采用反向教学设计,重在训练学生的输出。首先,确定口语课最终的表达框架,以此为目标,设计复习、词语学习、语段操练、语篇表达几个阶梯式模块。词语学习模块主要解决说什么的问题,为更加有效地提高学生的注意力,这个模块可以采用游戏教学法,设计各种游戏活动快速激活、扩充学生头脑中的词汇,充分激发学生的学习热情;语段操练模块主要解决怎么说的问题,既要做到师生互动,也要考虑如何生生互动。例如,《成功之路(进步篇):听和说2》第九课《休闲生活》可以设计这样的线上小组活动:猜猜这是什么休闲活动?教师可以先进行示范,如告诉学生"这是一种十分有名的运动。老人、年轻人都很喜欢。可以在室内做,也可以在户外做。人们听着音乐,慢慢地做动作这种运动会让你的心安静下来",学生猜出"瑜伽"之后,教师可以进一步给出表达框架(图1-4)以供学生模仿。

图 1-4

教师采用游戏的方式随机分组,分组后学生在各虚拟小组中完成任务,任务结束后回到集体课堂,一组说,其他组猜,最后由教师进行评价。语篇表达模块要实现教学目标,解决说得好的问题。可以运用问题线索、思维导图、表达支架等多种方式,引导学生梳理表达的逻辑脉络,掌握语篇衔接手段等。例如,运用思维导图的方式给学生提供支架表达框架(图1-5)。

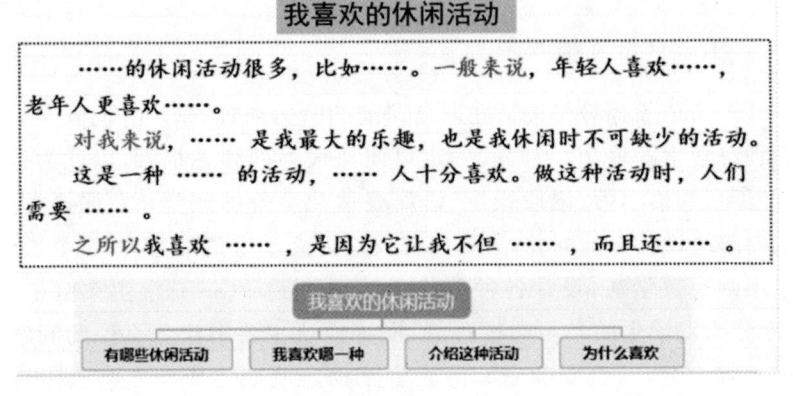

我喜欢的休闲活动

……的休闲活动很多,比如……。一般来说,年轻人喜欢……,老年人更喜欢……。

对我来说,……是我最大的乐趣,也是我休闲时不可缺少的活动。

这是一种……的活动。……人十分喜欢。做这种活动时,人们需要……。

之所以我喜欢……,是因为它让我不但……,而且还……。

我喜欢的休闲活动
- 有哪些休闲活动
- 我喜欢哪一种
- 介绍这种活动
- 为什么喜欢

图 1-5

从词语到语段再到语篇,每一步都有的放矢,引导学生进行高质量的汉语表达。

3. 课后学习深化和反馈

课后教师根据课文主题布置交际性任务,如"小采访",采访一位朋友或家人,用本节课学习的词语和句子谈谈他(她)最喜欢的休闲活动。此外,还可以通过调查问卷,及时了解学生的意见,进一步优化教学。

这种"录播+直播"的线上翻转混合式教学模式,学生可以随时随地、反复观看知识要点,学习时间和速度灵活,能够给学生较多的主动权,增强学习的信心。线上课堂教师结合学生的课前学习情况,针对重点问题、学生觉得困难的问题等进行重点讲解,能够以学生为中心灵活调整教学内容,有目的地设计多样化教学活动,实现差异化教学,协助学生一起完成高级认知活动。课后通过进一步练习、完成真实的交际任务等进一步巩固所学,并及时了解学生意见,及时优化教学设计。

第二章　汉语作为第二语言课堂教学概述

第一节　课堂教学的内涵

课堂是教师和学生进行教学活动的主要环境,课堂教学是第二语言教学的中心环节和基本方式,是一个动态的过程。成功的课堂教学必定是生动丰富、层次分明的。一般来说,课堂教学将教材作为教学内容、课堂作为教学环境,教师在教材和课堂的辅助下,教授学生知识和技能。在整个课堂教学中,教师和学生共同合作,完成教学任务。

一、汉语作为第二语言课堂教学的概念

简单来说,汉语作为第二语言课堂教学就是教师以汉语为教学内容,以课堂为教学环境,指导学生提高汉语交际能力的活动和过程。

汉语课堂教学是否成功,应该看其设定的学习目标和课堂内容是否合适,设定的任务是否清晰,是否合理地应用了教学技巧来提高教学效率,是否选用了提问、指导等方式与学生进行交流,同时是否在课堂中合理运用了先进的信息技术或其他资源来促进教学,最终要看是否提高了学生的语言技能和学习技能。

二、课堂教学四要素

语言课堂教学一般由语言信息源、信息传输通道、信息传输者和信

息接收者构成。语言信息源主要是教学内容,这里主要指教材内容,有时教师也可以作为语言信息源;信息传输通道主要就是教学环境,即课堂;信息传输者是教师;信息接收者是学生。由此可知,语言课堂包含教师、学生、教材和环境四个要素。① 这四个要素彼此相互联系,保证课堂教学顺利进行。

(一)国际汉语教师

教师是国际中文教育"三教"问题的核心,国际中文事业的快速发展对国际汉语教师的数量和质量提出了进一步的要求。做一名合格的国际汉语教师并不容易,除了应具备丰厚的汉语语言知识,相应的教育学、心理学及语言学理论知识与一定的外语知识之外,还应具备宽泛的世界知识、跨文化交际知识和较高的职业道德修养、能力素养与健康素质,这样才能真正适应汉语国际教学,为汉语国际推广做出自己的贡献(贾宏春,2010)。

1. 国际汉语教师应有的知识素养

(1)语言知识

汉语教学的出发点和终极目标是让外国汉语学习者学习掌握好汉语,特别是学习掌握好汉语书面语,培养学生全面综合的运用汉语的能力。这个目标决定了语言教学是基础。作为汉语教师,首先必须具备语言学相关的基础知识,并以这个为基础整合其他学科。教师应当对现代汉语有充分的把握,对语音、词汇、语法、文字等知识有比较深入的了解和研究。此外,汉语教师需要适当掌握一定的语言学理论,汉语教学"需要让学生在学习汉语的过程中对种种汉语现象,不但要知其然,还要知其所以然。要做到这一点,汉语教师需要学习、掌握一定的语言学理论"②。例如,我们为什么可以说"这个字连老师都不认识",却不可以说"这个字连孩子都不认识"?"你在哪儿住?"和"你住在哪儿?"是否完全相同? 诸如此类的问题,如果教师能够掌握一定的语言学理论,对这些问题就能理解得更深入、解释得更清楚。

---

① 宋雨涵. 对外汉语教学理论研究[M]. 北京:北京工业大学出版社,2018.
② 陆俭明. 从事汉语教学的教师需要学一点语言学理论[J]. 国际汉语教育(中英文),2020(2).

第二章　汉语作为第二语言课堂教学概述

（2）文化知识

语言和文化密不可分。学习一种语言的同时，也在了解说这种语言的民族的文化、价值观、思维方式等。汉语教师特别需要具备广博的文化知识，不仅要通晓中国的历史、风俗、地理、文学艺术等文化知识，能够将相关知识运用于教学实践，激发学生了解学习中国文化的兴趣，也需要了解世界各国的文化，特别是能够对外国学生所在国的文化有深入了解，做到"知己知彼"。此外，汉语教师需要具备一定的跨文化知识，具备"双文化意识"，具备一定的跨文化交际能力，尽量减少误解和摩擦。

（3）教育学、心理学等相关知识。

国际中文教育学科是以汉语言文字教学为基础的，关涉汉语言文字学、应用语言学、理论语言学、教育学、心理学、文学以及跨文化交际等多学科的交叉性学科。作为语言教学，不仅要明确"教什么"的问题，也需要把握"如何教"和"如何学"的问题。这就需要汉语教师应该具备一定的教育学和心理学方面的知识，掌握外语教学的方法，把握第二语言习得相关理论。

（4）精通一门外语

国际汉语教师最好精通一两门外语，熟练掌握外语的语音、语调、词汇、语法等方面的基本知识，并能够运用听、说、读、写、译等综合能力进行交流。特别是在国外从事汉语教学，能用当地语言或者英语进行沟通，往往可以拉进和学生的距离，获得事半功倍的效果。

2. 国际汉语教师应有的能力素养

在必要的知识储备基础上，汉语教师也需要具备一些基本能力。首先，要有一定的研究能力。汉语教师应能够细心发现问题、分析问题并解决问题，如前所述，汉语二语教学中学生可能会提出各种问题是汉语母语者从未思考过的。例如，"好端端的"一词，词典解释为"形容状况良好正常"，按照这个释义，学生说出"我每天坚持锻炼，身体一直好端端的"，这样的句子为何不对？可以说"雨点纷纷落下"，却为何不能说"饺子纷纷下到锅里"？诸如此类的很多问题，现有的教材、参考书等都没有"现成答案"，这就需要教师能够结合自己所学，主动去探索解决。其次，具备课堂组织和管理的能力。如何打造一个高效的汉语课堂？如何激发学生学习汉语的动机？课堂上如果有同学不配合应该怎么办？如果有同学提出了不合理的要求或者是敏感问题应该如何应对？课堂上如因众口难调引发了矛盾和冲突该如何处理？遇到问题学生又该怎么做？这些都需要教师具备充分的课堂组织和管理能力，能够灵活应对课堂上出现的各种问题。再次，汉语教师应具备信息化教学能力。汉语教师要掌握各种现代化技术手段，特别是新冠疫情之后大规模线上教学的开启，更需提升自身的信息化素养，提高数字素养，熟悉各种线上教学平台，具有线上教学的能力。接着，汉语教师特别需要具备良好的沟通交际的能力。良好的沟通交际能力是国际汉语教师所必备的能力，汉语教师面对的对象是来自不同文化的学生，如果缺乏基本的沟通交际能力，想要在海外顺利进行工作与生活必定举步维艰。只有维系良好的人际关系才能给自己创造良好的生活空间与工作环境。最后，汉语教师应该具备"讲好中国故事"的能力。在"讲好中国故事"的道路上，汉语教师承担着重要的使命，在教授汉语的同时，如何让学习者了解一个真实、立体、全面的中国，将中国优秀的传统文化、中国精神以及当代中国的积极形象展示给学生，需要教师认真研究"讲"的方法和方式，针对不同的交际对象选择不同的话语体系。

3. 国际汉语教师应有的职业素养

教师承担着"传道、授业、解惑"的职责，而汉语教师，还担负着传播汉文化，展示国家形象的重任，这对其职业道德素养提出了更高的要求。作为一名国际汉语教师，一是要热爱国际中文教育事业，对汉语教学怀有热情。要知道，受各种因素影响，国际汉语教学本身是一份并不轻松有时甚至"艰苦"的工作，只有对国际中文教育怀有敬仰之心、珍爱之情，将其作为自己的事业而非仅仅是一份职业，才会迸发出无限持久的激情和活力。二是要爱学生，尊重学生的人格和需要，平等、公正对待每一个学生，做到既严格要求，又耐心友好。三是要具备良好的心理素质。汉语教师应有健康的心态，具有一定的心理抗压能力，能够进行自我调节，以应对工作中的各种压力与冲突。此外，汉语教师在很大程度上代表着国家的形象，因此特别需要注意个人形象和谈吐修养，既诚挚友好，又不卑不亢，自尊自爱，弘扬我国语言文化，展示国人形象，维护国家尊严。

（二）学生

在课堂教学中，学生是信息接收者，是教师、教材和环境共同服务的对象。汉语作为第二语言教学的课堂中,教师面对的学生都是将汉语作为外语学习的学习者。他们来自不同的国家,可能是成年人,也可能是未成年人,每个人学习汉语的动机会不一样,每个人的性格特点、语言学能、学习风格等也会各异。

(三)教材

教材是实施课堂教学的依据。教师教授学生何种知识,一定程度上取决于教材。可以说,教材提供了什么内容,学生一般就学什么内容。[①] 教师应该根据学生的水平和学习目的等选择合适的教材,好的汉语教材应该具有针对性、科学性、实用性、趣味性、系统性。语言知识和话题以不同形式、在不同情景中复现,有坡度地上升,语言及内容的程度、深度和广度不断向纵深挺进。但是,在教学中还需要做到依据教材但不唯教材,需要对教材进行灵活性处理,特别是海外国际中文教育,很多时候更需要教师自己编制国别化、本土化教材,以适应所在国的实际情况。

(四)环境

环境是信息传输通道。这里所说的环境主要指课堂。课堂是学生获得知识和技能的主要场所。教学活动中的所有内容,包括教材、课程设计等,都要在课堂教学中完成。在汉语作为第二语言教学的课堂上,应该体现以学生为主体、教师为主导、操练为主线的"三主"原则。在课堂中,教师引导学生运用已知的知识去探索未知的内容,教师教会学生学习,让学生能够进行汉语交际,把不熟练的、不理解的内容变为熟练的、已理解的内容。总之,课堂这一环境的好坏直接决定了教学质量的高低。

课堂教学要取得成功,四个基本要素之间必须形成和保持良性循环的关系。

第一,学生与教师的关系。在课堂教学中,学生是主体,教师是主导。在教学过程中,教师要准确传输信息,及时处理反馈信息,传授汉语学习技能,引导学生用汉语进行表达。教师要鼓励学生,促使学生保持强烈的学习汉语的兴趣和持久的学习动力,努力提高学生的学习汉语的

---

① 杨惠元.课堂教学理论与实践[M].北京:北京语言大学出版社,2007.

积极性和自主性。

　　第二,学生与教材的关系。教材服务于学生,为学生提供最有实用价值的信息。学生通过教材,可以学习知识和技能。同时,学生也要灵活地对待教材,不能把教材当作唯一的信息源。学生既要学习它、使用它,又要以它为基础,拓展自己的知识和能力。

　　第三,学生与环境的关系。环境也是为学生服务。良好的学习环境,对学生有很强的吸引力,从外部去激励学生努力学习,充分发挥学习潜能。

　　第四,教师与教材的关系。在课堂教学中,教师离不开教材,教材对于教师来说是不可缺少的工具。可以说,教材是编者根据多年的教学经验和知识积累而编写的。同时,教材也体现了一定的教学方法和教学理论。因此,教师要领会教材编者的意图,顺应编者的意图,善于挖掘教材的长处,合理使用教材,扬长补短,科学地、创造性地使用教材。

　　第五,教师与环境的关系。环境为教师和学生提供了充分表演的舞台,教师要充分利用环境中的有利因素,克服不利因素,要善于创造环境,特别是要充分利用课堂环境给学生提供各种汉语表达情境,同时要营造一个轻松愉悦的学习环境。

三、影响课堂教学的主要矛盾

　　课堂教学是教师在课堂内指导学生学习的活动和过程。在教师、学生、教材、环境这四个基本要素当中,教师和学生的关系是课堂教学的主要矛盾;教师与教材、环境的关系,反映了教师教的方面的矛盾;学生与教材、环境的关系,反映了学生学的方面的矛盾。在整个课堂教学中,各个基本要素之间,以及与其他要素之间的矛盾,都围绕"教师指导学生学习"这一中心,形成了教师"教"与学生"学"的矛盾。教师和学生是教学的两个主体性、能动性因素,支配着其他矛盾的存在和发展,而且贯串教学的全过程。

　　学生是学习活动的主体,是课堂教学的主体,是教学过程的能动参与者。汉语教师要确立科学的学生观,真正让给学生参与到汉语课堂中去,避免"一言堂",让学生在汉语课堂上多说多练。

第二章　汉语作为第二语言课堂教学概述

四、汉语课堂教学的作用

第二语言的习得与母语习得的一个很大区别就是环境。二语获得主要是在课堂环境中实现,但是对于课堂教学对学习的作用,学界一直存在争议。克拉申提出课堂教学与二语习得"无关联"的观点,而沙乌德史密斯则是"有关联"观点的支持者[1]。我们认为,二语学习中课堂教学是非常重要的,汉语课堂是完成教学任务的主要场所和空间,它给学生提供语言环境、认识学习的机会,是学习汉语最便捷的环境,在汉语作为第二语言教学过程中发挥了重要的作用。

首先,汉语课堂为学生提供了重要的学习场所。从汉语二语教学的具体情况来看,汉语教学对于课堂的依赖程度很高。特别是国外的国际汉语教学是在非目的语环境下进行,学生缺少相应的汉语环境,除了在课堂上学习汉语外,课下接触汉语的机会很少。此外,学生拥有的汉语学习材料和学习资源非常有限,只能通过课堂,从教师那里获得更多的资源。因此,对于学习汉语的学生来说,课堂是非常重要的场所和空间,课堂教学是系统学习汉语、获取汉语知识的重要方法和手段。

其次,汉语课堂重视语言技能培养,有助于提高学生的语言技能。第二语言课堂教学内容包含知识和技能两个方面,一般涉及语言要素、言语技能、言语交际技能、语用规则和有关的文化背景知识。汉语作为二语教学的目的就是要把知识的传授与技能的训练紧密地结合起来,重点放在言语技能和言语交际技能的训练和掌握上。因此,课堂教学方法、活动的设计都是围绕让学生掌握技能进行的。教师也从教学设计、教学活动的组织、课堂交互方式、课堂管理等诸多方面提高课堂教学的技巧和能力。由此可看出,汉语课堂教学在提高学生的语言技能方面发挥了重要的作用。

最后,汉语课堂是一个跨文化交汇的场所,促进了文化交流。汉语课堂是一个文化双向交流的场所,在一定层次上存在着文化差异和误读现象。汉语教师对于学生个性的尊重和了解也显得更加重要,对于教师在异质文化下的文化应对能力的要求也高于国内的语文老师。

---

[1] 刘珣.对外汉语教育学引论[M].北京:北京语言大学出版社,2000.

五、汉语作为第二语言课堂教学的特点

(一)汉语课堂教学对教师具有特殊的要求

一般来说,从事汉语二语教学的教师应当具有汉语国际教育、中文、外语、教育等人文社科专业背景,最好取得对外汉语教师资格证书或国际汉语教师证书等。汉语课堂教学的主要任务同样应是"传道、授业、解惑"。"传道"就是教书育人,传播中华文化。"授业"就是教授汉语,让学生学会、学好汉语。"解惑"就是在具体教学中,针对学生疑惑,给予讲解,以帮助他们逐步学好汉语,提高汉语交际能力。因此说,汉语教师承担着重要的责任,必须要明确自己的神圣使命。同时,教师必须深入研究课堂教学方法,改革课堂教学,创设优质的教学模式和教学方法。

(二)汉语课堂教学主体具有差异性

汉语作为第二语言教学的主体主要是母语非汉语的学生。在课堂教学中,这些学生具有很大的差异性。第一,年龄差异。学习汉语的学生有成人,有儿童,年龄层次不等,而且儿童学生正在逐年增加。因此,汉语课堂教学要充分考虑学生的年龄差异,根据年龄选用不同的教学方法和教学手段。第二,地域差异。不同国家、不同地区的学生母语具有不同的特点,因此课堂教学的重点和难点也就不同,教学方法也就不同。第三,目标差异。学生都有一个对自己未来的规划,而且每名学生都不同。例如,有的计划将来研究中国文化,有的将来要学习理工、农医、人文专业,有的将来要从事贸易等,还有的没有明确的目的。追求不同,导致在学习汉语时,要求也就不同。因此,在课堂教学中,就需要充分了解学生的这些需求,进行针对性的教学,以尽量满足不同学生的需求。第四,个性差异。每个学生具有不同于他人的个性特征。例如,在同一个课堂中,学生的智力、学习潜能、语言经历、生活经历等都有差异,这些差异因素在一定程度上会影响学生的汉语学习。此外,国外的学生不习惯课堂纪律的束缚,不喜欢刻意模仿。他们往往喜欢有意思的课堂教学。因此,教师必须要运用灵活的教学方法,采用各种教学手段丰富课堂教学,以激发学生学习兴趣,提高学生学习主动性。

(三)汉语课堂教学语言具有独特性

在汉语课堂教学中,学生学习的语言是汉语。汉语是一种拥有数千年文字与文献、具有众多方言、影响诸多民族,并流布海外广大区域且为世界各国和国际社会学习与使用的重要语言。它是一个由各种变体、各种语言关系构成的庞大的语言家族。汉语具有不同于其他语言的独特的特性。

首先,汉语承载了中国优秀的传统文化。能记录汉语的重要符号和载体是汉字。从汉字的演变过程中,我们可以窥见在历史的更迭中所遗留的重要文化瑰宝。经历不同的时代,汉字的书写形式不断发生转变,但是汉字的内涵一直沿袭到今天,仍为人们所研究和探讨。同时,用汉字记载的历史典籍,记录了中国历朝历代的历史变迁。因此说,汉语作为一种语言,是中国文化的重要载体。

其次,汉语体现了中国人的思维。我们的形声字以部首为统帅,所有汉字"以类相从",汉语复合词以复合法为主,词族以类相联系,汉语对仗对偶使用颇多,这些都是汉民族整体思维观在语言上的反映。

最后,汉语的字形、字音、字义具有复杂性。汉字结构复杂,上下结构、左右结构、全包围结构、半包围结构等,这对于学习汉语的非汉字文化圈的学生来说,是比较困难的。汉语有四个声调,而且汉语中同音字、多音字很多,多义词普遍,在学习时,都会产生一定的困难。

(四)汉语课堂教学环境具有一定的约束性和局限性

学习语言,非常注重环境的影响。外国学生在中国学习汉语,从环境来说是得天独厚的。学生在中国社会的大环境里,从听、说、读来说,接触的都是汉语,对学习非常有利。但是,外国学生在一个陌生的环境中学习一种陌生的语言,会倍感压力,产生焦虑,某种程度上会约束学习。

此外,对于在本国学习汉语的学生来说,环境的局限就尤为明显了。学生基本上只能通过课堂来接触汉语,只能通过课堂中教师的教授来学习汉语,这在很大程度上制约了学生的学习,不利于学生全面了解汉语,不利于掌握汉语的基本知识,提高汉语交际能力。

为了取得良好的教学效果,所有的教学都要讲求一定的教学方法,对于语言教学,教学要求就更加严格了。因此,对于汉语课堂教学,我们要进行深入研究,将课堂教学四要素有机地结合,充分发挥各自的作用,协调好关系,共同促进学习效果的提高。

第二节　汉语课堂教学的理论基础

教学是"教"和"学"相互作用的过程。对语言教学而言,只有遵循语言学习规律的教学,才是有效的教学。语言学习理论对汉语课堂教学具有指导性意义。研究语言学习理论可以揭示语言学习的客观规律,了解学习的本质和心理过程,了解学习者的个体因素等,从而帮助学生更好地学,教师更好地教。语言学习理论的发展和进步,促进了语言教学理论研究的发展,为课堂教学奠定了坚实的理论基础。随着第二语言学习理论研究的发展,语言学习理论对汉语教学领域的影响越来越大,汉语教学对这些语言学习理论加以吸收,运用这些理论对汉语二语学习者学习汉语的过程、学习策略、学习态度等方面进行研究,为进一步开展语言学习理论的研究开拓了思路,语言学习理论也成为汉语课堂教学的理论基础和教学指导。

一、行为主义学习理论

(一)行为主义学习理论概述

行为主义学习理论产生于20世纪20年代,主张学习的本质是人和动物因环境的刺激而被动形成的行为的改变。例如,人在饥饿的状态下,会因饥饿的刺激而说出"我很饿",并产生去寻找食物的行为。同样,学习也是这样的。

在学习中,人的言语行为通过各种强化手段而获得。在特定的语言环境中,他人的声音、手势、表情等都属于外在的强化源。在学习语言时,学生要不断受到外在强化源的刺激,以逐步养成正确的语言习惯,最终学会与其语言环境相适应的语言形式。

行为主义学习理论注重"刺激—反应",认为能根据接受的刺激来预测或控制学生的反应,并强化学生的反应。

(二)行为主义学习理论对汉语课堂教学的启示

行为主义学习理论出现较早,在发展过程中曾长期占据主导地位,之后随着人们对学习理论的深入理解,其片面性和机械性开始显露,人们开始探求新的学习理论。虽然行为主义学习理论在后期遭到人们抨击,但其对语言学习仍然具有不可替代的作用。

1. 教学目标

行为主义学习理论强调刺激与反应的联结,认为通过这种联结,学生可以形成行为习惯或技能。也就是说,学习知识就是这种行为习惯或者技能的有组织的联结,即先给学生一定的知识刺激,让学生做出反应,然后得到反馈,即为学生提供特定的刺激,引起学生特定的反应。这就要求在实际的教学活动中,要设立具体、明确的教学目标。教学目标越具体、越精确,那么刺激就越明显,越有利于学生做出反应,从而形成学习习惯或技能。

在汉语课堂教学中,教师在制订教学目标时,不仅要设计整个学期的整体的教学目标,也要做出具体的教学目标,如每个月、每个星期,每个课时的目标。同时,教师也应关注学生通过教学活动能学会哪种技能、掌握哪些知识。

2. 教学主体

行为主义学习理论认为教师是教学活动的组织者、掌控者。学生在教师设计的知识环境下被动地接受知识,他们吸收知识的能力主要取决于能否在课堂上对教师给出的刺激做出反应和能否得到及时的反馈。也就是说,在整个学习知识的过程中,学生一直处于被动的位置。

行为主义学习理论认为在汉语课堂教学中,教师应控制课堂中的知识输入量,要对学习环境、课程内容和学生行为管理做出系统的安排。

3. 教学过程

行为主义学习理论注重知识的准备及教师对于教学情境的精密的控

制。在学习新知识前,不仅学生要具备一定的知识基础,而且教师已制订了明确的教学计划。在课堂中,学生要做的就是接受刺激并且强化练习。

在汉语课堂教学中,教师做周密的课前准备,对知识进行分解,在教学过程中按照由易到难的顺序讲解知识。当学生对知识刺激做出积极反应时,教师也应对学生的反应做出即时反馈。当教师对学生的反应做出称赞或引导改正错误的反馈时,学生可以根据反馈进一步调整自己的学习行为,进而不断取得进步。

二、认知主义学习理论

(一)认知主义学习理论概述

认知主义学习理论认为,学习就是针对问题,在内心进行组织,形成和发展认知结构的过程。它强调刺激与反应通过联系来建立关系,强调主体认知过程的重要性。认知学习理论的主要代表观点有格式塔理论、皮亚杰的建构论、托尔曼的信号学习理论、布鲁纳的发现学习理论、奥苏贝尔的认知同化学习理论、加涅的信息加工认知学习理论。这些理论都强调学习是通过对情境的领悟或认知而形成认知结构来实现的,主张研究学习的内部条件和内部过程(李莒霄,2006)。

(二)认知主义学习理论对汉语课堂教学的启示

认知主义学习理论对汉语课堂教学具有如下启示。第一,应当为教学提供理论依据,丰富教育心理学的内容,推动教育发展。第二,重视人的主体能动性。首先,重视人的主体价值,充分肯定学生的自觉能动性;其次,强调认知、意义理解、独立思考等意识活动在学习中的重要作用;再次,重视内在的动机与学习活动本身带来的内在强化的作用;最后,重视学生学习的灵活性、主动性和发现性。学生要主动地进行观察、探索、实践,充分发挥自主创造精神。第三,注重探究性的学习方法,通过发现学习来使学生开发智慧潜力,调节和强化学习动机,牢固掌握知识并形成创新的本领。[①]

---

① 参见李柏令. 新思域下的汉语课堂"以学生为中心"的对外汉语教学探索[M]. 上海:上海交通大学出版社,2009.

三、建构主义学习理论

(一)建构主义学习理论概述

建构主义学习理论源于儿童认知发展理论。它认为,学习就是学生在一定的情境中,通过与他人进行协作,借助特定的学习资料,通过意义建构的方式获得知识的过程。建构主义学习理论认为学生通过自主学习获得知识。在学习过程中,要设计真实的、适合的学习情境,以利于学生对所学内容的意义建构。在学习中,要始终保持与他人的协作。通过协作,可以收集和分析学习资料,评价学习成果,最终实现意义建构。学习小组成员通过会话商讨如何完成规定的学习任务。因此说,在一个学习群体中,学生的思维成果是共享的。

建构主义学习理论要求学生要善于运用探索和发现的方法去进行意义建构;要求学生要主动搜集并分析相关信息和资料,对所学习的问题提出各种假设并努力进行验证;要求学生将所学内容与已知内容相结合,并建立一种紧密的联系,然后对这种联系做出认真的思考。

建构主义学习理论要求教师要充分激发学生的学习兴趣,充分调动学生的学习动力;要求教师要设置与教学内容相符且适应学生学习的情境,以促进学生完成意义建构;要求教师要组织协作学习,对协作学习进行引导。

(二)建构主义学习理论对汉语课堂教学的启示

建构主义学习理论的形成,对教师提出了更高的要求。它强调以学生为中心,要求教师要摒弃以教师为中心的传统教学模式,不能将学生简单地当作知识灌输的对象,应构建新的教学理念,建立新的教学模式,采用新的教学方法,让学生成为学习的主体。

建构主义学习理论指导下的汉语课堂教学应明确:在教学活动中,学生为主体,是知识意义的主动建构者;教师是意义建构的促进者和帮助者,发挥着组织、指导和促进作用;教材是学生主动建构意义的对象;媒体是学生主动学习、探索的认知工具。建构主义学习理论强调利用情境充分调动学生的主动性、积极性和首创精神,最终实现意义建构。

建构主义学习理论也影响了教学方法。教师在建构主义学习理论指导下开发出适合汉语课堂教学的新的教学方法。例如,脚手架教学法、锚定教学法、随机进入教学法等。脚手架教学法是围绕当前的学习主题,搭建一个便于登攀的脚手架(即建立概念框架),然后将学生引入特定的问题情境中(即概念框架中的某个节点),让学生独立探索,并且进行小组协商、讨论,使学生自己在概念框架中继续攀升,是汉语教学中经常使用的方法。

第三节 汉语课堂教学的原则与方法

一、汉语课堂教学的基本原则

课堂教学是汉语教学的基本组织形式。课堂教学过程是指在课堂环境内,教师与学生共同参与课堂活动的过程,是实施教学、完成教学任务的过程,也是学生对语言知识、文化的认识过程,对语言技能从接受、掌握到运用的过程。汉语课堂教学要求教师不仅要进行汉语技能的培训,还要和学生进行情感的交流,培养学生的智慧,塑造学生的个性,运用大量的教学策略,以达到有效的教学。课堂活动是汉语课堂教学过程中一个极为重要的组成部分,课堂教学的整个过程就是由一项一项独立又相互关联的教学活动构成的。教师在进行组织课堂活动和课堂教学时,必须明确以下几项教学原则。

(一)以学生为中心原则

汉语作为第二语言教学是一种外语教学,强调把语言知识转化为运用语言知识进行交际的技能。技能不是教出来的,也不是学生听会的,而是需要学生依靠大量的练习和亲自进行语言实践才能最终获得。因此,在汉语教学活动中,要求教师充分调动学生的主动性、积极性和创造性,主动进行语言的交际练习和实践。以学生为中心,即学生才是课堂教学中的主体,学生不是消极、被动的听众,而是积极、主动的参与者、对话者。教师的一切教学策略和手段要以学生的学习活动为主，且都要围绕"如何让学生使用汉语进行交流"而开展。

(二)以教师为引导原则

课堂教学除了有学生的"学"，还有教师的"教"。这个"教"强调的是教师的"引导"作用，而不是"主导"作用。教师的引导主要体现在启发、引导学生进行语言练习和实践，帮助学生发现、总结语言规律和语用规则，正确使用学习策略，建立相关的文化意识等。教师在汉语教学的课堂上，不能一味地教授和灌输，不能包办或者代替学生的学习活动，更不能剥夺学生说话和进行语言实践活动的机会。

(三)以实现互动为原则

课堂教学成功与否的关键在于能否处理好以学生为"中心"和以教师为"引导"的辩证关系。教师和学生之间的关系不是单向的，而是双向的、互动的。所谓的"互动"，是指在教学过程中，既有教师给予学生的适当刺激(如讲解、提问、提供情景)，又有学生做出的回应(如回答、操练)。在课堂教学过程中，不能只有教师一个人"动"，也不能只有一个或几个学生"动"。成功的课堂教学应该是教师和全体学生密切配合、不断互动的活动。

(四)课型分明原则

按照教学目标和教学任务，汉语教学有不同的课型，如综合课、听力课、口语课、阅读课、写作课、汉字课等。不同的课型有不同的目标，训练的侧重点也不同。教师在进行不同课型的教学时，切忌所有的课都上得千篇一律，而应该突出课型的特点和特色。例如，听力课强调听力技巧，侧重训练学生听力技能；口语课侧重口语技能的训练，让学生多说。

(五)直观形象原则

外语教学与传统的讲授不同，教师对于语言项目的讲解方式不是靠描述、逻辑推理和理论论证，引出大量的术语进行穷尽的解释，而要更多地通过直观、形象、生动的方式让学生感受和感知。汉语课堂的教学不能局限于学生的理解,而是要最终转化为学生的汉语运用和交际能力。教师在讲解时可以多利用实物、图片、视频、动作、手势等手段。在学生的初始学习阶段,也可以根据情况少量地使用学生的母语。

(六)精讲多练原则

"精讲"包括两个方面的含义。一是内容方面,指的是教师上课所讲的内容应该是经过精挑细选的,该讲则讲,不该讲或不必要讲的一定不讲。也就是说,教师的教学内容应当少而精。二是指教师的教学方法。教师要用最少、最精练的语言、最简单明了的方法把该讲的内容讲清楚、透彻。

"多练"包括三个方面的含义。一是指教师的"讲"和学生的"练"的时间比例,要把大部分的时间和开口的机会交给学生。教师讲解和学生操练的时间比例,以综合课为例,一般要求为学生的练习时间不能少于课堂时间的60%。二是指练习的全面性和层次性。该练习的地方,教师一定不要遗漏,特别是教学重点、教学难点。三是指练习的充分性。教师设计的练习首先在数量上要有所保证;其次要设计有效的练习,学生只有通过大量、反复、有效的练习才能掌握语言知识和技能。

(七)循序渐进、随讲随练原则

教师在教学时要循序渐进,不要追求"高大全"。具体体现在:教学要从容易的语言项目过渡到难的、复杂的语言项目,把复杂的语言项目分解为有层次的、零散的项目。在讲解完语言项目后,教师要及时地引导学生进行操练,让学生及时地消化、理解,并不断地复现这个语言项目来帮助学生巩固所学。

(八)效率原则

按照教学大纲,汉语教学的每一节课都有既定的要求和目标,汉语课堂不是松散随意的,好的汉语课堂应当是高效的,在有限的教学时间获得最大的学习效果,详略得当、重点突出、快慢适宜、节奏紧凑。

二、汉语课堂教学活动设计的基本原则

课堂活动是课堂教学的核心内容。课堂活动与课堂教学效果密切

第二章　汉语作为第二语言课堂教学概述

相关。也就是说,课堂活动的设计必须有助于学生学习知识和发展技能,有助于整个教学目标实现。为了保证活动的实效性,课堂活动的设计应遵循以下基本原则。

(一)目标性原则

课堂活动的设计要贴合教学目标,即设计课堂活动要有一定的目标性。活动是教学的手段和技巧,是为教学目标服务的。活动的设计必须有助于实现教学目标。设计活动时,不能脱离教学目标而独立设计。如果这样,那么活动就是无意义的。在进行活动设计时,教师必须首先明确设计该活动的目的是什么,是为了让学生学会哪些知识,掌握哪种技能的,同时要明白通过这项活动,学生会达到一种什么样的水平。因此,课堂活动应该围绕教学目标而设。[1]

(二)趣味性原则

学习语言本身非常枯燥,教师在设计课堂活动时,要遵循趣味性原则。心理学研究表明,学生在学习一门外语时,经常会产生焦虑、不自信等情绪,而充满趣味的活动则能激发学生的学习兴趣,促进学生能力的提升和发挥,有助于提高学习效果。一般来说,活动应该与学生的现实生活密切联系,符合不同年龄阶段学生的喜好。因此,在课堂活动设计过程中,教师一定要注意活动的形式和内容,保证活动生动有趣,充分结合现实生活。总之,教师要善于把学习任务转化为富有趣味的活动,尽可能地调动学生参与活动,在快乐中学习汉语。

(三)多样性原则

为了让学生在语言学习中,更好地体验、实践、参与、合作与交流,课堂活动应设计多样化的形式和选用丰富的内容,这也是提高课堂趣味性的一种手段。在教学活动设计中,要尽量避免活动的多次重复。因为活动不断重复开展,原有的新鲜感和激励作用都会降低。活动的形式应该多种多样,富于变化,如采用各种语言游戏、角色扮演、小组竞赛、辩论等

---

[1] 汤燕瑜,蒋丽萍,李光梅,等. 中学英语课堂活动设计与实践[M]. 苏州:苏州大学出版社,2013.

形式。选择活动形式时,还需结合相应的教学内容、学生的水平层次等信息。为了设计生动、有趣、实用的教学活动,教师必须在平时多下功夫,随时随地观察和体会生活,捕捉有用信息,在备课时精心设计,借鉴其他先进的课堂教学模式。①

(四)可操作性原则

教师设计的活动应该是简单易懂,方便学生参与和操作的。也就是说,教学活动必须体现可操作性。因此,教师在设计课堂活动时,一定要依赖实际的教学条件。例如,学生人数、时间、空间、教具等,还包括合理的组织方式及学生的积极配合。

在设计活动时,教师要对活动的规则、要求做出细致的规划和说明。首先,运用简洁、清晰的语言介绍活动规则,同时辅以形象生动的示范。其次,教师作为课堂活动的组织者,在设计规则时还应考虑可能出现的漏洞,要预先设定好解决办法,保证设计的活动规则既简单又不失公平。如果在活动进行的过程中,才着手不断补充活动规则,那么就会让学生产生很多疑问,不利于活动的继续开展。此外,活动后,要给予参与活动的学生正确的评价,这样才能促进学生积极参与活动,从而有效达到活动的目的。

(五)全体性原则

教学是面向所有学生的活动,因此教学活动也应该是所有学生都要参与的。为此,设计教学活动时,必须保证每名学生都有均等的参与活动的机会,要考虑每名学生在活动中是否都能获得语言知识和语言技能的训练,同时在活动中,是否体现了团结合作的精神。

为了保证全体性原则,教师在分组、分任务时,必须充分考虑学生的特点,充分结合学生的实际情况。如果是全班竞赛性的课堂活动,要充分保证公平,分组要合理;如果是合作性的课堂活动,则要顾及每名学生的个性特征。总之,课堂活动要为每名学生的汉语学习服务,要避免活动只让部分学生受益。

---

① 宋安琪,孙丹. 国际汉语课堂活动设计与应用[M]. 广州:暨南大学出版社,2016.

(六)难易适度原则

设计教学活动时,要充分考虑活动的难易程度,是否符合学生的特点,是否能保证学生顺利完成各项任务。活动的难易程度主要考虑认知难度和语言难度。也就是说,活动要符合学生的认知水平、语言基础、年龄和心理特点、兴趣需要和生活经验。不同年龄的学生在各个方面都有很大的差异,如身体、智力、知识水平、兴趣爱好等。因此,教师设计活动应尽量符合大多数学生的兴趣。同样,如果活动设计的各项任务超出了学生的实际水平,就会给学生带来压力,影响学生的积极性,从而阻碍教学目标的实现。如果活动任务太容易,同样也不利于提高学生的语言能力,也容易让学生失去兴趣。因此,教师在设计活动的时候应综合考虑多种因素,根据学生的实际情况,设计难易适度的任务。[1]

三、汉语课堂教学的常用方法

(一)交际教学法

交际教学法是指在国际汉语课堂教学中,以语言功能项目为纲,强调语言的意义和运用,课堂上通过设计各种活动,给学生提供运用语言进行交际的机会,使学生的语言交际能力得到提升。学生通过语言交际,既能有效地提升学生的语言使用技巧,也能提升语言应用能力。

应用交际教学方法开展教学,能将语言教学与文化内涵结合起来,是实现跨文化交际的重要方式。因为语言是文化的载体,任何一种语言,都包含了该民族的文化。因此,在国际汉语课堂教学中,要不断加强学生的跨文化交际能力的培养。

在教学过程中,教师模拟真实的交际与交流情境,设计一定的教学交流交际情境,让学生在真实的教学情境下展开交际与对话,学习相关的知识,有效地提高汉语学习的实践性。

(二)任务教学法

任务型教学法是交际教学法的延伸,是指把完成学习任务作为学习

---

[1] 宋安琪,孙丹. 国际汉语课堂活动设计与应用[M]. 广州:暨南大学出版社,2016.

动力,通过完成学习任务来实现学习目标来提高学生的语言交际能力,引导学生从做中学,在用中会。在具体的教学过程中,教师根据教学内容与学生的实际情况,设计合理的教学任务。学生通过沟通、交流等多种方式,完成教学任务。

在汉语课堂教学中,采用任务型教学法,就需要提前设计好任务目标、制订好任务内容、调整好任务完成程序等。在实际课堂教学中,教师就需要提前将任务目标、任务内容等向学生交代清楚,以促进学生能更有针对性地完成任务。

教师应用任务型教学法时,设计的任务必须要符合学生的语言水平,而且还要着重注意各项任务之间的关联性与可操作性。根据教学方法的实际应用情况,修正与补充任务中存在的问题与缺陷。在完成教学任务的过程中,教师可以参与该过程,与学生进行交流、讨论,及时对存在的问题进行讲解,对偏误进行纠正。

总之,在汉语课堂教学中应用任务教学法,有助于学生树立良好的目标意识,促进学生提高汉语学习能力和实践能力。

(三)游戏教学法

游戏教学法就是在教学过程中,将游戏作为教学形式,让学生在有竞赛特性的教学环境中学习知识,让学生以一种享受和快乐的状态学习知识。在课堂教学中,运用游戏教学法,不但有助于激发学生的学习兴趣,还有助于学生在游戏的过程中学到相关知识。

在国际汉语课堂教学中,教师应用游戏教学法,在课堂中组织各种游戏活动,可以有效地减弱学生学习汉语的恐慌,并增强学习的趣味性。将游戏贯串于教学的各个环节,除了可以激发学生的学习兴趣外,还能检验学生的学习成果。教师与学生、学生与学生之间要形成良好的互动,才能有助于学生口语能力的提高。应用游戏教学法,开展教学活动,使教学活动更具趣味性、互动性与交际性。[1]

在进行游戏教学时,教师要注意设计的游戏要适当,要符合学生的认知范围,能不断促进学生提升学习能力。在游戏过程中,教师要融入学生,方便了解学生的实际状况,从而设计出更加符合学生认知水平的

---

[1] 孟丹,王红燕. 对外汉语教学课堂教学法初探[J]. 教育现代化,2016(4).

游戏。最重要的是,不要为游戏而游戏,始终要明确游戏的目的是为了更好地掌握汉语。

(四)暗示教学法

暗示教学法产生于20世纪60年代中期,创始人是罗扎诺夫(G.Lozanov)。暗示教学法认为人的大脑在无忧无虑的状况下,能在有意无意之中产生超常的认知能力和记忆能力,提高学习效果。

暗示教学法分为两个阶段。第一个阶段是展示阶段。先播放优美的音乐,让学生放松自己,然后伴着音乐,在愉快的心境下听教师介绍和朗读课文,以便在无意识中理解和记忆。第二个阶段是运用阶段。在优美的音乐中,让学生把学到的知识很轻松地用于交际。

暗示教学法坚持以下几个基本原则。第一,创造舒畅愉快的环境气氛,让学生在极度轻松的心境下学习。第二,让学生大脑的两个半球同时发挥作用,让有意识和无意识的活动相互支持,达到和谐的统一,以达到最佳的学习效果。第三,用各种手段让学生得到启示,然后进行自由自在的交往。

暗示教学法把医学心理学和生理学的知识用于语言教学,用音乐等手段让学生处于安宁、休息的假消极状态,使之在下意识中产生超常的认知记忆能力和创造性学习能力。

(五)"结构—功能—文化"教学法

"结构—功能—文化"教学法是我国对外汉语教学界在吸收听说法、交际法、功能法等众多教学方法优点的基础上探索总结出的一种教学方法。所谓的"结构",是指语言结构,重在语法规则,这是语言学习的基础;所谓"功能",是指在一定情境中使用汉语完成交际任务,是语言学习要实现的目标;"文化"是语言的内容,是语言中包含的文化因素和专门的文化知识等。三者既具有独立性,又需要有机结合在一起。教学时,首先对生词、语法点、课文、文化等新内容进行教学,对重要内容进行操练,接着结合本课的话题和功能进行有意义的练习,并进一步运用本节课所学进行交际性小组活动。

第四节　汉语课堂教学管理

　　课堂管理是教师为实现教学目标对课堂中的人、事、时空等诸多影响教学的因素进行协调的过程。进行课堂管理是为了实现课堂活动目标，协调课堂中个体与团体之间的关系，处理课堂活动中的各种矛盾与冲突，最终促进课堂教学顺利进行，实现促进学生语言能力及综合能力发展的目标。实施有效的课堂管理，能保证充足的教学实践，从而保证有效的学习时间。

一、课堂管理的原则

　　在汉语课堂教学中，为了保证教学顺利进行，教师必须进行相应的课堂管理。但是，课堂管理必须坚持的一定原则。第一，张弛有度。在课堂管理中，教师要把握好管理的尺度。课堂上，教师要保持严肃，但不能过于严格，以免课堂气氛过冷；教师要让学生感到轻松，但也不能松松垮垮，让课堂变得过于宽松，难以驾驭。总之，教师应当处理好紧张与轻松的关系，做到张弛有度。第二，民主平等。在课堂中，教师与学生是共同参与、平等对待的合作关系。教师对学生应当一视同仁，有意识地为每名学生创造均等的语言实践的机会，对所有的同学一视同仁，提问要照顾到班级的每位学生，同时有意识地创造自由的课堂氛围，让学生能自由地发表看法和表达自己的观点。第三，反思总结。由于国际汉语教学的特殊性和复杂性，教师应针对课堂管理中遇到的问题，及时进行反思并不断总结课堂管理的问题和出现的根本原因。

二、课堂日常管理

(一)建立课堂规范

　　如果说教师把全班学生看作一把雨伞，那么教师是伞骨架，学生是

第二章　汉语作为第二语言课堂教学概述

伞的支面,纪律和管理则是支撑伞的轴,三者缺一不可。

教师对学生的期待和要求,采用事先明确告知的原则较之事后批评更加有效力。因此,教师要确定并表明自己对学生行为的期望,同时要将期望转化为日常的程序,并把它以可操作的规则的形式表现出来。

与其他性质的课不同,语言教学课作为一门技能训练课,统一且按时上课具有极大的必要性。外国学生上课迟到是常有的事,汉语教学也需要建立考勤制度,针对这种行为建立规则,教学之初就需要向学生讲明"规矩",详细记录并保存学生的考勤、作业、课堂表现等;规定好"请坐、跟我读"等固定的课堂指令及"答对了、说得很好"等反馈用语,前几次和动作、手势等结合在一起多次强化,让学生明确。总之,制订课堂规范要结合学生的实际情况,细致精准,针对课前、课中、课后制订不同的规范,对自己和对别人都要有明确的要求。

(二)明确鼓励和惩罚原则

即使是教师明令规定的制度,学生仍会有发生问题的可能。面对出现的问题,教师切不可以视而不见、不理不睬。教师必须通过行为让学生明白,教师是言行一致、说到做到的。例如,学生长期习惯性迟到,教师不加以任何的表示会纵容学生的这种不良行为。有的教师就采取了在全班面前公开批评学生的做法,这种做法在某些课堂上是有效的,能对学生产生一定的威慑作用,但是有时候这种公开的注意,反倒会强化学习者的不良行为。作为一个有效的管理者,有时需要采用其他方式纠正学生的过失。例如,教师可以定下这样的"惩罚"措施:第一次迟到需要在全班同学唱歌,第二次迟到则需要在全班同学面前跳舞,第三次迟到则需要唱歌加跳舞,第四次迟到就会扣掉学生的平时成绩等,每次迟到"惩罚"措施会逐步加重,学生都会唱歌和跳舞,但是很多学生在众人面前唱歌跳舞会不好意思,久而久之,学生就会形成按时上课的好行为。

如果有可能,应当提示学生做应该做的正确的事情,而不是纠缠于他做的错事。与反面提示相比,正面提示更能表达对学生未来行为的积极的期望。对于大多数人来说,表扬是一种强有力的刺激。教师要想减少学生的不良行为,不妨多角度表扬他们的良好行为。而表扬其他学生的良好行为,常会使一些没有做好的同学迅速向正面行为靠拢。

不管采取何种方式来制止学生的不良行为,教师都要让学生理解并看到,教师的任何行为都是建立在对全班学生尊重的基础之上的。

(三)教师对课堂的控制要合适

课堂管理存在两种管理方式。一种是权威式管理,这类教师控制所有的课堂程序,学生只有服从,这一方式会使学生产生严重的焦虑感、挫折感和不良情绪。另一种是民主式管理,这类教师采取开放的心态和互动的模式,学生则会报以敞开的心扉,这种教师是以最积极的方式影响和控制着课堂。

对于教师来说,有节制地实行自己的权威是必要的。教师应该清楚,自己并不是为了保证纪律而处理学生,而是为了给学生一个温暖、支持和接纳性的课堂环境。

三、课堂突发事件管理

汉语教师由于工作环境特殊,教学对象复杂,教学模式多样,在教学中经常会碰到一些影响正常教学进程的突发事件,如学生捣乱作怪、刁难教师、制造恶作剧、遇到敏感问题、疲劳、情绪不稳定等,还有一些外在因素导致的突发事件。

如果在课堂中遇到突发事件,为了保证教学活动正常、有序进行,教师要采取积极的态度,有针对性地处理这些突发事件。

(一)冷处理和"消退"策略

课堂上发生突发事件时,教师要避免心理随着事件的发生而产生波动,应予以"冷处理",使学生在最短的时间内恢复良好的心境,并投入新的学习。教师尤其要控制自己的情绪变化,以求减少意外事件给学生造成的心理负担。

(二)使用"目光注视""动作暗示"等非语言手段

有许多课堂不良行为并不需要教师中断教学,只需运用非语言方式,如目光接触、手势暗示、身体靠近等就能够消除。

目光暗示是一种无声的语言。在课堂上,如遇到个别学生不专心听讲,教师可用严肃的目光注视这位学生,让该生意识到教师已注意到他的不良行为。教师也可以在适当的时机自然地靠近那位学生,不露声色地在他身旁停留两三秒钟。这样既不耽误授课时间,又制止了不良行为,还能保全学生的面子。

教师也可以辅以皱眉等动作对学生加以提醒,使之意识到自己做得不对。如果这些措施都无法奏效的话,那么教师可以用手轻轻地拍拍学生,以纠正其行为。

(三)停顿休整法

在学生普遍疲劳、注意力下降的时候,教师不必强行进行教学,可以暂时停止讲课,组织学生进行短暂的放松活动,如唱一些节奏感强、生动欢快的歌曲,做几个有趣的汉语小游戏,等学生注意力重新集中后再继续讲课。

除此之外,在课堂中,教师也可以采取幽默调侃的方式,智慧地应对突发事件,以避免学生分心。采用因势利导的方法,引导学生重新进入学习状态。

第三章　备课与教案设计

备课是教师根据学科课程标准的要求和本门课程的特点,结合学生的具体情况,选择最合适的表达方法和顺序,以保证学生有效地学习,为上课以及其他教学环节所做的准备和策划性工作过程。备课是教学工作的起始环节,是上好课的先决条件,可以加强教学的计划性和针对性,有利于教师充分发挥主导作用。长期以来存在这样一种误解,认为会说普通话就可以教外国人学习汉语,教汉语很容易,无须准备。其实不然。汉语教师需要备课,在备课过程中要努力做到"心中有书,目中有人",充分考虑学生的认知水平与个性差异,既要备教学内容,还要备教学对象;既要吃透教材,还要了解学生,明确汉语学习的重点,充分考虑学生在学习汉语过程中可能遇到的难点。在备课的基础上,教师将思考的结果固定化,形成具体可执行的方案,这就是教案设计。有了教案,就有了授课可操作的根据,授课时才能做到有条不紊,成竹在胸。

第一节　备教材

熟悉教材内容是授课最基本的要求,只有熟悉了教材内容,明确了教学目标任务,课堂教学才能做到有的放矢,课堂教学操作才能进退自如、游刃有余。在课前不读教材,或读了教材但对编者的编写意图"吃不透",不能将教材内容内化为自己的东西,更不能将教材内容烂熟于心,教书时只会照本宣科、以本讲本地"死教书",这是教师教学的大忌。

一、研读教学大纲

教师备课最重要的是备教材。但是,在备教材之前还有一项重要的工作是研读教学大纲。

教学大纲是进行课堂教学的纲领性文件,它规定了教学对象、教学时间、教学目标、教学内容、教学要求、教学途径、教学原则、对教师的要求、教学测试与教学质量评估以及教学管理等。钻研和熟悉教学大纲,就可以统观全局,在具体备某一课时把它跟整体教学联系起来,把握脉络,理清主线,领会这一课在整个教学中的地位和作用。

我国对外汉语教学界自20世纪80年代后期开始研制各类教学大纲,如我国第一个等级大纲为《汉语水平等级标准和等级大纲(试行)》(1988),此后国家汉办又组织修订,先后出版了《汉语水平词汇与汉字等级大纲》(1992)、《汉语水平等级标准与语法等级大纲》(1996)。20世纪90年代后期,对外汉语教学与研究的重镇——北京语言大学(时为北京语言学院)相继研发了《中高级对外汉语教学等级大纲(词汇·语法)》(孙瑞珍主编,1995)、《对外汉语教学初级阶段教学大纲》(杨寄洲主编,1999)、《对外汉语教学中高级阶段功能大纲》(赵建华主编)、《对外汉语教学初级阶段课程规范》(王钟华主编)、《对外汉语教学中高级阶段课程规范》(陈田顺主编)等,还有针对各种课型的课程大纲。这些教学大纲的出版,为国内的对外汉语教材的编写提供了标准和依据。

进入21世纪以来,国内对外汉语教学向汉语国际教学转变,为适应各国汉语教学的需求,国家汉办又组织研制了《国际汉语能力标准(英汉对照)》(2007),面向汉语作为外语的学习者,从国际汉语总体能力、口头和书面交际能力、汉语的理解和表达能力等层面提供了五个级别的描述,为制订国际汉语教学大纲、编写教材和测评汉语学习者语言能力提供参照标准。此后,参照该标准和《欧洲语言教学与评估框架性共同标准》,又研发了《国际汉语教学通用课程大纲》(2008),对汉语作为第二语言课程目标与内容的梳理和描述,为汉语教学机构和教师在课程规划、教学计划制订、学习者语言能力评测和教材编写等方面提供参考依据和标准。

2019年,汉语作为第二语言教学开启了国际中文教育的新时代。2021年3月31日,教育部和国家语委联合发布了《国际中文教育中文水平等级标准》,并于同年7月1日正式实施。该标准规定了中文作为第二语言的学习者在学习、工作、生活领域中运用中文完成交际的语言水平等级标准,以音节、汉字、词汇、语法四种语言要素为基准,涵盖听、说、读、写、译五项言语技能,制订了三等(初、中、高)九级的标准体系。

该标准的发布是"国际中文教育领域具有划时代意义的大事"[①],对新时代国际中文教育的规范化、标准化、专业化、国际化具有深远的意义。

汉语教师应该熟悉这些教学大纲和教学标准,特别是代表国际中文教育最新成果的《国际中文教育中文水平等级标准》实施后,汉语教师需要认真研读,熟悉每一级涉及的具体音节、汉字、词汇、语法点都有哪些,备课时才能有一个更高的站位,做到心中有数。

二、理解吃透教材

教材是授课时依据的具体材料,在汉语教学四大教学环节(总体设计、教材编写、课堂教学、语言测试)中,具有承上启下的作用,决定了语言教学的教学内容,因此备课离不开备教材。备教材至少需要做到以下几个方面。

(一)通读教材

授课前首先需要翻阅教材,了解教材全貌,从整体上把握编者的意图。教师特别需要研读教材的,揣摩和归纳教材的指导思想和教材体系。读"前言"或"编写说明"时要特别注意以下内容。

编者是如何体现教学大纲和教学计划的,主张采用哪种教学法,是结构法还是功能法,是结构—功能法还是功能—结构法,是演绎法还是归纳法。

词汇、语法点和功能项目的安排,教材总的词汇量是多少,每课的词汇量是多少,语法点的先后顺序是什么,语法体系是什么,安排了多少功能项目,是怎么安排的等。

如果是系列教材,主干课教材和分技能课的教材是如何配合的,有什么内在的联系。

在通读教材的时候,要特别注意哪些内容是自己不十分清楚的,厘清这些内容。还要注意每课的体例,生词、语法、课文、练习的安排以及课与课的关系,做到心中有数。

---

① 马箭飞. 在《国际中文教育中文水平等级标准》新书发布会暨国际学术研讨会上的致辞[J]. 国际汉语教学研究,2021(2).

(二)精读教材

在对一本教材有了整体了解之后,教师备课还必须花大气力钻研教材,对教学内容都有一个由浅入深、由表及里、由此及彼、融会贯通的认识过程。优秀的汉语教师每次备课都会对教材、教学内容有新的认识,有更深入的理解。

"精"读教材要达到懂、透、化。

所谓"懂",指的是对教材的全部内容,包括从语言要素的讲解到语言技能和语言交际技能的训练,从每个字、每个词、每个句子的发音、写法到解释和用法,从课文的题目到全篇的结构和意思,从注释的语法术语到每一项练习、每一幅插图,都要清楚明白,了如指掌。特别是重点关注词语的释义是否到位,语言点的解释是否合理,教材中的练习形式是否适合所教学生等。

所谓"透",指的是吃透编者的意图和思路,弄清楚学生学了这一课应该学会什么、掌握什么和提高什么。要思考和挖掘这一课中的知识点和训练点,并确定哪些是重点,哪些是难点。还要理解和体会全课各个项目是如何安排的、内在联系是什么,以及本课跟前后各课有什么关联。

所谓"化",指的是把教材编者的意图变成自己的意图,把教材编者的想法变成自己的想法,把教材中的内容变成自己要教给学生的内容;对教材的内容不仅能够了然于胸,融会贯通,而且能够举一反三,灵活运用。这里需要说明的是,教材是教师授课的依据,不是说教师要"唯教材",而是应根据各种实际情况,对教材进行灵活的处理,这是十分有必要的。

如果教师的"懂"和"透"对教材来说是"钻进去",那么"化"就是"跳出来"。

汉语教师备课应该避免教一课备一课。特别是新教师上课或使用新教材,上一课至少要备出三四课,以便照顾前后联系,做到既不"抢戏"也不"丢戏"。因为教学是有内在规律的,前边的课和后边的课有内在的联系。教过一轮以后,知道哪些是重点、难点,能够从整体的角度来处理。

（三）抓住教材重点难点

准确地把握教材的难点和重点是钻研教材时要解决的一个重要问题。教材各个内容在教学中所处的地位和所起的作用并不一样，其中必有重点和一般、基本和非基本的区别。在分析教材时，强干削枝，抓住语言学习的重点。

所谓重点，是指在整个教材体系或每课知识中处于重要地位的内容。确定教学重点，必须注意：其一，它应是教材中最基本、最主要的内容，与其他部分比，它是核心部分；其二，它应是以后学习其他内容的基础和前提；其三，它应是有广泛的应用价值或最有现实意义的部分。

在国际汉语课堂教学中，不同教学阶段教学内容的重点不同。在初级阶段，语音、词汇和语法（词法）都会是教学的重点，技能训练的重点是听和说，交际技能训练多是学习和日常生活方面的内容；在中级阶段，语言要素的教学重点是词汇和语法（词法和句法），技能训练的重点是在听和说的基础上逐渐增加读和写的内容，交际技能训练的重点是日常生活方面的内容；在高级阶段，语言要素的教学重点是词汇和语法（词法和篇章语法），技能训练在听说读写全面要求的基础上突出听和读，交际技能训练的重点是文化方面和专业方面的内容。

教师对重点教学内容的认识要贯彻到每一节课、每一个教学环节、每一个教学行为。比如，本课的语法点有四个，哪个进行重点讲练，哪个进行一般讲练，哪个只讲不练；哪个用的时间多，哪个用的时间少，教师都要做出合理的安排。

三、灵活处理教材

任何教师上课都不能按照教材照本宣科，都要根据学生的水平对教学内容的难易多寡做出判断取舍。内容太难，要化难为易；内容太易，要增加练习的难度；内容太多，要突出重点，甩掉非重点；内容太少，则要补充增加新的内容。这就是处理教材。再优秀的汉语教材也难免百密一疏，备教材时需要教师及时灵活调整。一般来说，灵活处理汉语教材常常涉及以下几点。

(一)灵活调整和增减教材内容

1. 调整教材内容顺序

教学中不一定完全按照教材编排的顺序按部就班地进行教学,需要调整各个项目的顺序,处理好哪些先哪些后,哪些详哪些略,哪些分哪些合。很多情况下,不同课型选择不同系列的教材,因此授课时教材体现的教学进度不会完全同步。例如,听力课教学中多次出现了"把"字句,但是综合课中还没有学到这个重要句式,此时为了保证各课同步,就需要考虑是否可以在综合课中先行学习"把"字句。又如,有的课文为使用当课的语法点提供了语境,就先讲练语法点后讲练课文,把课文作为讲练语法点的落脚点;有的课文有利于展示当课的语法点,就先讲练课文后讲练语法点,从课文中引出当课的语法点。讲练语法点时,有的课次要的语法点跟主要的语法点有联系,就可以把次要的语法点合并到主要的语法点中讲练;有的课主要的语法点比较难,包含若干小项,就要把一个主要的语法点分解为若干小的点讲练。哪些练习安排在课上做,哪些练习安排在课下做;在课上做的练习哪些先做,哪些后做。

2. 增减教材内容

教学还需要根据实际情况灵活增加或减少教材的内容,重点考虑课文增减、词汇增减、语言点增减以及练习增减等几方面。备整本教材时,首先需要考虑衡量在有限的教时内教材所编课文是否需要全部学习,需要删减哪几篇课文,是否需要补充其他课文等。以《桥梁·实用汉语中级教程》(第三版)为例,其中有一篇课文是《第一次转机》,这个话题对很多外国学生来说可能并不是感兴趣的新鲜话题,授课时就可以考虑略去不讲。此外,中级阶段的汉语综合课每篇课文的词汇量基本都在 50 个以上,如《桥梁·实用汉语中级教程》有的课文的生词量达到一百个,在有限的教学时间里不可能由教师讲解全部生词,这就需要教师在备课时进行取舍,哪些生词重点讲,哪些生词由学生自学。

(二)更新教材内容

对过时的、陈旧的教材内容和情境,教师要根据情况和学生的生活环境适当地更新一些内容。特别是随着国际中文教育的不断发展,汉语教材种类和数量虽然不断增多,但是能够真正适合海外不同国家、不同民族、不同年龄、不同学习目的学习者的汉语教材还是少之又少。近些年,"本土化"一直是汉语作为第二语言教学的一个热门话题,其中"教材本土化"一直备受关注。周小兵(2014)认为,所谓的教材本土化,就是指教材的研发和编写要考虑和反映学习者所在国的真实情况,考虑当地学习者的学习特点、难点设计教学点与顺序、教学方式等,以改善效果,减少冲突,适合外语在当地的教和学。据了解,国外许多汉语教师都会自编教材,以使教学内容切合当地实际情况。

(三)纠正教材中的错误

再优秀的教材在编写过程中也难免会有疏漏,这就要求教师在备课时慧眼识"误",不能唯教材。比如,《汉语教程》(第二册下)十五课中有一个生词"羡慕",教材中的英文注释为:to admire;to envy。"羡慕"在现代汉语中是一个褒义词,envy一词贬义色彩强,对译为"嫉妒"更为合适。如果教师在备课时不留心,没有发现注释的不合理性,讲授时也没有点明,那么学生就会误以为"羡慕"和envy是可以对译的。又如,《汉语口语速成》(提高篇)第五课中有这样一个对话,A在路上偶遇B,于是说:"哎,这不是……吗?"事实上,日常生活中如果两人偶遇,很少会说这样的话。如果使用,则往往含有调侃、讽刺的语气,如"哎哟,这不是大名鼎鼎的××吗?您今儿怎么有空出来了?"而如果是A和B一起遇到了C,这时A则可以对B说"看,那不是……吗?"可见,教材中的句子虽然语法正确,但是结合生活语境,这样的表达显然是不合适的。再如,《发展汉语》有这样一段对话[①]:

艾丽:你弟弟的生日是哪一天?
明珠:一九八五年九月十二日。

首先,中国人对"生日是哪一天"的回答一般是不说"年"的,这也牵涉对年龄的隐讳问题。其次,如果要说"年",口语中常用的表达则是"八

---

① 姜艳艳. 从口语体看对外汉语口语教材的编写[J]. 语文学刊,2012(11).

五年九月十二",这体现了口语在句子锤炼上的求简、求短原则。像课文中这样的回答不能说是错误,但至少没有反映出实际生活中是如何正确表达的。像教材出现的这类问题,教师在备课时也必须要时时留意,不能"将错就错",在授课时需要跟学生说明清楚,操练更准确的表达方式。

第二节　备教学对象

教学活动是一种双边活动,教与学在同时进行,教师备课的主要目的就是考虑如何把知识在有限的时间里,采取适宜的教学方法,尽可能多地让学生牢固地理解它、掌握它。所以,这里还有一个备教学对象的问题。

教学对象指的就是学生。学生是教学活动的中心,教师一切教学活动中的"教"都是为了学生的"学"。因此,选择汉语教材首先要了解客观需要,也就是学习者的动态情况,包括学习者的身份背景、能力水平、学习需求和动机、学习环境、学习方法等,从而有的放矢地进行教学。

一、备班级

教师在授课之前,需要从整体分析班级人数。因为语言教学不同于其他课程教学,需要在课堂上进行大量的操练,班级人数的多少直接决定了课堂上学生参与操练机会的多少。人数少,进行词语朗读时,可以让每名学生有朗读的机会,并进行一对一地纠正,提问时,单独回答的机会也可以多一些。但是,如果人数太多,每个人单独操练的机会就会减少,此时就需要考虑设置更多的小组活动,还需要考虑小组活动汇报时会不会挤占其他教学环节的时间。总体来说,语言教学班级人数越多,对教师的挑战越大,备课时需要考虑的因素也越多。

二、备学生年龄

近些年,汉语作为第二语言学习的学习者低龄化趋势渐趋明显,截至2020年,已有70个国家将汉语纳入基础教育体系,如果说国内的对外汉语教学还是以成年人为主的话,那么国外的国际汉语教学非成年人学习汉语的现象已经越来越普遍。年龄是影响学习者二语习得的一个非常重要的生理因素。李宇明(2018)认为,海外少年儿童学习汉语和成年人学习汉语在学习方式、学习动力方面有明显不同:儿童的语言学习方式主要是"习得";年龄越小,兴趣越是学习的主要动机。汉语教师在备课时要充分考虑学习者的年龄因素,了解成年人和非成年人学习语言的不同特点。年龄不同,选用的教材往往也不同,采用的教学方法也会有差异。面向儿童的汉语教学比较通行的教材如《世界少儿汉语》(李润新主编,商务印书馆,2008)、《汉语乐园》(刘富华,等,北京语言大学出版社,2007)、《快乐汉语》(李晓琪等,人民教育出版社,2003)会力图符合未成年人的心理特点和学习需求,图文并茂,趣味性也更强。比如,下面两段课文分别取自《当代中文》(吴中伟,华语教学出版社,2010)和《快乐汉语》。

课文1(选自《当代中文》)	课文2(选自《快乐汉语》)
课文内容:	课文内容:
A:你们学校有多少学生?	我有一只猫。
B:我想大概有三万个。	我有两只小狗。
A:有没有人学习汉语?	我朋友有三只小狗。
B:有很多人学习汉语。	小红有猫吗?
A:大概有多少人?	小红有两只猫。
B:大概有一千个。	
A:我想去你们学校学习汉语。	
B:是吗?你为什么想学习汉语?	
A:我们在中国有一个分公司,老板让我去那儿工作。	

两篇课文的语法点都是"有"字句,但是在话题选择、难易程度、信息含量等方面的安排和处理是完全不同的。从比较中可以看出,为成人选择教材要着重考虑知识的系统性、内在的逻辑关系,考虑知识含量、信息

含量,考虑职业对汉语知识和能力的要求等因素;为儿童选择教材要侧重教材的趣味性、浅易性、可读性、启智功能等,重在培养学习者对汉语的兴趣。教师在备课时就需要有不同侧重。

三、备学生国别

学习者的国别不同、母语不同、文化背景和生活习惯不同、民族文化心理不同,对汉语和中国文化的理解就不同。比如,面对日韩学生为主的班级,汉字对这些国家的学习者来说并不难入门,就不需要从一笔一画开始教,但是日韩学生普遍自尊心比较强,如果教师不叫到他们,一般不愿意主动发言,因此要特别重视听、说能力的培养,同时上课时也尽量不使用英语作为教学媒介语;面向以欧美、非洲等非汉字文化圈的学习者,就要充分考虑每个人的汉字学习需求,在选择教材时,也要特别注意教材对汉字的导入和编排。此外,教师在设计操练句子时,也可以将例句和学生的国家情况、民族文化等结合起来,多举一些他们熟悉的、和他们生活相关的例子,更能激发学生的学习兴趣和表达欲望。

四、备学生的汉语基础和学习动机

汉语教师可以通过了解学生以前的学习成绩、分班测试、提问、日常交流、以前所学习的教材和时间等来判断学习者的汉语水平,并在教学过程中给其展示和应用的机会。否则就会出现这样的情况:汉语教师辛辛苦苦准备的教学内容远远低于或高于学习者的汉语水平,导致无法上课。

教师还要进一步了解学生各项语言技能达到了什么程度,对汉语和中国文化的了解程度如何。比如,同样是零起点的学习者,有的以前完全没有接触过汉语,有的学过一点汉语,会一点汉语拼音,会说简单的"你好、谢谢"等;再如,有的学习者会写汉字,但是发音不够标准,有的汉语说得非常好,但是不认识汉字……这些都决定了上课时教师需要根据实际情况把握教学内容,选取不同的教学策略。

此外,了解每名学习者的汉语学习动机也相当重要。动机是促使人实施某种行为活动的心理过程或主观因素,是人实施某种行为活动的内在动力①。了解学生的汉语学习动机可以更好地把握学生的需求,选择更合适的教学策略。不少学者对不同性质、不同国别的汉语学习者的学习动机进行过研究。从职业需求来看,学习者学习汉语有的是为了和中国做生意,有的是为了教汉语,有的是为了当外交官,有的是为了工作机会,有的是为了到中国留学等;从技能需求来看,有的学习者仅仅是为了满足旅游时简单的交流沟通,有的是为了提高听说能力,有的是想提高使用商务汉语进行书面往来的能力等。教师要关注每位学生的学习动机,通过增强课堂的趣味性和实用性,尽量调动学生的内在学习动机,让他们从内心真正喜欢汉语,愿意学习汉语。

五、备学生的学习环境

学生有无汉语学习环境,往往影响着教材的选择以及教师的授课方式。一般来说,国内的对外汉语教学,不但有良好的语言环境,而且有丰富的语言资源,教师在备课设计例句时就要充分结合国内的生活,让学生进一步了解中国;在国外学习汉语,语言环境和教师资源相对比较贫乏,而且一般情况下,汉语是作为选修课进行学习,很多大学和中小学每周也就是两课时的汉语课,因此教学进度不能太快,最好选择简单易学、容量较小的教材,同时课堂上复习的时间也要相对较多。

六、其他

(一)读懂学生的学习习惯与学习风格

教师只有了解学生的学习习惯,对学生的听讲、回答问题、自主学习、小组合作学习等的方法、习惯烂熟于心,上课才会机智应变,言行才能恰如其分。

学习风格是学生感知不同刺激及对不同刺激做出反应的所有心理特性,是学生持续一贯的带有个性特征的学习方式,是学习策略和学习倾向的综合。不同的学生拥有不同的学习风格,有针对性地选择教学策

---

① 贺阳. 汉语学习动机的激发与汉语国际传播[J]. 语言文字应用,2008(2).

略,通过匹配教学策略与有意失配教学策略,有效地促进学生的发展。

例如,对场独立型的学生,培养与之匹配的注意策略时,应该根据学习材料让学生自己设计附加问题,自我提问,自我回答问题,达到自我控制与引导注意力的目的;而对场依存型的学生就需要教师通过个别指导,给学生设计附加问题,通过外部控制方式引导学生的注意力。根据学习风格选择矫正策略时,应注意让场独立型的学生参加小组学习或合作学习,让场依存型的学生学会自我控制,养成独立思维、自觉学习的习惯。教师在具体操作时,可以采用测定学习风格的量表来分析学生的学习风格,从而帮助学生选择适宜的学习策略。

(二)读懂学生的情感因素

苏霍姆林斯基说,教育首先是关心备至地、深思熟虑地、小心翼翼地去触及年轻的心灵。[①] 美国语言教育家克拉申提出了"情感过滤假说",认为情感会成为阻碍学习者接受输入信息的屏障。备课时还需了解学生的情感因素,尊重学生的情感需要,了解学生的性格特征,了解学生对汉语、对授课教师的态度,通过幽默的语言、有趣的教学活动等创设轻松愉快的汉语学习氛围,针对不同学生的性格特点因材施教,满足学生的心理需要。

第三节 备教学方法

教学有教学的艺术,同样一门课程,有人教来倍受学生欢迎,有人教来学生意见多多;同样的教学内容,有人讲得绘声绘色,有人却讲得寡而无味,这与是否会"教",教学方法的运用是否恰到好处有很大关系。所谓教学方法,就是指为达到教学目的,在一定的教学理念和教学原则指导下教师教的方法和学生学的方法在教学活动中的有机统一。大量教学实践证明,同一内容采用不同的教学方法,会产生不同的反应和效果;同一教学方法,面对不同的学生施教,也会产生不同的效果。汉语教学

---

① 苏霍姆林斯基.给教师的建议[M].周蕖,等,译.武汉:长江文艺出版社,2014.

要在备教材、备学生的基础上,根据学生的认识规律和教学内容,有针对性地选择恰当的教学方法。

一、备教法

人们常说:"教学有法,教无定法,贵在得法。"在汉语教学课堂上,无论采用何种教学方法,如果一堂课能够做到呈现内容情景化、教学过程活动化、教学方法多样化、操练举例生活化等"四化",那么这堂课一定是包含教学智慧和艺术的课,是一堂成功的汉语课。

(一)呈现内容情景化

有人说,教学情景与教学内容的关系是水和鱼的关系。没有水,鱼难以存活,同样,没有教学情景,教学内容很难得到有效落实。语言教学尤其需要语言使用情景的创设,情景教学法是汉语教学中经常使用的教学方法之一,不论是汉语词汇的学习,还是语言点的操练,都不要只是教师一味讲解或展示一些机械性的练习,应充分调动多种因素,实物、图片、视频、动作、教室的现实环境、学生生活实际等,创设多模态情景课堂,设置具体的语境,让学生在情景中理解和表达。例如,北京语言大学莫丹老师在讲解"把"字句时,就充分利用了教室的各种实物,由老师做出"把水杯放在桌子上、把地图贴在墙上、把书翻到第 31 页"等动作,边做动作边引导学生说出目标句子,让学生在情景中理解"把"字句的处置义。

(二)教学过程活动化

汉语作为第二语言教学的根本目的是让学生会用汉语进行交际,这个根本目标决定了汉语课堂上绝不可能实施教师"一言堂",而是要真正以学生为中心,让学生参与到汉语课堂中来,这就需要让整个语言课堂活动化。通过活动,可以有效调动学生的学习兴趣,让他们用汉语进行思考,提高学生运用汉语的思维能力。此外,活动也可以改善师生之间、生生之间的人际关系,培养他们的合作精神。汉语课堂教学应该多让学生进行有意义的操练,多设计交际性活动,让学生"从做中学"。这也是目前国内交际教学法、任务教学法盛行的很重要的原因。例如,学习

"把"字句时,教师可以结合当前国内启动的垃圾分类的工作,设计"垃圾分类"活动,给学生不同的垃圾图片或者用PPT展示各种垃圾图片以及不同的垃圾桶,让学生分组练习如何用"把"字句进行表达;也可以请学生录制制作自己拿手食物的小视频,上课时边放视频边解说食物的制作过程,在这个过程中可以运用大量的"把"字句。通过准备各种有效活动,让学生自然而然地学会表达。

(三)教学方法多样化

在第二语言教学法历史上,产生过许多有影响力的教学法流派,如语法翻译法、直接法、听说法、视听法、情景法、阅读法、自觉实践法、默教法、咨询法、自然法、认知法、交际法等,事实上没有一种语言教学方法可以包打天下。优秀的汉语课堂,绝不会自始至终采用一种教学方法,而是根据学习的需要,多种教学方法综合运用。例如,国内对外汉语教学课堂基本都是用汉语教授汉语,这个"不用学生的母语,用汉语讲解学习汉语"的理念就是直接法的体现。21世纪初引入国内并热极一时的任务教学法,基于真实的语境让学生在完成一个个任务的过程中提高学生汉语运用的综合能力,常用于重要词汇、语法点的交际操练。而最古老的第二语言教学法——语法翻译法虽然有诸多弊端,但是在汉语课堂上仍有市场。例如,下面是一位汉语老师对"液体"一词的讲解。

  教师:(PPT出示一杯水的图片)大家看,这是什么?
  学生:水。
  教师:(PPT出示一瓶可乐的图片)这是什么?
  学生:可乐。
  教师:(PPT出示一瓶啤酒的图片)这个呢?
  学生:啤酒。
  教师:水、可乐、啤酒,它们都是液体,liquid。跟我读"液体"。
  学生:……

"液体"是一个比较抽象的名词,教师出示相关液体的图片,询问学生,一般学生的答案都是所看到的具体的水、果汁、可乐等实物,此时教师通过翻译法告诉学生,学生也就明白了"液体"的含义。

又如,学习"一般"表示"总体上、概括地"这个义项,就可以先翻译为generally,然后配合"你一般在哪儿做作业?""周末一般都做什么?""他一般8点到教室。"等例句让学生理解。

美国学者黎天睦(1984)认为,根据不同学习阶段的特点,可以侧重采用不同的教学方法。比如,初级阶段宜使用听说法,中级阶段宜用交际法,高级阶段则用认知法或语法翻译法。同一阶段也可以几种教学法交叉使用。①

总之,只有根据教学内容,灵活运用多种教学方法,才会达到更好的语言学习效果。特别是2020年疫情之下,全球汉语教学普遍开启了"线上教学"模式,没有了线下面对面的互动,隔屏教学更需要教师设计灵活有趣的教学方法,抓住学生的注意力,增加互动。

(四)操练举例生活化

20世纪70年代,美国语言教育家克拉申提出了著名的"语言习得—学习假说",指出成人语言获得有习得和学得两种方式。潜移默化地在自然语境中自然而然的获得方式是习得,在课堂环境中有目的有意识有计划的学习方式为学得。一般认为,儿童母语的获得一般是习得占重要地位,习得的效果更好,二语获得的主要途径是学得。虽然汉语作为第二语言教学是二语学习,但是课堂上也需要尽可能多地增加"习得"的成分,让学生在接近真实、自然的环境中说自己想说的话。这就需要教师在设计教学例句和各种操练活动时,尽可能贴近学生生活的内容,让学生有亲切感,容易接受,多设计一些简单、有趣、典型的例子。例如,讲解"究竟"一词,一位汉语老师举例:地球上濒临灭绝的生物究竟有多少? 台下的学生一头雾水。虽然这个句子完全正确,但是作为汉语教学的例句而言不是那么合适,首先句子中的"濒临"一词难度较大,此时学生还未学习;其次,这个句子并未体现出"究竟"一词表示"一再追问"的含义;最后,这个句子并没有那么贴近学生的实际生活。如果进行下面的教学设计,教学效果就会好很多。

---

① 黎天睦. 分阶段教学法[J]. 世界汉语教学,1984(2).

教师:下个周末我们要去旅行,大家想去哪儿?

学生 A:我想去……。

学生 B:去……。

学生 C:去……。

……

教师:A 想去……,B 想去……,C 想去……,你们究竟想去哪儿?

学生:……。

教师:好,现在大家一起决定去……。我们怎么去?

学生 A:坐火车去。……

学生 B:还是坐汽车去吧。……

教师:有的同学想坐火车,有的同学想坐汽车,我们究竟怎么去?

学生:……

教师:咱们几点去?

学生 A:7 点出发吧。

学生 B:太早了,9 点吧。

教师:有的同学想 7 点去,有的同学想 9 点去,我们究竟几点去?

学生:……

教师:(总结)当出现了两种或两种以上的可能情况,问话人想要一个确定答案时,我们要使用"究竟"。

在这个案例中,教师利用(创设)真实的情景:去旅行,询问大家的意见。这个情景中学生回答问题的兴致很高,而且答案难免会不一致,因此教师正好使用"究竟"一词凸显进一步追问的含义,让大家自然而然地学习了解了"究竟"一词。

二、备学生学法

这里的"学法"主要指汉语作为第二语言课堂中学生活动的几种主要的组织形式。一般来说,常用的组织形式有以下几种。

(一)个别活动

个别活动主要指"一对一"的提问式活动。这种活动是教师或学生一人问,一人答,其他人都听着。从班级整体而言,这种方式能够及时发现每位学生的语言使用的具体实际情况,但是学生语言的实践总量太小,特别是当班级学生过多时,这种方式不宜过多。

(二)两人活动

两人一组活动是以两人对话的形式进行。两人一组进行角色朗读、模拟会话、交际活动,每个人也有充分的机会进行操练,这种活动方式在教学中使用很普遍。

(三)小组活动

以小组的形式开展学习活动,一般来说小组人数控制在 3～5 人。这种小组合作可以进行角色表演、小组讨论、调查活动和游戏活动、小组辩论等合作形式学习。此时,往往需要选出一名同学做小组长,负责协调大家的意见并做出结论。

(四)全班活动

全班活动一般用于游戏活动的开展、问题抢答、句型操练等。例如,汉语教学中经常使用的"词语扩展"活动,全班同学都参与,当然也可以分成两组进行。

第四节　汉语课堂教学教案设计

教案,简言之是教师对于上课的计划和安排,凸显了教师对于教学的设计。教案的设计应遵循科学、创新、差异、艺术等原则。一堂课如何上,直接体现在教案中,教案设计是否合理细致,也直接影响着课堂教学效果,因此教师应该十分重视教案的设计和撰写。

一、教案设计概述

教案,也称课时计划,是教师为顺利有效地开展教学活动,根据课程标准、课程大纲等的要求,以课时或课题为单位,对教学内容、教学步骤、教学方法等进行具体的安排和设计的一种实用性教学文书。教案的编制要周密、仔细地对影响课堂教学质量的有关因素及它们之间的相互关系进行研究。例如,对教材要细读,对学生特点要进行仔细的了解等,以使本课的教学任务得以有计划、保质保量地完成。教案的编写应凸显以下理念。

(一)体现教学思路

教好一节课,教师必须有自己的教学思路。教学思路决定着微观的教学程序。一节课的教学思路最起码应包括三方面的内容:(1)教学框架,实际上就是一节课的教学设计雏形,如本课是采用讲学式还是导学式,语言点的教学是采用归纳法还是演绎法;(2)教学流程,流程指教学先后顺序的贯通,具体来说指内容上先安排什么,后安排什么,一节课先学习课文,还是先学习语言点,每部分内容之间的衔接过渡呈现方式等;(3)教学内容的选择,在备课和撰写教案时,应根据教材特点和学生的特性而定。教学思路清晰明了,课堂思路必然连贯,教学内容必然适中而贴切,师生双方的主导性和主体性都可以得到充分的体现。

(二)凸现教学设计

在教案的撰写中,最能体现备课艺术性的环节,莫过于教学设计,教学设计是教案中最能显示教师的"匠心"的地方。所谓教学设计,就是根据教学思想、教学思路,按照一定的教学目标和要求,针对教学现象和教材,对整个教学的具体环节及有关层面做出的行之有效的策划。

1. 设计教学情境

设计教学情境是指充分利用形象、问题及创设的典型场景,激起学生学习的兴趣和情绪。

2. 设计教学问题

设计问题是教学设计关键中的关键。教学内容不是填鸭式地塞给学生,而是应梳理出关键的问题让学生思考,在教学中尽量以问题带动教学。设计问题要紧扣教学内容,具有启发性,问题难易要适中,问题要有梯度性,并且针对性强。

3. 设计结构

设计课堂的结构就是设计如何导入、重点内容如何落实、课堂如何收尾等环节。

4. 设计节奏

节奏就是对课堂时间、空间的把握。这里的空间主要指给学生留下思考空间。课堂教学的节奏应有张有弛、有急有缓,这些在备课设计时都应予以考虑。

5. 设计学生汉语运用的生长点

教学设计应考虑到充分发挥学生的创造力因素,留给学生余地,让学生自我探索、自主构建,运用汉语完成交际表达。

(三)呈现教学艺术性

教案的艺术性应表现在以下几个方面:(1)问题设置精巧;(2)给予知识时机恰当;(3)方法灵活;(4)知识呈现精确;(5)图式精当;(6)板书精致。

二、汉语教案设计的基本内容

汉语作为第二语言教学的教案一般应具备以下几方面内容。

(一)课题

涉及什么教材第几课的内容,往往需要标明课文题目。

(二)课的类型

课的类型,即课型。一般来说,教案中需要明确本节课是综合课,还是口语课、写作课、视听课,抑或是报刊选读课、热门话题课等。

（三）教学对象

一般需要说明学生的汉语水平等级、掌握的词汇量、学生的国别等情况。

（四）教学时间

教案设计分为几个课时，每个课时多长时间。如果一篇课文的教学时间是6个课时，往往可以进行进一步的具体说明，如1~2课时需要学习哪些内容，3~4课时需要学习什么内容等。

（五）教学目标

根据教学大纲和本节内容，制订出学生通过学习应达到什么目的和标准。当前，在构建人类命运共同体理念下，国际中文教育不仅要重视"教"，也要重视"育"。在"教"的层面重视汉语语言知识的学习、言语技能和言语交际能力的培养、文化的浸润；在"育"的层面也要重视全人教育，培养具有多元文化意识、开放包容的世界公民。因此，我们提倡知识、能力和素养"三位一体"的教学目标，不仅让第二语言学习者掌握汉语词语或语言点的用法，培养听说读写各种技能，也需要关注他们的情感、价值观等方面的需求。

（六）教学重点与难点

一节课中的知识内容，有的对学生的影响起关键作用，有的因为种种原因，学习难度较大。这就是重点和难点。当然，难点是相对的，教材内容和学生水平的差异，使得难点会发生变化，所以确定难点要根据各方面情况综合确定。一般来说，汉语教学的重难点是本课的重点语音、词语或语言点及各种语言技能的训练等。

（七）教具

根据需要选择的教具名称应写入教案。根据需要选择，也就是要根据教学内容、设备状况、学生状况等选择。选择教具应注意，选择的教具不要太多,在现有条件下,汉语教学应当充分利用现代化的教学手段。

(八)教学方法

教案设计中应当明确本节课堂教学所使用的具体的教学方法。

(九)教学步骤

教学步骤是教案设计的主要部分,也是教案设计的重点。国际汉语教案撰写时,教学步骤是按教学环节顺序安排的。一般来说,教学需要按照组织教学、复习检查、讲解新课、小结新课、布置作业等五大环节进行,设计需要具体,具有可操作性。

(十)教学后记

严谨的教案设计应该具有教学后记。教学后记作为教案的一个组成部分,要认真填写教学计划的执行情况、效果如何、有什么经验教训、原因是什么、应如何改进等,以便不断积累和总结教学经验,提高教学水平。

三、汉语教案设计的原则

(一)全面细致

教案是实现教学大纲的具体细化并精心设计的授课框架,应当做到内容全面,环节完整,即教案设计所应具备的各项内容没有疏漏,从组织教学到最后的布置作业环节完整,词汇、语法点、课文各部分的讲解衔接自然顺畅。

(二)可操作性

教案撰写应避免写得过于简单,只写成提纲形式,不利于教师的课前准备和具体教学过程的实施。一份好的汉语教案的评判标准之一应当是:当一个非专业人士手执这份教案,能够按照教案的设计比较自如

第三章 备课与教案设计

地给外国学生教授汉语。这就要求汉语教案的撰写必须要具体化,具有可操作性。例如,讲解一个词,应当讲解哪些内容,操练什么样的句子,以何种方式操练,这些都应该在教案中明确。下面就是一个不具备可操作性的不成功的教案设计的典型案例。

……

(一)学习新词

1. 老师读新的生词。

2. 老师领读生词,学生个别读,学生齐读。

3. 用图片展示新词。

难词学习:离合词:散步,游泳

4. 给学生1分钟时间自己快速复习刚才讲过的重点词语。

……

可以说,这个词语教学的教案设计只是给出了大概的教学思路,进行生词讲解时设想先做什么后做什么。但是,对于"词语讲练"最重要的部分具体该如何讲解,究竟如何学习"散步、游泳"这两个词语,该教案完全没有呈现。如果一个外行拿到这样一份教案,肯定会不知所以,这在很大程度上也反映了教案设计人对这节课所授内容没有一个清晰的认识,准备不充分。我们看北京语言大学郑家平老师关于"散步"一词的教案设计。

……

3. 生词(20分钟)

出示PPT:散步、脸色、国家、预报、转、雨、气温、度、低、季、生意

(1)读生词

目标及要求:要求学生能够熟练发音并基本正确地朗读生词,最后达到见字知音知义。要求:教师领读一遍→学生个别读,同时教师纠音正调→学生"齐唱",教师指导发音难点。

(2)重点生词扩展及讲练

目标及要求:主要通过师生问答及生生问答方式引导学生正确使用目标词语,教师带领学生熟悉、掌握这些词语的搭配及使用环境。引入课文中的句子,为课文学习做好铺垫。

· 75 ·

散步:(出示一个人在公园散步的图片)
扩展:一个人散步/在公园散步
【师生互动】
a. 你常常一个人散步吗?
b. 你常常在哪儿散步?
c. 晚上10:00了,你看见朋友一个人在学校里散步,你问他什么?
【目标句型】
你怎么一个人在这儿散步?①

这样的设计就十分具体明确,操作性很强。

(三)层次性

  好的汉语教学的教案设计还应该体现出教学的层次性,即语言学习是由浅入深步步深入。仍以北京语言大学郑家平老师针对课文《我特别喜欢夏天》的教案设计为例②,该课文有一个重要的语言点:主谓谓语句。教师按照如下设计思路进行。

  (1)语法点导入:通过图片引出"他脸色不好、他身体不舒服"等主谓谓语句实例。
  (2)语法点展示讲解:进行简单的语法点讲解。
  (3)语法点操练:给学生提供大量的图片,要求学生看图片快速说出主谓谓语句:S+(s+怎么样),如"姚明个子很高、衣服颜色很漂亮"等。
  (4)语言点进一步操练:描述或介绍。教师指导学生使用主谓谓语句进行成段表达,如描述一个人或介绍一个地方。
  (5)从做中学:让学生分组活动,分发给学生人物、物品、地方的图片,请学生用所学语言点完成分组任务。

  由于是针对初级阶段学习者进行的最为简单的主谓谓语句的教学,教师在教案设计中,没有特别强调语言点知识的讲解,而是设计大量的

---

① 该设计摘自崔希亮主编的《对外汉语综合课优秀教案集成》中郑家平《我特别喜欢夏天》的教案设计。
② 同上,作者对教师教案中的教学思路进行了整理。

操练活动,采用"单句操练(情景造句)—成段表达(功能操练)—交际表达(从做中学)"的设计思路,步步推进,弱化主谓谓语句的结构特点,让学生知道如何用主谓谓语句做事,由浅入深地学会用主谓谓语句表达,很好地体现了教学设计的层级性。

四、汉语教案设计举例

下面我们以《HSK 标准教程》第三册(姜丽萍主编,北京语言大学出版社,2015 年版)第三课《桌子上放着很多饮料》这篇课文中的对话 4 为例,设计一个课时 50 分钟的教案。

教学主题	HSK 第三册第三课《桌子上放着很多饮料》对话 4 "在休息室"	教学说明
教学对象	初级阶段外国学生	
课型	综合课	
教学目标	**1. 知识目标** 　(1)通过词语的学习,正确掌握生词"放、舒服、饮料、绿、花、或者"的意义和用法。 　(2)通过语言点的学习,正确掌握"Location word＋V 着＋NP"的语义和使用。 　(3)通过课文的学习,能够熟练朗读并理解课文内容,能够运用所学词语和语言点进行复述。 **2. 能力目标** 　能够在具体语境中自觉流利地运用本节课所学词语和"Location word＋V 着＋NP"进行交际练习,提升自己的汉语应用能力。 **3. 情感目标** 　有使用本节课词语进行表达的愿望,有使用"Location word＋V 着＋NP"描述自己的房间、自己和别人外貌的愿望;能够在生活中运用本课词语和语言点表达自己的情感和态度。	

续表

教学内容	1. 词汇 放　舒服　饮料　花　绿　或者 2. 语言点 "Location word＋V 着＋NP" 3. 文化常识 泰山、中国电影、中国茶文化、中秋节文化……	
教学时间	50 分钟	
教学重点难点	重点： 1. 词汇 　　掌握重点生词"放""舒服"的词义和用法以及"或者"和"还是"的区别。 2. 语法点 　　掌握"Location word＋V 着＋NP"的正确形式和用法。 难点： 　　掌握"Location word＋V 着＋NP"的交际表达。	
教学实施步骤	一、组织教学(1 分钟) 师生问候,教师询问学生： ——你们爬过泰山吗？ ——你们看过《中国女排》这部电影吗？ ——周末快到了,你们想去做什么？ (目标及要求：活跃课堂气氛,简单介绍中国泰山和热映电影《中国女排》,激发学生学习兴趣,引出旧课"还是"等旧词的练习,为新课中语言点的交际练习做铺垫。) 二、复习旧课(4 分钟) 　1. A:周末你想做什么？看《中国女排》_____爬泰山？ 　　　B:我想去爬泰山。 　2. A:明天你想去看电影_____去爬山？ 　　　B:不一定,要看天气。明天是晴天_____阴天？	通过周末安排引出新课。 复习第三课对话（一）（二）（三）所学词语,利用 PPT 展示对话,学生用所学词语填空。

		续表
	A:晴天	
	B:那我去爬山。	
	A:爬山的时候要_____。	
	3. A:《中国女排》的电影票多少钱?	
	B:我_____是30_____。	
	4. A:我们去看电影吧,你想看什么?	
	B:好啊,我_____想看《中国女排》。	
	(填空词语:还是 还是 还是 小心点儿 记得 元 只)	
	三、学习新课(37分钟)	
	(一)词汇(10分钟)	
	1. 词语讲解	
	(1)朗读生词:舒服 放 饮料 花 绿 或者	教师示范,学生
	(目标及要求:要求学生能够熟练发音,并正确地朗	跟读,教师纠音。
	读生词,达到见字知音知义。)	
	(2)生词拓展及讲练	
	① 舒服	
教学实施	(PPT出示图片)	利用多媒体活
步骤	引导语:你看他怎么了?	跃气氛,同时让
	目的语:他身体不舒服。	学生更直观地
	引导语:身体不舒服的时候我们要多喝热水,喝	体会"舒服"一
	热水会舒服吗?	词的含义。
	目的语:喝热水会很舒服。	
	② 放	
	(情景展示:将杯子放到桌子上的动作)	通过情景展示
	老师展示把杯子放到桌子上,让学生体会"放"	加深印象,帮助
	这一动作,强调"放"的意义。	学生理解该动
	引导语:看老师在放杯子。(老师一边说句子,	词的运用。
	一边重复放杯子的动作)	
	(情景展示:将口罩放到桌子上的动作)	
	引导语:老师在放什么?	
	目的语:放口罩。	
	(情景展示:将书包放到桌子上的动作)	复习生词"放"。
	引导语:老师现在在做什么?	
	目的语:老师在放书包。	

			续表
教学实施步骤		③ 饮料 (PPT 出示桌子上各种饮料的图片，教师展示实物。) 引导语：这是什么？ 目的语：可乐、咖啡、牛奶、橙汁…… 引导语：这些都是饮料，它的英文是 beverage。 引导语：饮料放在哪里？ 目的语：饮料放在桌子上。 引导语：你知道中国的特色饮料是什么吗？ 目的语：茶。 ④ 绿 (PPT 出示绿色的 GREEN 单词) 引导语：你看这是什么颜色？ 目的语：绿色。 (PPT 出示绿茶的图片) 引导语：这是茶的一种，叫绿茶。 ⑤ 花 (PPT 展示花的图片) 引导语：flower，花（老师领读） (PPT 展示花茶的图片) 引导语：花茶也是茶的一种，它是用花泡的。 ⑥ 或者 （对话图片：你想喝什么饮料？咖啡还是可乐？／咖啡或者可乐都可以。） (PPT 出示对话图片，教师领读。教师讲解："或者"和"还是"一样，是表示选择关系的连词，表示两个或多个中选一个，但是"或者"常用在陈述句，"还是"常用在疑问句。)	联系"花"和"茶"，介绍中国茶文化。

续表

教学实施步骤	（引导学生用"或者"造句） 引导语：周末你想做什么？ 目的语：看书或者打球都可以。 引导语：你喜欢红色还是绿色？ 目的语：红色或者绿色都可以。 **2. 词语练习** （PPT列出本课所学词语"舒服、放、饮料、花、绿、或者"） （1）（PPT出示杯子摆在桌子上的图片） 　　杯子_____在桌子上。 （2）（PPT出示孩子躺在病床上的图片） 　　他现在不_____。 （3）（PPT出示一张花茶打对号、绿茶打叉号的图片） 　　我喜欢喝_____，不喜欢喝_____。 （4）（PPT出示碳酸饮料的图片） 　　很多人喜欢喝_____，但是经常喝_____对身体不好。 （5）（PPT出示对话填空） 　　A：你喜欢吃苹果_____香蕉？ 　　B：苹果_____香蕉都可以。 （答案：放、舒服、花茶、绿茶、饮料、饮料、还是、或者） **（二）语言点(20分钟)** **1. 语言点讲解：Location word＋V 着＋NP** 【语言点导入】 （PPT展示中秋节图片） 引导语：前几天是中秋节，中秋节假期，你们出去玩了吗？ 目的语：去北京（上海、广州……）玩了。 引导语：你们中秋节吃月饼了吗？ （老师拿一个月饼） 引导语：你们看老师手里有什么？ 目的语：老师手里有一个月饼。	联系中秋节假期，导入语言点教学，营造轻松的课堂氛围。

续表

教学实施步骤	引导语：接下来我们来复习一下"有"字存现句。 【"V 着"存现句肯定形式讲解】 （PPT 展示墙上挂着一张照片和桌子上摆着很多菜的图片） 引导语：中秋节的时候人们喜欢欣赏月亮。这里有一张月亮的照片，看，照片在哪里？ 目的语：墙上。 引导语：我们可以说"墙上有……?" 目的语：墙上有一张照片。 引导语：中秋节的时候，我们还会在一起吃团圆饭，你们看桌子上有什么？ 目的语：桌子上有很多菜。 （PPT 再次展示墙上挂着一张照片和桌子上摆着很多菜的图片） 引导语：之前我们还学习了"V 着"，动词加"着"表示状态，我们来复习一下。照片是挂在墙上的，用"V 着"我们可以说……？ 目的语：挂着。 引导语：菜是摆在桌子上的，我们可以说……？ 目的语：摆着。 （PPT 又一次展示墙上挂着一张照片和桌子上摆着很多菜的图片） 引导语：墙上有一张照片，照片是挂着的，我们可以说"墙上挂着……"? 目的语：墙上挂着一张照片。 引导语：桌子上有很多菜，用"摆着"可以说……？ 目的语：桌子上摆着很多菜。 （老师拿起月饼） 引导语：老师手里有一个月饼，用"V 着"可以说……？ 目的语：老师手里拿着一个月饼。 （PPT 展示讲解过的三个句子）	将语言点讲解与文化常识扩展相结合。 用已学知识"有"字存现句、"V 着"引"V 着"存现句。

第三章　备课与教案设计

续表

| 教学实施步骤 | 【语言点归纳】
(PPT展示讲解过的三个句子)
引导语:大家仔细观察这三个句子,我们可以发现:"墙上""桌子上""手里"这些都是表示……?
目的语:地点。
引导语:"挂着""摆着""拿着",这些都是……?
目的语:V+着。
引导语:"一张照片""很多菜""一个月饼",这些都是名词短语,是由数量词和名词组成的。这就是今天我们要学习的语法:"V着"存现句:Location word+V着+NP
【"V着"存现句否定形式讲解】
【师生互动】
小游戏:猜一猜
引导语:老师手里拿着一个月饼,我把手放到身后,猜一猜月饼在左手还是右手?
目的语:左手(右手)。
引导语:左手(右手)里没有月饼。
目的语:右手(左手)。
引导语:右手(左手)里也没有月饼。老师手里拿着月饼吗?
目的语:老师手里没拿着月饼。
引导语:我们再玩一次。再猜一猜老师哪个手拿着月饼?
目的语:左手(右手)。
引导语:左手(右手)没有月饼。老师右手(左手)有月饼。
可以说老师左手(右手)……?
目的语:老师左手(右手)没拿着月饼,老师右手(左手)拿着一个月饼。
【语言点归纳】
老师手里　　　没　　拿着　　月饼。
老师左手(右手)　没　　拿着　　月饼。
Location word+　没　+　V着　+　N | 游戏环节活跃课堂氛围。

肯定形式、否定形式一起操练,巩固语言点。

由于否定形式在生活中不常用,因此简单讲解,下面重点操练肯定形式。 |

续表

教学实施步骤	(老师强调否定句中，"没"加在"V着"前，并且要把名词前的数量词去掉。) **2. 语言点练习** 【初步操练】 (PPT展示盘子里放着三个月饼的图片，展现提示词"放") 引导语：现在月饼在哪里？ 目的语：盘子里。 引导语：用我们这节课学习的生词"放"可以怎么说？ 目的语：盘子里放着三个月饼。 引导语：现在看一下你的桌子上，用"放着"可以说出哪些句子？ 目的语：桌子上放着一台电脑。 (PPT展示教室里坐着四个学生的图片和教室里站着一位老师的图片，展现提示词"坐着""站着") 引导语：现在看一下教室里的场景，第一幅图里能看到什么？ 目的语：四个学生。 引导语：用"V着"存现句可以说……？ 目的语：教室里坐着四个学生。 引导语：再看第二张图片，教室里……？ 目的语：教室里站着一位老师。 (PPT展示黑板上写着很多字的图片和墙上贴着一张地图的图片，展现提示词"写着""贴着") 引导语：看第一幅图，这个小朋友在黑板上写了很多字，我们可以说……？ 目的语：黑板上写着很多字。 引导语：看第二幅图，这是什么？它在哪里？ 目的语：这是地图。它在墙上。 引导语：用"V着"存现句连成一个句子？ 目的语：墙上贴着一张地图。 (PPT展示飞机上坐着很多人的图片)	结合现实教室场景，提高学生的实际运用能力。

第三章　备课与教案设计

续表

教学实施步骤	引导语：中秋假期，××去北京(上海、广州……)玩了，他是怎么去的呢？ 目的语：坐飞机去的。 引导语：看这张图片，飞机上人多不多？我们可以说……？ 目的语：飞机上坐着很多人。 (PPT展示餐馆门口站着两位服务员的图片) 引导语：在北京(上海、广州……)的时候你去餐馆吃饭了吗？ 目的语：我去餐馆了。 引导语：餐馆的服务员非常热情。看这张照片，门口……？ 目的语：门口站着两位服务员。 (PPT展示桌子上放着很多饮料的图片和桌子上摆着很多菜的图片) 引导语：餐馆里边有什么呢？桌子上……？ 目的语：桌子上放着很多饮料。桌子上摆着很多菜。 【成段表达】 (PPT展示旅行过程中的四张图片) 引导语：接下来我们这四张图片描述一下××的旅行。 目的语：××坐飞机去北京(上海、广州……)旅行，飞机上坐着很多人。之后他去了餐馆，门口站着两位服务员。在餐馆里，桌子上放着很多饮料，桌子上也摆着很多菜。 (PPT展示马克图片) 引导语：我们教材中的人物马克也出去旅行了，你能用"拿""戴""穿"描述一下马克吗？ 目的语：马克手里拿着一个照相机。 马克头上戴着一个黑色的帽子。 马克身上穿着一件红色的衣服。	呼应语言点导入部分，结合学生实际经历，进行操练，提高学生兴趣。 由易到难，突出层次性，锻炼学生的表达能力。 用"V着"存现句描述穿着，增强学生对语言点的理解，进一步提高学生的表达能力和实际运用能力。 用"打电话"的形式进行角色扮演，锻炼学生的交际能力。

85

	续表
	(PPT只展示"拿""穿""戴"三个词)
	引导语:现在你们还记得马克的样子吗?试着描述一下。
	目的语:马克手里拿着一个照相机,他的头上戴着一个黑色的帽子,他的身上穿着一件红色的衣服。
	(PPT展示房间的照片)
	引导语:这是马克的房间,我们用今天学的"Location word＋V着＋NP"描述一下他的房间。
	目的语:马克的桌子上放着一个电脑,书架上放着很多书,墙上挂着两张照片。
	【交际练习】
	两人一组,完成交际任务。
	交际情景:你的网友小丽要来中国留学,你要去机场接她。双方打电话描述当天的穿着。
教学实施步骤	目的语:我身上穿着一件红色的外套,头上戴着一顶红色的帽子,脚上穿着一双黑色的鞋,手里拿着一个包。
	3. 语言点总结
	教室里　　　　坐着　　　四个学生
	桌子上　　　　放着　　　很多饮料
	墙上　　　　　挂着　　　一张地图
	身上　　　　　穿着　　　一件红色外套
	Location word＋　V着　＋　NP
	(处所词、V着、NP分别用不同的颜色标示)
	(三)课文学习(7分钟)
	1. 将本课生词和语言点落实到课文中去,教师和学生分角色朗读课文。
	小丽:桌子上放着很多饮料,你喝什么?
	小刚:茶或者咖啡都可以,你呢?你喝什么?
	小丽:我喝茶,茶是我的最爱。天冷了或者工作累了的时候,喝杯热茶会很舒服。

第三章 备课与教案设计

续表

| 教学实施步骤 | 小刚：你喜欢喝什么茶？
小丽：花茶、绿茶、红茶，我都喜欢。
2. 教师针对课文内容提问。
　　引导语：桌子上放着什么？
　　目的语：桌子上放着很多饮料。
　　引导语：小刚喝茶还是咖啡？
　　目的语：茶或者咖啡都可以。
　　引导语：为什么茶是小丽的最爱？
　　目的语：天冷了或者工作累了的时候，喝杯热茶会很舒服。
　　引导语：小丽喜欢喝什么茶？
　　目的语：花茶、绿茶、红茶，她都喜欢。
3. 复述课文。
　　目标段落：在休息室，小丽问小刚喝什么。小刚说，＿＿＿＿＿＿。小丽说，茶是她的＿＿＿＿＿＿，因为＿＿＿＿＿＿，花茶、＿＿＿＿＿＿，她＿＿＿＿＿＿。
四、课堂小结(2分钟)
　　1. 学生齐读本课生词：舒服 放 饮料 绿 花 或者
　　2. PPT展示图片，学生巩固本节课的重点句子。
五、布置作业(1分钟)
　　1. 用"Location word＋V着＋NP"介绍自己的房间。
　　2. 选一个自己国家的节日图片，用"Location word＋V着＋NP"介绍图片情景。 | |
| 教学后记 | | |

附课文：

(4) 在休息室

小丽：桌子上放着很多饮料，你喝什么？

小刚：茶或者咖啡都可以。你呢？你喝什么？

小丽：我喝茶，茶是我的最爱。天冷了或者工作累了的时候喝杯热

87

茶会很舒服。

　　小刚：你喜欢喝什么茶？

　　小丽：花茶、绿茶、红茶，我都喜欢。

生词：

放　fàng　　*v.* to put, to place

饮料　yǐnliào　　*n.* drink, beverage

或者　huòzhě　　*conj.* or

舒服　shūfu　　*adj.* comfortable

花　huā　　*n.* flower

绿　lǜ　　*adj.* green

第四章　汉语作为第二语言语音教学

　　语言学家赵元任把汉语教学分为语音、语法、词汇三个主要部分,在其《国语入门》(1957)中他将语音部分称为基础工程,认为"发音的部分最难,也最要紧,因为语言的本身、语言的质地就是发音,发音不对,文法就不对,词汇就不对"。[①] 学习外语首先要学习语音,如果一个外国人能说一口流利、地道的汉语,那么我们自然就会觉得他的汉语水平很高。无论是从外语学习的交际互动原则还是汉语教学的"听说"领先原则出发,语音在汉语习得中的重要性都是不容置疑的。但是语音也是汉语学习的难点,"洋腔洋调"较为准确地概括了语音学习的核心问题,很多学生虽然付出了极大的努力,但是仍然很难做到发音准确,更谈不上自然了。

第一节　语音概说

　　在汉语作为第二语言的教学过程中,教师要想顺利地进行语音教学并取得良好的教学效果,就必须了解有关汉语语音的基础知识,具备准确地发音、辨音和纠音的能力,同时还要掌握有关汉语语音教学的基本原则,并能熟练地运用语音教学的各种方法和技巧等。因此,本书将系统介绍有关汉语语音知识和语音教学技能方面的内容。

---

① YuenRen Chao. Mandarin Primer,An Intensive Course in Spoken Chinese(国语入门)[M]. Massachusetts:Harvard University Press,1957.

一、语音的性质

在大自然和日常生活当中,我们常常听到各种各样的声音,如春雨的淅淅沥沥、小鸟的叽叽喳喳、嘀嘀的车鸣声、咚咚的锣鼓声等。我们在与人交流沟通时所说的话,也是一种声音。不过,这种声音有别于自然界或生活中的其他声音,它是由人的发音器官发出来的、表达一定意义的声音,我们称之为语音。

下面分别从物理属性、生理属性和社会属性这三个方面来阐述语音的性质。

(一)语音的物理属性

声音是由物体振动产生的。我们的语音以波的形式存在,音波通过物理振动产生,在空气中传播,传到人耳中被大脑感知。作为一种物理现象,声音有音高、音强、音长、音色这四种物理属性。语音作为声音的一种,同样也具有这四种物理属性。

1. 音高

音高就是声音的高低,是由物体振动的频率决定的。在单位时间内振动快的物体频率高,声音也高;在单位时间内振动慢的物体频率低,声音也低。一般情况下,孩子的声音比较高,就是因为孩子的声带一般比较短、比较小、比较紧,所以声带振动更快,语音的频率更高。音高是汉语中声调的主要物理表现形式。

音高和频率成正比关系:在一定的时间里发音体振动得慢,频率就低,声音也就低;反之,发音体振动得快,频率就高,声音也就高。发音体振动时的频率又与它本身的长短、大小、粗细、厚薄、松紧有关系。因此,在同样大小的作用力下,长的、大的、粗的、厚的、松的物体振动慢,频率低,声音就低;短的、小的、细的、薄的、紧的物体振动快,频率高,声音就高。

2. 音强

音强指声音的强弱。它是由发音体振动幅度(振幅)的大小决定的。音强与振幅的大小成正比:物体振动时用力越大,音强就越大,声音就越

第四章　汉语作为第二语言语音教学

响;物体振动时用力小,音强就弱,声音就小。汉语中的轻声与音强有重要关系,其重要的语音特征就是用力小,音强弱。就语音而言,发音体的振幅与发音时用力的大小、呼出气流的强弱有关。用力大,气流强,声音就强;用力小,气流弱,声音就弱。比如,同一个人说话,用力大、气流强时可以"声如洪钟",用力小、气流弱时也可以"声若蚊蝇"。又如,同一面鼓,使劲敲打,鼓声就强;轻轻敲打,鼓声就弱。

音强主要与语言中的轻重音有关系。

3. 音长

音长指声音的长短。它是由发音体振动的时间决定的。声带振动的时间长,语音就长;声带振动的时间短,语音就短。在汉语南方方言和一些外语中,影响长短元音发音的重要因素就是音长。

音长在语音系统里主要表现为长短音。在汉语普通话中,音长一般来说并不起区别意义的作用,不过它与表示不同语气和感情的语调有关系。[1]

4. 音色

音色指声音的特色、个性,也叫音质,是一种音波与另一种音波相区别的重要特征,它是由发音体的不同决定的。人类语音音色的不同取决于共鸣腔的不同或同一共鸣腔的形状、大小不同。音色具有区别意义的重要作用,以下三个因素的不同造成了音色的不同:一是发音体的不同。发音体材质的不同会造成音色的不同。二是发音方法的不同。三是共鸣腔形状不同。

我们每个人说话声音的不同主要是由音色不同造成的。各人声带的长短、厚薄(发音体)不同,说话时用气的强弱、声带的松紧、运气的方法、口腔舌头控制的情况等(发音方法)不同,口腔、鼻腔等大小、形状(共鸣器)不同,从而形成了各自的声音特色。

音高、音强、音长和音色构成了语音的基本物理属性。其中,能将不同声音区别开来的最本质特征是音色,音高、音强和音长在不同语言中具有不同的地位和作用。

就汉语来说,由于音高的变化带来声调的不同从而区别意义,因此,

---

[1] 施春宏,蔡淑美. 汉语基本知识 语音篇[M]. 北京:北京语言大学出版社,2017.

音高占有重要地位;音强和音长则是次要的。而在英语中,音高没有区别意义的作用;相反,音强和音长的不同能区别意义,因此,音强、音长具有重要意义。

(二)语音的生理属性

跟自然界的其他声音相比,语音是由人类的发音器官各部分协同运作产生的,具有生理属性。要弄清楚人们怎样利用发音器官发出语音,就必须先了解发音器官的构造和活动情况。

根据在发音过程中所起的不同作用,主要发音器官包括肺和气管、喉头和声带、口腔、鼻腔及咽腔,我们把人的发音器官分为以下三大部分:动力源、发音体和共鸣腔。对照图4-1,我们来详细了解一下各部分的构造和功能。

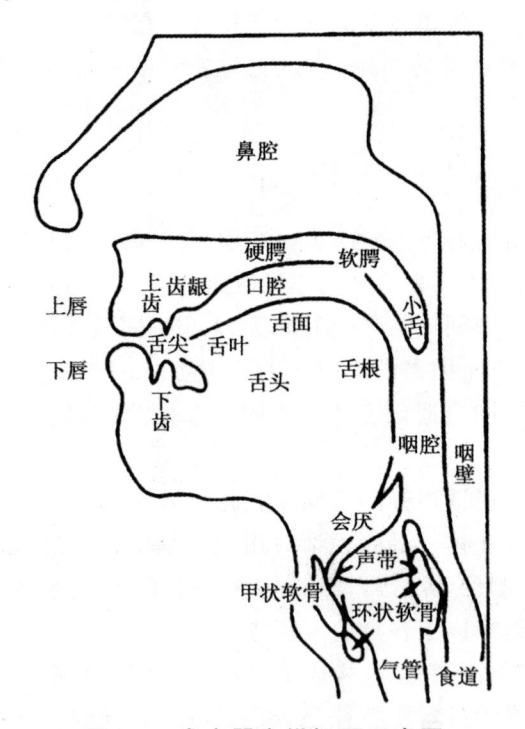

图 4-1 发音器官纵切面示意图

1. 动力源——肺

肺和气管是语音的动力器官,肺的收缩和扩张使气流经口、鼻、气管、支气管等器官进入和呼出人体,气流在经过人体发音器官的某个部位时产生摩擦或振动,从而产生了语音。

2. 发音体——声带

喉头和声带是人类语音的声源。喉头由环状软骨、甲状软骨、杓状软骨以及连接的肌肉和韧带组成。在喉头中间有一对富有弹性的韧带是声带,中间有一个空隙是声门。肺部呼出的气流作用于声带,使声带振动,产生声音。控制声带的松紧还可以发出高低不同的音。

3. 共鸣腔——口腔、鼻腔、咽腔

口腔、鼻腔和咽腔是共鸣腔,气流从口腔或鼻腔经过时,共鸣腔的不同形状导致音色的不同。其中口腔和咽腔是可变共鸣腔,唇、舌、软腭、小舌等都是口腔中重要的发音器官;鼻腔是不可变共鸣腔,如果软腭和小舌下垂,气流在口腔中某一部位遇到阻塞,只能从鼻腔中通过,就形成了鼻音。

(三)语音的社会属性

语音是用于交际的声音,承载着一定的意义,具有一定的社会属性。在不同的语言系统中,同样的语音可以代表不同的意义,声音和意义之间的联系是社会集团中约定俗成的。同样,在同一种语言系统中,哪些语音相互区别并具有区别意义的作用也是社会约定俗成的,如汉语中选择了22个辅音和10个元音相互区别。所以,语音不仅是一种物理现象、生理现象,也是一种社会现象。

语言的社会属性指的是语言作为人类最重要的交际工具,具有交际功能。语音是语言的物质外壳,同样也具有社会属性。语音的社会属性主要表现在以下两个方面。

一是音义结合的约定俗成性。单纯的声音并无意义可言,只有跟一定的意义结合起来,才能成为语音。而用什么样的声音来表示什么样的意义,并不是由声音或者意义本身决定的,也不是由说这种语言的个人决定,而是由使用这种语言的社会成员共同约定俗成的。

二是语音的系统性。每种语言的语音都有一套自己的系统。一般来说,有哪些音,没有哪些音,每种语言并不完全一样。

每种语言都具有各自的语音特点,语音的多少、语音的组合、是否具有区别特征、能否区别意义等,这些主要不是由语音的物理属性和生理属性决定的,而是由语音的社会属性决定的,其本质来源于语言的交际功能。可以说,语音的社会属性是其本质属性。

二、语音的基本概念

认识一种现象,最基本的路径就是在结构中先找出组成这些现象的成分,归纳出基本单位,然后再探讨这些单位的性质、相互间的关系以及结构规则。语音研究也是如此。语音单位是从成串的话语中切分和归纳出来的。下面先了解一下与语音有关的几个基本单位,再以此为基础来系统说明现代汉语普通话语音系统的构成情况。

(一)音节

音节是语流中最自然的语音单位,也是我们在听觉上最容易区分清楚的语音片段。音节和音节之间具有明显的可感知界限,一般人都能自然而然地感觉到。就汉语的语音系统和书写系统而言,音节和汉字基本上是对应的。[①]

(二)音素

音节还不是语音的最小单位,它还可以进一步划分出更小的语音单位,如 ban 这个音节可以进一步分析为[p][a][n]三个更小的音素。音素是构成音节的最小单位或最小语音片段。平常我们听到的音节,都是音素按照语音结构的规则组合而成的。

(三)元音和辅音

音素内部的性质是有差异的,如"dá(达)"这个音节,在发"d"时,气流在口腔受到阻碍,需要通过解除阻碍才能发出音来;在发"a"时,气流振动声带,通过口腔而不受阻碍。因此,根据内部性质的差异可以将音

[①] 施春宏,蔡淑美.汉语基本知识 语音篇[M].北京:北京语言大学出版社,2017.

素分成元音和辅音两大类。元音和辅音相互配合,形成音节,二者互相区别,各有特点。

(四)声母、韵母、声调

元音和辅音是从音素的角度来区分的,可以用于分析所有语言的语音现象。而汉语的语音及其结构有自身的特点,根据传统的汉语语音学(即音韵学)的分析方法,音节可以分为声母和韵母两个部分,再加上一个贯穿整个音节的声调。

1. 声母

声母是指音节开头的辅音。声母是从汉语音节的特点出发分析出来的结构单位。它与辅音既有联系又有区别。除零声母外,汉语音节中的声母都是辅音,反之则不然。大部分的辅音都可以充当声母。有的除了充当声母外,还可以充当韵尾,如 n 在"nín(您)"这个音节里就既充当声母,又充当韵尾(当然,二者的实际发音有些差别)。而个别辅音只能充当韵尾,如"dōng(东)"中的 ng(注意,普通话中用 ng 这两个符号来记录一个辅音,而不是"n+g"两个辅音)。

2. 韵母

韵母是指音节中声母后面的部分。比如,在"pō(坡)、hǎo(好)、chuāng(窗)"这些音节中,韵母分别是 o、ao 和 uang。汉语普通话音节里一定有韵母,没有韵母,就没有音节。但音节中不一定有声母,如零声母的情况。因此,韵母是普通话音节中最主要的组成部分。

同声母和辅音的关系一样,韵母和元音也是既有联系又有区别。韵母主要是由元音构成的,如"pō(坡)、hǎo(好)"中的 o 和 ǎo 都是元音或元音组合。但有的韵母既有元音又有辅音,如"chuāng(窗)"中的 uang 先由元音 u 和 ang 组成,ang 又由元音 a 和辅音 ng 组成。

3. 声调

汉语的音节除了声母和韵母这两个部分以外,还有一个贯串整个音节的声调。声调是指音节中具有区别意义作用的音高变化。音高变化主要有高低、升降、曲直等表现形式。

汉语普通话有四个声调,方言声调有多有少,最少的有三个声调,多的达到十一二个。跟多数没有声调的印欧语相比,声调是汉语的重要特征之一。因此,声调学习成为母语背景为非声调语言的汉语学习者的难点之一。即便母语是有声调的语言(如越南语、泰语、缅甸语、苗语、藏语、瑞典语等),由于不同语言中的声调系统没有对应关系,习得起来也有很大的难度。

三、汉语拼音方案

为了给汉语记音和给汉字注音,从古到今采取过多种记音方法。现在,通行的是《汉语拼音方案》。《汉语拼音方案》是1958年由中华人民共和国第一届全国人民代表大会第五次会议批准公布的国家法定的记音符号。在字母形式上,它采用国际通用的拉丁字母来拼写普通话的语音,书写方便,也便于国际交流。

《汉语拼音方案》的主要用途是给汉字注音和推广普通话,并非用来代替汉字。中国的小学生入学后,一般先学汉语拼音,然后通过拼音来帮助认识汉字。除此之外,它还在多个领域发挥了重要的作用,如用来作为中国各少数民族创制和改革文字的共同基础,广泛应用于中文信息处理,用来帮助母语为非汉语的人学汉语,用来音译人名、地名和科学术语以及用来编制索引和代号等。

《汉语拼音方案》包括五个方面的内容,即字母表、声母表、韵母表、声调符号、隔音符号。

第二节 汉语语音教学的原则

一、语音教学目标

在经过一定的系统学习以后,学生的发音可以分别达到三个目标:可懂、流利、自然。"可懂"就是别人能听懂,要让别人能听懂,就要学习汉语基本的声韵母系统和声调。特别是对于那些母语没有声调的二语学习者来说,能够辨别并准确说出汉语四声是达到"可懂"目标的一个基本要求。字词层面的语音现象主要跟语音的"可懂"度有关。要达到"流利"的目标就要在"可懂"的基础上进一步掌握汉语的韵律,把握句子的语调、节奏、轻重音等,让学生说出来的句子有轻有重、节奏分明,也就是说节奏、重音和语调是达到"流利"的关键。要达到"自然"的目标不仅需要把握汉语的韵律,还需要注意更多的语音发音细节。比如,美国学生学了"高"和"该"这两个字,发音听起来一个是"高",另一个是"该",所以能听懂,语音的对立性没问题,但是他们实际的发音可能更像英语的 gawd 和 guy,这就涉及音系对立基础上的发音细节。轻重音是把句子说得自然的重要因素,轻声也有辨义功能,如"报酬"和"报仇",对一个非轻声但要轻读的音节,声调的实现方式跟单字调(单念时的声调)不同,这也是一种发音细节。三个目标虽然在不同的教学阶段,针对不同的学生侧重点会有不同,对应的语音现象不同,但并不是互相独立的,事实上,只要操练得当,初学者说出的简单句子也有可能做到流利和自然。

二、语音教学的基本原则

在汉语语音教学的过程中,需要遵循一些基本的标准和原则。《国际汉语教师标准》指出,在语音教学中,教师能了解汉语语音教学的基本原则,具备将汉语语音知识传授给学习者的能力和技巧,提出语言教学"注重针对学习者汉语语音学习中的问题进行教学,注重针对不同母语学习者的语音学习难点进行教学,注重利用汉语发音原理的演示、描写与说明进行语音教学,注重语音教学中的实用性、交际性与趣味性,注重语音教学中有意义的、大量、多样的实际操练,注重利用多种手段展开语音教学"等六大原则。语音教学原则是指符合语音教学活动的特点和规律,在进行语音教学时必须遵循的基本要求,违背基本原则就会影响语音教学的效率和效果。可以这么说,语音教学原则总体指导着整个语音教学的过程和活动。全面理解和熟练掌握语音教学基本原则是每一个语言教学工作者应该具备的基本条件之一。综合前人研究,我们认为在语音教学活动中需要遵循以下基本原则。

(一)针对性原则

针对性原则是指针对不同语言背景的学生特点和不同的教学阶段来安排相应的语音教学内容和方法。

1. 根据教学对象的不同特点来确定教学重点和难点

不同语言背景的学生,在以汉语作为第二语言的学习过程中,容易受到母语方方面面的干扰。各种语言的语音系统,都会选择一定的发音部位和发音方法互相搭配,形成自身独特的发音基础。

因此,教师在教学过程中,需要分析不同学生所面临的语音难点,根据他们的实际情况,有针对性地安排教学。一方面,要善于总结不同母语背景的学生在发音问题上的共性,对这些共同难点要让学生反复练习,不断巩固。另一方面,还要善于发现他们发音的个性,通过对比来进行有针对性的指导。比如,声母 f 和 h 对日本学生来说是难点,在教学过程中如果遇到带 f 和 h 的音,可以让日本学生多加练习,而其他国家没有这个发音困难的学生则不必花相同的时间练习。又比如,阿拉伯语的辅音很丰富,元音数量相对较少,阿拉伯语背景的学生学习普通话语音时感到最困难的是韵母。因此,他们在练习韵母的时候就需要花更多的时间和精力。只有根据教学对象的不同特点来因材施教,才能真正实施有针对性的语音教学,才能更充分地利用课堂时间,更有效地提高不同学生的语音水平。

2. 根据教学阶段的不同来安排相应的教学目标和内容

汉语语音教学是一个长期的过程,应贯串整个教学过程。不过,这个长期的过程又可以分为几个不同的阶段,每个阶段有每个阶段的特点。因此,语音教学具有明显的阶段性特征。在不同的教学阶段,教学目标并不相同,教学特点也不相同。

判断一个母语为非汉语者语音水平的高低,一个朴素的直觉就是他的发音是否标准。因此,在最初的学习阶段,学习者只要发出正确的音来就可以了。再高一点的阶段,就要看他是否具备流畅、准确的表达能力,是否能表达他想表达的意思。换句话说,就是看他能否将语音、词汇和句子结合起来,实现用汉语进行交际的目的。这样依据不同的程度和特点,语音教学大致可以分为以下三个阶段:初级阶段、中级阶段和高级阶段。每个阶段都有不同的教学重点和教学目标。下面分别进行说明。

初级阶段是学生学习普通话语音的起步阶段,要求学生掌握普通话最基础的语音项目,如声母、韵母、声调的发音,音节的拼读方法及相关的拼读规则等。这些内容是普通话语音系统的基础,是首先要掌握的部分。教师应该带领学生进行大量的发音训练,使他们能够感知并模仿发音,最后达到将音发准的目标。一般来说,初级阶段的语音教学持续时间为两到三周,在这段时间内集中精力进行语音训练,打好语音基础。

中级阶段要求学生熟悉语流中的各种音变现象,熟练掌握并自动运用音变规律,轻声、儿化、上声和去声变调、"一"和"不"的变调等是这一阶段学习的主要内容。这些内容是在学习者掌握单字音、单字调的基础上,将音节和声调放在语流中所进行的进一步训练,需要学生具有一定的词汇储备,因此放在初级阶段之后的中级阶段来学习。这也是培养学生形成良好语感的重要部分。

高级阶段要求学生在读句子或课文及自由表达时具有语调和语气意识,能自如地运用停顿、重音、句调等来表达意思和情感。语调是衡量普通话水平高低的重要方面,只有准确地把握好语调,才能有效去除"洋腔洋调",说出一口地道的普通话。这一方面的学习最具挑战性,难度也最大,需要与具体的句子、会话甚至短文相结合。

(二)音素教学与语流教学相结合的原则

在语音教学中,如何处理声母、韵母、声调和音节这样的单项语音训练与会话、语段训练的关系,一直是一个有争论的问题。有一些教师主张语音训练应该从声、韵、调的单项练习开始,只有单项语音练习充分了,才能逐步过渡到词、词和词的组合、句子和会话练习。他们认为这样的教学方式是基于普通话语音的系统性和层级性,由"音"到"词"再到"话",遵循由简到繁、循序渐进的教学规律。由于这种教学主张以语音的基本构成成分为切入点,以单音素或单音节的训练为主,因此叫"音素教学"。还有一些教师主张一开始就从会话训练起步,先教会话,然后分解音节,进行声、韵、调练习,最后归结到会话。他们认为语流是语言使用中的实际状态,以此为教学的出发点和落脚点可以更好地培养学生流利自然的语音语调,解决洋腔洋调的问题。由于这种教学主张是以语流为切入点,以句子的整体练习为主,因此叫"语流教学"。音素教学和语流教学既可以看作语音教学的两种指导思想,也可以作为语音教学的两种策略,这里将它们放在原则层面来谈。

  实际上,不管是音素教学还是语流教学,都有各自的优点和缺点。比如,音素教学虽然能够把单音练习进行得比较充分,但声、韵、调的单项训练确实容易让学生感到枯燥单调。而且,单字音和单字调在进入语流时是有差异的,音素教学在这方面有局限。而语流教学虽然强调了实用性,当天学当天就能说话,见效快,容易激发学生的学习兴趣,但在短短的两三个星期内,把会话练习提前到语音教学阶段,势必占用声、韵、调单项训练的时间,削弱语音单项学习,不利于学生打好语音基础。这就好比学习某种弦乐器,首先要学会指法和弓法,指法和弓法练好之后,才能练习拉乐曲。指法和弓法都不过关,马上就想拉出美妙动听的乐曲,那是不可能的事情。语音训练也是如此,若是急功近利,学习者就容易忽略普通话发音的准确性,长此以往也是学不好语音的。因此,不同的教学理论、策略和方法,要互相取长补短,有机结合,只有这样才能更好地促进教学实践。

  音素教学和语流教学都不能偏废,它们不是哪个重要、哪个不重要的问题,而是在不同阶段有所侧重,在具体操作上有先后之分的问题。我们没有必要过分夸大其中一种教学方式的优点而否定另一种。从语音教学的针对性原则出发,根据语音学习的特点和规律,我们可以将音素教学和语流教学有机结合起来,在不同的阶段既各有侧重,又灵活配合。比如,在语音学习的初级阶段,学习者主要学习普通话的声母、韵母、声调的发音方法和音节的拼读及拼写规则等,这个阶段就要以音素教学为主。搞好声、韵、调的单项训练,打好语音基础,才能为以后的语流训练和会话训练做好充分的准备。从长远目标来看,这种基础训练是非常有必要的,这就是所谓的"磨刀不误砍柴工"。相反,如果绕过必要的基础训练,一开始就没有养成好的语音习惯,欲速则不达,最后是学不好语音的。到了中、高级阶段,语流中的音变现象和语调训练成为教学的主要内容,这些内容其实都是以语流为切入点的。因此,中、高级阶段主要以语流教学为主。如果发现学生有音素或音节的问题,再从语流中分离出来进行集中练习,重点攻克。循序渐进,分层次,有侧重,讲综合,

第四章　汉语作为第二语言语音教学

这是任何教学路径都应遵循的基本原则。①

(三)语音教学与其他语言要素教学相结合的原则

在语音教学阶段,要不要教词汇和汉字甚至语法的内容,也是一个有争议的问题。这个问题在语音教学的初级阶段显得更为突出。有的教师认为,语音阶段就应该集中精力完成语音教学,在两三周时间内完成语音教学本身已不容易,而过早、过多地接触词汇、汉字或语法的内容肯定会分散学生的精力,从而影响语音学习。不过,也有一些教师认为,语音阶段应该学习一些词汇、汉字和语法的内容。这主要是因为,在语音教学阶段之后是词汇和语法教学阶段,课文全用汉字,对于那些从来未接触过汉字的学生来说,负担很重。如果让学生完全不接触词汇、汉字及语法的内容而要求他们在很短的时间内能读、会写并且能适应从语音阶段到其他教学阶段之间的跳跃,这种困难是可以想见的。那么,我们到底该如何处理语音教学与其他语言要素教学的关系呢?下面将语音教学分别与其他语言要素的教学结合起来说明。

1. 语音教学与词汇教学的关系

在学习语音时,要求学生掌握一定数量的生词,对语音学习不会产生负面影响,处理得好的话,还可能会有积极的影响。这主要是基于以下几个方面的考虑。一是学习生词是掌握语音的手段。比如,通过学习"你好",学生可以掌握上声变调"上声+上声→阳平+上声"的规律;通过学习"爸爸、妈妈",学生可以感知到轻声的发音等。二是从心理学的角度来看,有意义的学习比机械的学习效果更好。以汉语作为第二语言的学习者有很多是成年人,成年人在学习过程中对那些有意义的语言单位有着本能的求知欲望,而有意义的词汇也更容易作为一个整体单位存储在大脑里,进而形成方便提取使用的语言概括。

因此,即便在单独的语音教学阶段,也是可能并且可以适当安排词汇学习的。当然,选择哪些生词、选择多少生词是有讲究的。在语音教学阶段,应该选择那些高频的常用词,生词量控制在 100 以下,学生一般可以接受。具体情况取决于教学内容和学生的实际水平,要注意不能给

---

① 施春宏,蔡淑美. 汉语基本知识 语音篇[M]. 北京:北京语言大学出版社,2017.

学生带来负担,影响语音阶段的学习。

2. 语音教学与汉字教学的关系

关于语音阶段的汉字教学问题,目前的看法和做法都很不一致。如何处理好语音教学与汉字教学的关系,也是我们需要考虑的重要方面。目前比较通行的观点认为,语音教学阶段的主要任务是训练学生的语音,考虑到汉字的特殊性和教学对象的承受能力,语音阶段不能过多地学习汉字,学生能集中精力把普通话语音学好就可以了。如果学生感兴趣并在不影响语音教学的情况下,可以适当地学习少数易用易认的汉字,如"人、手、大、小、山、水、口、你、好"等。

3. 语音教学与语法教学的关系

关于语音教学与语法教学的关系,一般认为在语音教学打基础的阶段,没有必要把基本语法阶段的内容搬来就教,否则不仅语音教学要受影响,语法教学也难以顺利进行。这主要是因为,语音教学的主要任务是掌握语音,如果安排很多的语法内容必然会增加学生的负担,不利于语音教学目标的实现。而且,语音和语法的关联比较弱,不特别强调语法知识一般也不会影响语音教学的效果。当然,也不是一点儿语法知识都不能教,在适当的时候可以涉及一些对语音变化有影响的语法内容。尤其到了中、高级阶段,语音教学中的音变和语调等很多内容都跟语法密切相关,如有规律的轻声词、停顿、重音和句调等,这些内容很难与语法完全割裂开来。例如,汉语中轻重音不同,会影响语言的结构,"我想起来了",如果"起来"轻读,"想起来"就是动补结构,如果不轻读,就是状中结构。因此,在中、高级语音教学阶段,安排适当的语法教学也是可行的,但不宜过多,更不宜细讲,教会学生常用的例词和例句即可。[①]

(四)从易入手、由易到难的原则

音素教学的顺序不一定按照声母表和韵母表的声母和韵母的顺序进行。各种语言的语音系统都不尽相同,但总存在着一些由相同的发音部位和发音方法配合而产生的音。由于具有某种共性特征,这些音教起

---

① 施春宏,蔡淑美. 汉语基本知识 语音篇[M]. 北京:北京语言大学出版社,2017.

来相对容易,学生学起来也不太费劲儿。因此,我们应该从这些具有共性的、学生容易学的音入手,由易到难、循序渐进地进行语音教学。

比如,单元音 a、i、u 在多数语言中都存在,母语为非汉语者学习起来也并不困难。相对而言,e 和 o 不容易发到位;ü 则由于舌位和唇形配合的难度而让学生颇感头疼。因此,我们在教单元音时应该先教 a、i、u,再教 e 和 o,最后才教 ü。在教 ü 时,由于很多语言没有圆唇音,而 i 这个音大部分语言中都有,因此可以先从 i 入手,由 i 带出圆唇的 ü 来。

又如,母语为非汉语的学习者普遍发不好普通话声母 zh、ch、sh。对此,不妨先教学生 z、c、s。发好了 z、c、s,调整好舌尖位置,并将舌面翘起或微卷,就比较容易发出 zh、ch、sh 来了。而 z、c、s 中,又可以先教 s,因为 z、c 是塞擦音,先塞后擦,而 s 是擦音,单纯发擦音比先塞后擦要容易一些。而且 s 在多数语言中都存在,学习者学起来没有多大困难。z 和 c 的发音部位和发音方法相同,区别仅在于送气与否。对发送气音比较困难的学生,先教 z,在读准 z 的基础上加上送气就是 c。不过,也有的学生发送气音比发不送气音容易,如阿拉伯学生,因此可以先教他们 c,再教 z。等掌握好了这些音,再顺过来系统地教。

再如,声调,我们在谈声调的教学顺序时提到,可以先教阴平调。跟其他声调相比,阴平调对多数学生来说相对容易掌握。有了阴平这个音高参照,把声带放松,就比较容易发高降调的去声了。在对阴平的最高位置和去声的最低位置都有了一定的感知之后,再学由中到高的阳平。最后,在把握好低音的基础上学习降升的上声。在四个声调全部学完之后,再按照顺序来做四声的唱调练习。

由易到难的原则需要教师对教学对象的不同特点和情况很熟悉,通过不同语言的对比来判定语音项目的学习难度,然后才能明确如何由易到难地进行教学。

(五)短期集中与长期要求相结合的原则

在学习语音的开始阶段就要培养正确的发音。因此,一般的做法是,在基础汉语阶段都会单独安排专门的语音教学,在这段时间内集中精力进行语音训练,打好语音基础。

短期集中教学阶段结束之后,语音教学是不是就万事大吉了呢?答案是否定的。语音技能的掌握不是一朝一夕的事,要完全掌握普通话的语音系统,并使语音语调都达到准确、自然、流畅的程度,单靠短期集中的两三个星期是不可能做到的。很多学生到了中、高级阶段之后,容易忽视自己的语音训练和发音,也不注意纠正错误的发音,有的甚至退回到初级阶段的语音水平,产生回生现象。如果处理不好,特别容易出现"化石化"现象①。因此,在语音教学中应该坚持短期集中和长期要求相结合的原则,语音训练应贯串整个基础汉语教学过程的始终。当然,短期集中的语音训练与长期要求的语音训练有不同的特点。短期集中的语音训练是要让学生尽快地建立和形成发音习惯,掌握普通话的基本发音。到了中、高级阶段,虽然并不需要像初级阶段那样进行大量集中的语音训练,但必须要有意识地对学生听音、辨音以及发音的共性、个性等问题编排一些有针对性的练习,由此帮助学生改善语音问题,尤其是处理好那些正处于"化石化"阶段的发音现象。在课堂教学时也可以通过领读、正音、纠音等环节给学生示范正确的发音,最终目的是使学生正确而流畅地用汉语说话。

  以上几个原则重在从不同的角度指导语音教学的过程和活动,如针对性原则主要是从教学的主体——学习者的角度来要求的,音素教学与语流教学的结合是从教学策略的角度来切入的,而短期集中和长期要求相结合的原则是从教学过程的阶段性和长期性方面来考虑的。不同的教学原则,其适用范围和程度也有差别。有的教学原则具有通则性质,即不仅适合于语音教学,也适合于其他语言项目的教学,如针对性原则、由易到难的原则等;而有的教学原则为语音教学所特有,如音素教学和语流教学的结合等。语言教学是一门技术,更是一门艺术,其中还渗透着语言及语言交际的观念和思想。在教学过程中,只有把握好大的理念和原则,才能处理好教学活动中各个方面和各个环节的关系,避免走不必要的弯路。我们也只有将各种原则融会贯通、综合运用,落实到具体的教学实践中去,才能切实有效地促进教学的顺利进行。

---

  ① 所谓"化石化"现象,指二语学习者的语言学习达到一定水平后,在一段时间内可能会出现停滞不前的情况。

第三节　汉语语音教学的方法

在汉语作为第二语言的语音教学中,为了让学习者能正确而流利地说普通话,需要进行很多训练,有时往往很枯燥,稍不注意就有可能伤害学生学习的积极性。因此,语音教学尤其需要注意运用一定的方法和技巧。只有讲究教学方法,采用正确的方式、途径,才能有效地解决教学中的难题,才能达到理想的教学效果。一般说来,在语音教学过程中,有下面这样一些常用的方法。

针对教学对象和教学内容的不同,语音教学中可以采用演示、比较、图示、手势、带音、夸张、情境、模仿、借物等多种方法。其中演示、情境、比较、图示等方法主要用于教学展示,带音、夸张、模仿、借物、手势等方法主要用于语音训练。列举如下。

一、模仿法

语音学习的过程涉及"听"和"说"两个方面,模仿法是语音教学中最基本的方法。模仿法可以分为直接模仿和自觉模仿。直接模仿就是学习者依靠听觉和视觉的感受,直接模仿发音。换句话说,教师怎么说,学生就怎么说。不过,模仿这个过程比较复杂,因为它涉及学习者听音、辨音能力的强弱。一个音有的学生听一遍,就能准确地模仿;而有的学生能力弱一些,听了好几遍,也模仿得不对。为了让学生学会正确的发音,教师有必要对某些音的发音要领做一些说明或展示。比如,有的学生在学普通话的 f[f]时,常发成英语的[v],这时就需要听教师讲解这两个音的相同和不同之处:它们都是唇齿音,上齿靠近下唇,气流通过唇齿之间的缝隙摩擦成声。不过,[f]是清辅音,发音时声带不振动;而[v]是浊辅音,发音时声带振动。学生听完讲解,再观察老师的嘴唇,自己再感受一下喉咙处的声带振动情况,经过这样一个过程,最后发出正确的音来应该并不困难。[1]

---

[1] 施春宏,蔡淑美. 汉语基本知识 语音篇[M]. 北京:北京语言大学出版社,2017.

模仿法是语音教学中不可缺少的一种方法。只有在正确的指导下进行模仿,持之以恒地练习,并且与其他的方法配合起来,才能取得良好的学习效果。

二、演示法

语音教学是口耳之学,这点与词汇和语法教学是不同的。在语音教学时,教师常常需要通过直观演示来帮助学生感知发音特点。演示是语音教学中最常用的方法。语音教学首先需要示范发音,如果示范时由教师本人发音,可以夸张一点发音,如在示范圆唇元音的舌位和唇形时,口型可以夸张一些,把嘴巴撮圆,尽量让学习者看清唇形,如果学习者水平较高,也可以用影视节目、中文歌曲来进行语音示范,提高学习兴趣。

面对成人学习者,有些存在细小差异的语音,可以在示范的基础上用简洁的语言或语音图讲解发音方法,可以通过音理分析使其掌握发音要领。

声调教学中,在单音节练习的基础上,可以使用塔式练习法不断增加音节的数量,练习双音节、多音节的声调组合,加强连读调、变调的训练,如 chē(车) → kāi chē(开车) → kāi qìchē(开汽车) → kāi gōnggòng qìchē(开公共汽车)。

三、图示法

用直观的发音示意图或简化的语音图片来展示发音部位或发音要领是语音教学中常用的方法,如入门阶段教声调时可以用声调格局图展示汉语普通话四个声调之间高低曲折的对立。在教舌尖音元音-i [ɿ]、-i[ʅ]时可以通过发音图片来展示两个音之间在发音部位上的差异。

图示法还可以借助图表等直观手段。例如,在教声调时可以展示五度标记法示意图,让学生能够直观感受到每种声调的音高变化。另外,图示法也可以依靠简单、形象的板书来展示一些音节拼写规则,如在教 ju 和 zi 时,可以写成下面的形式,这样可以避免学生把 ju[tɕy]发成

[tɕu]，把 zi[tsɿ]发成[tsi]。

ju≠u

zi≠i

又如，在教两个上声连读变调时，可以写成"ˇ+ˇ→ˊ+ˇ"，这样的演示简单方便、一目了然，教师往往不需要多讲就能达到甚至超过讲解的效果，学生也容易记住。

四、借物法

在学习送气音和不送气音时，可以将一张白纸放在面前，通过呼出强弱不同的气流让学习者直观地看到纸的振动不同，发送气音时气流强，纸的振动很明显，发不送气音时气流弱，纸的振动也比较小，这时使用的教学方法就是借物法。在教舌尖前音 s、舌面音 x 和舌尖后音 sh 时也常用借物法：可以把纸片或食指放到嘴里，如果是 sh，舌头不会碰到纸片或食指；如果是 s，舌头被压在下面，但舌的前部会向上顶；如果是 x，舌头会被压在食指或纸片下面。

具体说来，在课堂教学中，可以借助实物来演示。比如，有的学生很难掌握送气音与不送气音，教师这时可以借助纸片，用吹纸片的方法来展示送气与不送气的差别。具体的做法是：当我们在教 p、t、k、q、c、ch 时，可以拿一张薄纸放在嘴前，发音时气流冲出，纸片颤动，为送气音；在发 b、d、g、j、z、zh 时，纸片不动，为不送气音（图 4-2）。也可以让学生拿自己的掌心对着嘴巴，体会气流的强弱。通过这样的演示，学生很容易理解，而且印象也很深刻。

图 4-2　借物法

五、动作法

语音教学的对象一般都是汉语初学者,教师要向他们讲清楚某个具体的发音是很困难的。虽然也可以借助发音部位和发音方法来进行描写,可是有很多发音部位和发音方法并不容易直接观察,这时手势等身势语的辅助使用就显得特别重要。

动作法就是通过手势或一定的肢体动作配合发音来辅助教学的方法。比如,在学习声调时,可以用平、升、弯曲和下降的手势配合四个声调的发音,同时提示学习者注意四个声调的调型。在学习后鼻音韵母时,不少学习者因为母语中没有这样的音,发不出后鼻音尾,这时可以用身体动作辅助发音,让学习者坐在椅子上,先发前鼻音韵母 an,一边发音一边把头部逐渐向后仰,通过这样的动作使软腭上升易于发出后鼻音尾。动作法在语音教学中应用很多,简单直观的手势或肢体动作对初级阶段的学习者掌握发音要领很有帮助。

比如,有的欧美学生容易把普通话的央元音[ɑ]发成带鼻音的[Ā],这时教师可以用大拇指和食指捏住鼻孔,迫使气流从口腔送出,表明这是一个口腔元音而不是鼻音。又比如,学生不太容易发好 zh、ch、sh,常常将它们发成 z、c、s 或相近的音,这时教师可以伸出手掌,掌心向上,用四指表示舌头,将四指并拢伸直,然后指端抬起并向手心稍稍卷曲,表示卷舌,此时为 zh、ch、sh,而发 z、c、s 不能卷舌。再如,当学生了解了四个声调的调型之后,可以利用手势来训练学生读四声,一般将食指伸得高而平代表第一声,食指做上挑的动作是第二声,食指划曲折"ˇ"的是第三声,食指向下划是第四声。

借助手势等动作可以把一些看不到的发音部位和发音方法形象地展示出来。一个具体、形象化的手势可以使枯燥难懂的语音讲解和练习变得生动起来,学生也可以通过手势的帮助在脑海中留下正确的印记,这对于他们记音和辨音都非常有利。

六、带音法

带音法是指发音时以旧带新、以易带难的发音方法,比如从 i 带到

ü:i 是比较容易发的音,在很多语言中都有,而 ü 是比较难发的音,不少语言中都没有这个元音,在发 ü 时教师可以先发 i,舌位不变,然后嘴角逐渐收缩,嘴唇由扁变圆,几乎缩成一个小圆圈,这时就不难发出 ü 来了。

带音法是用一个已经学过的音带出要学的发音相近的音,这也是语音教学中用得比较多的一种方法。这跟从易入手、由易到难的教学原则是一致的。再如在教普通话的 r 时,可以用发音部位相同的 sh 带出 r——拖长发出 sh,舌头不动,声带振动,就可以发出 r 的音来。有的学生发普通话的去声时降不到位,这时可以用阳平带去声的方法来训练,例如"环境、辽阔、服务、模特"等,这样一升一降,比反复做同样的动作要自然、省力,也容易发准。

七、夸张法

在语音教学中,教学生发音和平时说话有较大的差别。教发音时,声音一定要清楚,有时为了突出某些语音的发音特点,需要进行适当的夸张,使学生在视、听上有充分的感知。而平时说话有时可能含混不清,只要听话的人能理解,就能达到交际的目的。

比如,舌面音 j、q、x 和舌尖后音 zh、ch、sh、r 的发音部位比较接近,发音方法分别对应,学生很容易混淆。教师在教舌面音 j、q、x 时,口形、舌位等可以适当夸张,不妨将舌尖下垂至下齿背后,舌面隆起,与硬腭接触,同时嘴角向左右两边展开,上下齿挨紧,这样就能控制好舌尖并准确地发出舌面音来了。又如发 ü 时,可以适当夸张地噘起嘴唇,强调圆唇并拖长发音。再如发轻声时,前面那个音节可以适当夸张、加重并延长,然后轻轻一带,后面的音发得轻而短促,这就是轻声了。在板书时,也可以进行适当夸张,比如教复韵母时,可以结合发音口形把主要元音写得大一点,如 iao 中的 a。

夸张法将课堂中的视听印象放大、强化,使学生正确认识与把握发音。

八、比较法

在语音教学时应该充分利用比较法,对于一些在发音部位或发音方法上比较接近又存在一定差异的语音,比如舌尖前音 z、c、s 和舌尖后音

zh、ch、sh，前鼻音 in 和后鼻音 ing，可以使用对比听辨法。给学习者提供不同语音环境中的各种对立音，让他们在对比中辨别这些音之间的差异，形成一定的语音感知能力。

比较可以在汉语内部进行，通过比较让学生掌握普通话发音的不同特点。如在进行声母教学时，b 和 p、d 和 t、g 和 k 等都可以进行送气与否的比较；在教单韵母时，i 和 u 可以进行圆唇与否的口形比较，i 和 u 则可以进行舌位前后的比较；等等。通过比较，学生能加深对这些有同有异的声母或韵母在发音部位和发音方法、舌位和唇形上的认识，从而更好地把握每个音的发音特征。又如在教轻声和儿化时，可以把两组或两组以上的轻声词、儿化词集中起来进行比较和分析，让学生感受同一个词语的轻声与非轻声、儿化与非儿化的读法及意义的区别。例如"实在（原调）—实在（轻声）""明天吃什么早点？我早点儿去给你买"等。在教重音、停顿时，也可以用同一个句子来展示因重音、停顿位置不同而造成的意思不同。

在语音教学时，也可以把学生的母语或已掌握的某种外语的语音与普通话的语音进行对比。学生在学习汉语的过程中，常常会受到自己母语或某种外语的干扰和影响。

比如，有的学习者习惯把普通话的舌面后音 h[x]发成喉音[h]，这时教师可以将普通话中的"he[xɤ]（和）"和英语的"home[həum]（家）"进行比较，告诉学生喉音[h]的位置比[x]要靠后得多。发[x]音时，声音比较响并且能拖长；发[h]音时，声音不响也不能延长。学生一旦了解了它们之间的差别，就比较容易发出正确的音来。

比较法的运用，既可以加深学生对汉语语音系统及其特点的认识，又可以较好地消除由学生的母语或某种外语带来的干扰。当然，这是建立在教师熟知不同语言语音系统的基础上的，否则比较无从谈起。

九、情境法

在语音教学中，情境法也是一个常用的方法。它是教师就某个语音点或内容有目的地引入或创设形象生动的具体场景，以此来激发学生口头表达的欲望，在模拟情境中牢固地掌握课本知识，在情境中学，在情境中用。

比如，对于送气和不送气音，教师可以设计具体的情境让学生听和说。例如：

老虎吃饱跑了。（Lǎohǔ chībǎo pǎo le.）

兔子肚子饿了。（Tùzi dùzi èle.）

虽然学生在基础语音教学阶段所积累的词汇有限，但教师还是要尽可能地利用一些常用词做出浅显易懂的解释，在这样的情境下设置成对的练习对学生认知送气和不送气及其意义区别很有帮助。

汉语声调的教学也可以在情境中让学生主动认知。因此，教师可以设置一定的情境，让声调教学内容尽可能地有意义。例如设计成下面这样的会话练习：

你好吗？——还可以。

你妈妈好吗？——她很好。

这些字都可以组成常用词，在这些词的组合中，声调的相对值得到了体现，而且由于结合了意义，学生理解和认知起来也变得相对容易了。

又比如，对于上声和轻声变调，可以设置下面这样的情境：

你好吗？——我很好。

你想买什么水果？——（我想买）芒果/李子/草莓。

你要吃什么？——给我两碗炒米粉。

昨天的展览怎么样？——展览馆里有好几百种展品，都很有趣。

这些都是生活中的常见场景，在有意义的情境中，在实际的语流中，学生能更真切地感知到这些字的声调变化。好的情境设置能缓解、消除课堂教学中的枯燥无味，也能减少我们常说的学了不会用的现象。

语音教学的方法多种多样，除了上面介绍的几种以外，还有观察法、体验法、录音法等。在语音教学过程中，许多方法是综合运用的。只要我们因材施教、因需施教，在大的理念和原则的指导下，灵活运用各种方法，就一定可以突破语音教学的难点，做到"传道有术，授业有方，解惑有法"，在语音教学中取得理想的效果。

第四节　汉语语音教学中应注意的问题

在汉语作为第二语言语音教学中，不同国籍学生母语的负迁移影响很大。因此，就需要了解不同母语背景的学习者汉语语音学习难点的差异性;了解不同母语背景的学习者汉语语音学习难点的共性;掌握解决不同语音难点的对策,才能够达到理想的教学目标。

一、外国学习者汉语语音学习的难点

学习者的母语背景不同,汉语语音的学习偏误表现就会有差别,所以根据学生的母语背景有针对性地教学很有必要。海外的汉语教学班级成员多来自同一国家,而国内的对外汉语教学,更多情况下教师面对的是来自不同国家的国际班,学生的母语背景各不相同,这时候我们可以"把学生当作一个整体,去找出最具普遍性的难点,凡是各种语言都列为难点的就应该是最具普遍性的","中介音具有母语迁移而造成的差异,又有明显的共性"。(毛世桢,2008)

在多国别学习者语音偏误研究的基础上,我们可以发现一些带有规律性的现象。外国学习者的共性难点往往也是汉语语音的一些突出特点。

二语学习者语音学习的难点既有母语背景的影响,也会受到汉语音系本身特点的影响。"普通话音系中有一些语音特点是各种学习者都感到困难的,如声母中的舌尖后音和舌面音,送气音,韵母中的复韵母,前、后鼻韵母,声调中的第2声和第3声"。(毛世桢,2008)

外国学习者语音学习的共性问题整理见下表4-1。

表4-1 外国学习者语音学习的共性问题

级别	声母难点	韵母难点	声调难点
一级难点	舌尖后音	前、后鼻韵母	四声混淆
二级难点	唇齿音[f]和[x][h]相混,鼻音、边音、擦音相混	松紧、圆唇不足,复韵母动程不足短促	
三级难点	送气残缺 清音浊化	单韵母稳定性不够,介音残缺或多余,卷舌不到位	

表4-1按照外国学习者学习汉语语音难点的普遍程度分出了不同的等级。其中,舌尖后音zh、ch、sh、r的发音,前鼻音韵母an、en、in、un、

第四章　汉语作为第二语言语音教学

ün、ian、uan、üan 和后鼻音韵母 ang、eng、ing、ong、iong、iang、uang、ueng 的区分,阴平、阳平、上声、去声四个声调的辨析,是语音学习中最具普遍性的问题,成为一级难点。在语音教学中,教师应注意这些共性的问题,采用有效的教学方法来展示和练习这些发音难点。

汉语普通话中的擦音 f[f]是唇齿音,对韩国、日本学生来说比较难发,易与舌根擦音[x]或喉擦音[h]相混。鼻音[n]与边音[l]、擦音[z]相混在日本学生中表现比较明显,欧美学习者容易把鼻音[m]与擦音[z]相混。汉语普通话中紧元音、圆唇元音是发音的难点,外国学习者在学习单韵母发音时易出现元音发得比较松、圆唇度不够等问题,汉语普通话中的复韵母带有一定的动程,发音时不少国家的学习者都会出现动程不足而导致的韵头丢失、发音含混等问题。学习声调时,日本、韩国、新加坡等国的学习者会出现四声短促的问题,特别是发第二声和第三声时,声调的音长不够,发音不清晰。根据这些语音偏误的普遍性,把上述这些语音难点列为二级难点。

汉语普通话中的送气音是强送气音,有些国家的学习者容易出现送气不足的问题,如欧美学习者、日本学习者。汉语普通话的声母都是清辅音,不少学习者的母语中辅音是清浊对立的,这些学习者易出现清音浊化的问题,如泰国学习者、韩国学习者等。在韵母的学习中,单韵母稳定性不够,发音含混,复韵母增加了韵头或丢失了韵头,儿化韵的卷舌程度不够,发音接近于平舌韵,这些都是韵母学习中易于出现的语音偏误。这些语音偏误普遍性和偏误程度比一、二级难点低,所以列为中介音发展中的三级难点。

二、不同母语背景学习者的常见问题

(一)英语母语者常见问题

英语母语者在汉语语音学习中比较集中的疑难问题是声调问题,舌尖后音 zh[tʂ]、ch[tʂʰ]、sh[ʂ],舌面音 j[tɕ]、q[tɕʰ]、x[ɕ]的发音问题。

1. 声调问题

(1)难点表现

声调是汉语语音学习中普遍存在的难点,英语母语者在声调学习中的表现主要为四声调型混淆、调域偏窄、声调的区别特征不明显,具体表现为"上声错误率最高:一是相对音高较高;二是前面下降音念得过短,后面上升音念得过长。单字发音问题不大,但词语发音时,四个声调的问题比较大,词语越长问题越大,读句子问题更大"①。对英语母语者的研究来说,普通话中的四个声调最难的是上声,其次是阳平。

(2)原因分析

声调学习中的困难与学习者母语的影响、学习者缺乏声调意识、课堂教学中训练不足等多种因素相关。就英语母语者而言,汉语声调学习中的问题与母语的影响有很大的关系,英语中有上扬和下抑的语调,学习者容易受到语调的影响,干扰了对汉语声调的识别。在双音节或多音节的声调组合中,汉语声调之间的区别主要来自音高和音长,而学习者受英语重音的影响,倾向于用音强来区别不同的声调,这也会影响他们对声调的识别和判断。

(3)教学对策

对于汉语声调的教学对策已有大量的研究,如声带控制训练,强调声调教学中以控制声带为重点,让学生了解汉语声调的特点,在教学中引入音乐、情感辅以教学;调整声调教学的顺序,加强声调之间的组合训练等。

针对英语母语者的特点,综合已有的教学方法,可以采用以下教学对策。一是通过听辨反馈训练加强声调之间,特别是二三声之间的区别。二是在理解的基础上帮助学生形成声调的意识,教师在以图示、动作等直观性强的方式展示汉语普通话中四个声调之间区别的基础上,可以尽量以简明的语言说明汉语声调音高、调型等特征。三是有条件的情况下,也可以使用一些语音教学软件来辅助声调教学,如澳大利亚的纽卡斯尔大学开发的汉语四声学习系统,可以通过图像化的方式显示标准曲线和学生自己的声调曲线,可以使学习者比较直观地看到自己的声调和标准声调之间的调型;石锋、朱思渝(2001)开发的 Mini-Speech-Lab 软件也可以实现声调的双曲线显示,这些语音学习软件操作简单方便,特别对那些在声调学习阶段没有声调背景的学生很有帮助。四是在声调教学中有计划地长期训练,形成从单字调到连读调的教学顺序,

---

① 王添淼. 不同国别汉语学习者汉语拼音使用情况及其教学策略[J]. 语言文字应用, 2013(S1).

不少中高级阶段的欧美学习者所带有的"洋腔洋调"主要是连读调的问题。

2. 舌尖后音和舌面音的发音问题

(1) 难点表现

舌尖后音 zh[tʂ]、ch[tʂʰ]、sh[ʂ]和舌面音 j[tɕ]、q[tɕʰ]、x[ɕ]在英语中都没有,但是英语中有发音部位相似的一组舌叶音,不少英语母语者将汉语普通话中的舌尖后音和舌面音相混,或者都发成英语中相似的舌叶音,所以听起来"知道"与"几道"不分,"老师"与"老西"不分。

(2) 原因分析

舌叶音、舌面前音和舌尖后音三组音之间的区别主要在于发音部位的不同,英语中的舌叶音[tʃ]、[tʃʰ]、[ʃ]实际上是齿龈后舌面音,发音时嘴唇微凸,舌叶与齿龈形成阻塞,很接近汉语普通话中的舌面音,英语母语者在学习汉语普通话的舌面音 j[tɕ]、q[tɕʰ]、x[ɕ]时如果舌头稍往后一点儿就很容易发成舌叶音,形成语音偏误。舌尖后音在发音时主要特征是舌头卷起,如果舌位稍平就会发成舌面音或舌叶音,所以英语母语者在学习汉语中的舌面音和舌尖后音时如果不清楚这三组辅音发音部位上的区别,就很容易用舌叶音去代替其他的两组音或者将汉语中的舌面音与舌尖后音相混。

(3) 教学对策

可以借助英语中相似的舌叶音带入汉语中的舌面音和舌尖后音。从唇形看,英语中的舌叶音与汉语中的舌面音和舌尖后音相比,具有突唇的特点,而汉语中的舌面音和舌尖后音在发音时,都不突唇,在教学时,可以让学生先发[ʃ],然后唇形由突变展,将舌头稍降低,可以由[ʃ]变为[ɕ]。同样,也可以由[ʃ]带到[ʂ],发音时注意将唇形变展,舌头后部下压,舌尖上翘,就比较容易发出[ʂ]。在教英语母语者发汉语中的这两组音时,关键在于了解舌面音、舌尖后音与舌叶音的区别,掌握发音部位。

3. 圆唇元音 ü 的发音

英语母语者在学习汉语普通话的元音时最容易发生偏误的是圆唇元音 ü[y]。汉语普通话中的 ü[y]是舌面前高元音,圆唇度很高,英语中没有前高元音,学习者容易把 ü 发得圆唇度不够,或者把它发成舌面后高圆唇元音 u。

发圆唇元音 ü[y]时常用的方式就是带音法,可以从 u 带到 ü 或者从展唇元音 i 带到 ü 都比较有效。

(二)日本学习者常见问题

据学者的调查研究,日本学习者汉语语音学习中,声母方面的主要疑难是声母的送气不足,唇齿擦音的读法及卷舌音的发音不准,韵母方面主要是前、后鼻韵母的问题。

1. 声母的送气和不送气

(1)难点表现

不少日本学习者很难区分汉语声母的送气音和不送气音,如 p-b、g-k、j-q、z-c、zh-ch 之间的对立,所以会出现"感情"的"情"发成"jīng","兔子"发成"dùzi"的情况。

(2)原因分析

日语中辅音之间以清浊对立来区别意义,没有汉语中的强送气音,虽然日语有些辅音也有送气和不送气两种读法,但它们没有区别意义的作用,送气音、不送气音处于互补分布中,它们不具有对立区别特征,比如"たこ"(风筝)中虽然"た"送气,"こ"不送气,但如果都发成不送气音,意思并不发生改变,学习者对送气、不送气的对立不敏感,所以日本学生会把"骨(gǔ)"读成"苦(kǔ)",把"怕(pà)"读成"爸(bà)"。而且,日语中送气的辅音一般处于词语的首位,送气、不送气主要与词语的位置有关系。在这种情况下,日本学习者就很容易混淆汉语普通话中送气音和不送气音之间的区别,特别是容易把不居于词语首位的送气音发成不送气音。

汉语普通话中送气和不送气的区别主要在于发送气音时阻塞较紧,需要较强气流才能冲破阻塞,解除阻塞后有一段气流流出的过程,而不送气音阻塞较松,不需用力,较弱气流也可以冲破阻塞。

(3)教学对策

针对日本学习者母语中送气和不送气不区别意义的情况,首先帮助学习者建立送气和不送气相对立的意识,结合意义展示汉语普通话中送气音和不送气音的最小对立,让学习者理解汉语中"八—趴""大—踏"

"肚—兔""跑—饱"之间读法上有送气和不送气的区别;然后再进一步扩展到词语,针对日语中送气音一般在词语首的情况,教师多提供一些送气音处于音节不同位置的词语进行对比训练,如"趴下(pāxià)—害怕(hàipà)""兔子(tùzi)—小兔(xiǎotù)"按照送气音和不送气音的发音要领多对学生进行一些对比训练,通过多变异的语音组合训练提高日本学习者送气音的感知和发音能力。

2. 唇齿音 f 的读法

(1)难点表现

日本学习者在发汉语普通话中的唇齿音 f[f]时常发成吹火音[φ]或与汉语普通话中的舌根擦音 h[x]相混。

(2)原因分析

日语中没有唇齿擦音 f[f]和舌根擦音 h[x],但是有吹火音[φ],所以学习者不容易辨析汉语普通话中 f[f]和 h[x]的区别,常常受到母语发音方法相似的唇辅音的影响,把唇齿擦音发成吹火音[φ],或者 f[f]和 h[x]相混。

(3)教学对策

通过观察和模仿法来解决唇齿音的学习问题,让学习者观察教师发唇齿音时上齿和下唇的位置了解发音部位,正音时主要训练上齿轻触下唇,同时双唇不要接触。

3. 边音 l[l]和擦音 r[z]的发音

(1)难点表现

对日本学习者来说,汉语普通话中很重要又很难发的一类音是舌尖后音,即 zh[tʂ]、ch[tʂʰ]、sh[ʂ]、r[ʐ],特别是 r 的发音比较难,很多日本学生分不清汉语中的边音 l[l]和擦音 r[ʐ]。

(2)原因分析

汉语普通话中的舌尖后发音 r[ʐ],从发音部位看,不仅要求舌尖上翘,而且要卷起指向或接近硬腭部位;从发音方法看,是个摩擦程度比较轻的浊擦音,在日语中有发音部位相似的闪音[ɾ]。日语中闪音[ɾ]与边音 l[l]处于互补分布中,边音 l[l]是它的变体,二者的变换不区别意义。受日语音系的影响,日本学习者在学习汉语普通话的浊擦音 r[ʐ]时容易发成日语中的闪音[ɾ],也容易与边音相混。

(3)教学对策

针对日本学习者擦音、边音相混的问题,可以通过图示法或感知法明确两个音不同的发音部位。同时,由于日语中与擦音 r[z]相似的闪音[ɾ]与边音 l[l]不对立,在练习时可以通过最小对立组"热(rè)—乐(lè)""日(rì)—立(lì)""入(rù)—路(lù)"等强化汉语普通话中二者的对立。

4. 前后鼻韵母的问题

(1)难点表现

为什么有些汉语已经学了很长时间的日本学生还是不能辨析汉语普通话中"an—ang""in—ing"等鼻音韵发音?日本学习者在学习汉语普通话中的鼻音韵时,即使是一些水平比较高的学习者也常出现前鼻音和后鼻音发音相混淆或音节中元音鼻化、丢失鼻韵尾的现象,而且在听辨中难以分清汉语普通话中前鼻音韵母和后鼻音韵尾的对立。

(2)原因分析

汉语普通话中存在/n/和/ŋ/前后两个鼻音韵尾,舌尖音/n/既可以处于音节开头作为声母,又可以处于音节最后作为韵尾,舌根音/ŋ/只能作为韵尾处于音节尾。日语中只有一个鼻辅音/N/可以作为韵尾,从发音部位看/N/是一个小舌音,发音部位比/n/和/ŋ/都靠后。日语中的鼻辅音/N/处于音节末尾在不同的音节组合中具有多种语音变体形式,发音部位的前后随着前面元音的舌位而改变,若干语音变体形式处于互补分布状态;而汉语普通话中前鼻音/n/和后鼻音/ŋ/处于对立分布状态,前、后鼻音具有区别意义的作用,在这种情况下日语学习者受母语影响很容易混淆汉语中前后两个鼻韵尾,导致发音出现偏误。

特别是汉语普通话中的"an[an]"和"ang[aŋ]"这组韵母对日本学生来说,更难辨析。汉语普通话中的"an"韵腹是前元音[a],"ang"的韵腹是后元音[ɑ],由于拼音字母是一样的,学习者往往把这两个韵母的韵腹都发成前元音或都发成后元音,与此相关的就是会把鼻韵尾都发成前鼻音[n]或都发成后鼻音[ŋ]。

(3)教学对策

针对日语中鼻音韵尾数量和发音特征都与汉语普通话存在差异的情况,主要是让学习者清楚汉语普通话中两个鼻韵尾的发音特征和别义作用。

首先,在教学中可以采取语图示意加夸张示范的方式,帮助学习者分辨汉语普通话中前鼻音韵尾/n/和后鼻音韵尾/ŋ/不同的发音特征。其次,可以借助汉日语音对比。利用日语中跟汉语相近的地方引导初学者模仿,也有利于学习者对比发音,提高正确率。

在教学中,教师还可以多做一些联词辨音的发音练习,强化前、后鼻音的区别意义作用。比如,"安心—昂头""不慢—不忙""当心—担心"等词语的展示和辨音练习。

(三)泰国、越南学习者常见问题

泰国、越南等国的学习者母语中有跟汉语相似的声调,都具有曲拱对立的声调,他们在学习汉语声调时,特别是在初级阶段,往往表现出一定的优势。可是,不少一线汉语教师会发现,这些学习者的汉语声调也容易产生一些不容易纠正的偏误,比如泰国学生的声调往往给人一种"拖长腔"的感觉,即使汉语水平比较好的中高级阶段的学习者也会有这样的问题。

究其原因,泰语、越南语等虽然也有声调,但是它们的声调跟汉语普通话有同有异。以泰语为例,泰语中具有中平调、高升调、高降调、低降调和曲折调五个声调。

泰国学生在学习汉语普通话的声调时,容易用母语中近似的声调代替汉语中的声调,如用泰语中的第三声高降(551)代替汉语中的去声,用第一声中平(33)代替汉语中的阴平,用第四声高升(14)代替汉语中的阳平,这样就降低了学习汉语声调的难度,比较容易掌握汉语普通话声调的调型。但是,泰语中的这些声调跟汉语普通话中的声调只是近似而不是完全相同,泰语中的第三声高降和第四声高升在升和降前都有较长的平调段,时长也比较长,而泰语中的第一声平调比较低,学习者利用母语的近似声调代替目的语声调的学习策略会带来负迁移。所以,泰国学习者学习声调时,会给人一种拖长腔的感觉。越南学生也一样,给人去声降不下去、阴平高不起来的感觉。这些主要是由于母语负迁移造成的。[①]

---

① 亓海峰.汉语语音与语音教学[M].北京:华语教学出版社,2017.

在教这些母语为声调语言的学习者学习汉语声调时,教师要善于敏锐地发现他们汉语声调的特点,巧妙地利用正迁移;同时,在声调对比的基础上,加强那些相似而不同的部分的训练。比如,对泰国学生可以加强阳平和去声时长的训练,同时训练学生控制声带,去声发音时起点高,声带紧张,然后声带一下子放松,声调就会迅速下降。

第五章　汉语作为第二语言词汇教学

众所周知,词汇是语言的建筑材料,和语音、语法相比,它具有开放性。不掌握一定的词汇量,就无法用这种语言进行有效的表达,McCarthy(1990)认为,无论学习者发音多么准确,语法掌握得多好,如没有足够的词汇来表达广泛的意义,就无法用二语进行有意义的交际活动。虽然几十年来的汉语作为第二语言教学研究一直是以语法教学研究为中心的,但是国内词汇教学研究的相关文章却多于语法研究。截至2021年8月1日,我们以"汉语词汇教学"为主题在中国知网进行查询,共检索到2800余篇文章,而检索到"汉语语法教学""汉语语音教学"的文章分别为1900余篇和1600余篇,可见学界对词汇教学也是比较重视的。

第一节　词汇概说

词和词汇是汉语教学中经常遇到的语言学概念,也是语言习得和语言交际的基础之一。同时,词汇教学几乎贯穿了汉语教学的全过程,因此,正确理解这两个概念对更好地进行汉语词汇教学具有重要的指导意义。

一、词汇的相关概念

(一)词的定义

一般认为,词是最小的、能独立运用的、音义结合的造句单位。也就是说,词是用来组成句子的,是语言中的"建筑材料"。词是最小的能独立运用的音义结合体,这是"词"有别于短语的地方;词是造句单位又使它有别于语素。例如,"人""吃""电脑""马上""胳膊""巧克力"等,虽然它们的音节数目不同,但都表达固定的意义,都可以用来构成句子,因此它们都是词。其中"人""吃"是单音节词,不能再分;多音节词"胳膊""巧克力"分割之后不能单独使用;"电脑""马上"分割后虽都可以独立成词,但都不能表达原来的概念。

(二)语素的定义

语素是语言中最小的音义结合体,是构词的基本结构单位,如"民""友""老"等,它们既有声音形式又表达了一定的意义内容,同时又是最小的不可再分割的单位,是汉语中声音形式和意义内容的最小结合体。

语素可以构造合成词,如"民""友""老"等语素可以与其他语素一起构成"人民""公民""朋友""友情""老师""老鼠"等合成词。有些也可以独立构成单纯词,如"家""大""走""芭蕾"等。

(三)词汇的定义

词汇是一种语言中所有词的总汇。词汇是词的集合体,词汇与词的关系是集体与个体的关系。在表述上,我们可以说"一个词",但是一般不能说"一个词汇"。同时,汉语中还有相当一部分成语、惯用语、歇后语、俗语、谚语以及专门用语等固定结构,它们通常结构比较稳定,意义大部分经过抽象概括,一般不是各部分的字面意义的简单相加,它们符合语言建筑材料的特点和功能要求,因而一般也把这部分固定结构视作词汇的组成部分。掌握词与词汇的分类有助于正确理解汉语词汇教学的内容、原则以及不同的词汇教学方法。

二、词的分类

(一)单纯词和合成词

根据组成词的语素的数量,我们可以把词分成单纯词与合成词两大类。单纯词是只由一个语素构成的词。汉语中多数单纯词是单音节词，如"天""好""跑""很"等。但也有一些多音节的单纯词，如"葡萄""唠叨""巧克力"等词就是由多个音节构成的单纯词。因为"语素"是语言中最小的音义结合的定型结构，是构词单位，而"葡萄""唠叨""巧克力"再分的部分"葡""萄""唠""叨""巧""克""力"均不是固定的音义结合体，其再分的部分与原词无意义关系。

合成词是由两个或两个以上语素构成的词。其中，有的是"词根语素＋词根语素"构成的复合式合成词，也有"词缀语素＋词根语素"构成的附加式合成词，只要有两个或更多的语素组成就是合成词。

1. 复合式

复合式合成词是由词根和词根组成的合成词，根据词根与词根之间意义关系的不同，可以分为联合、偏正、补充、支配、陈述等构成方式。例如"窗户、雪白、提高、司机、地震"等词。

2. 附加式

附加式合成词是由词根和词缀构成的合成词，根据词根与词缀的位置关系可以将附加式合成词分为以下两种类型：（1）前附加（前缀＋词根），例如"老虎、老师、老鼠"等；（2）后附加（词根＋后缀），例如"椅子、筷子、裤子"等。

现代汉语中的多数词缀是由词根虚化而来的，有些词缀已经没有词汇意义或词汇意义非常模糊，其主要作用是陪衬音节，还有的词缀有一定的色彩意义，比如"～儿"一般用于较为小巧的事物，有时带有喜爱的感情，如"小孩儿""小胖儿""花儿"等。

3. 重叠式

重叠式合成词是由相同的词根重叠构成的词。根据重叠方式的不同，主要可以分为 AA 式（哥哥）和 AABB 式（花花绿绿）两种。合成词的意义不同于两个语素的意义。比如"花花绿绿"不是"花"的意思，也不是"绿"的意思。两个词根必须重叠起来才能组成一个词。

合成词在汉语词汇中所占比例很高，同时现代汉语中的合成词规律性较强，易于学生快速扩展词汇量，因此在汉语词汇教学中占有重要地位。

(二)实词和虚词

根据词的语法功能,即能否单独充当句子成分,可以把汉语中的词分成实词和虚词两大类。

1. 实词

现代汉语的实词可以三分,即体词、谓词和加词。体词主要包括名词、数词、量词;谓词主要指动词和形容词;加词即前加词,包括区别词和副词。下面具体说明各实词小类的特征及教学中应注意的问题。

(1)名词

名词表示人、事物、时间、处所等。在语法特征上,名词通常能用数量短语修饰,一般不受副词修饰。在句子中,名词常常充当主语或宾语。名词与介词搭配时,共同组成介词短语。名词根据表达意义的不同,可以分为以下几个小类:一般名词、抽象名词、专有名词、时间名词、处所名词、方位名词等。其中一般名词又可以分为个体名词和集合名词:个体名词可以计数,前面可以受个体数量短语修饰,例如,(一本)书、(三位)老师、(十块)钱;集合名词不能计数,只能用集合量词修饰。[①] 抽象名词是表示抽象概念意义的名词。例如,气氛、道德、境界、灵感、缘分等。抽象意义不好理解、不易说明,因此在汉语词汇教学中需要特别注意。

需要注意的是,汉语中表示名词数的概念时,单复数同形,如"一个学生"和"很多学生"中的"学生"没有形态上的变化。有些指人的名词(或代词)可以用后缀"们"表示不确切的复数,如"同学们""孩子们""我们""他们"等。同时,"名词+们"结构一般不可以出现在宾语位置,如不能说"今天来的都是爱运动的同学们",而可以说"爱运动的同学们今天都来了"。

(2)数词

数词是表示数目和次序的词,汉语中的数词分为基数词和序数词两大类。关于数词,学生掌握起来难度较大的是大数的读法及如何表示倍数、分数、小数和概数等。另外,数词中的"二"和"两"是学生比较容易混淆的,需注意区分。

[①] 李先银,吕艳辉,魏耕耘. 国际汉语教学词汇教学方法与技巧[M]. 北京:北京语言大学出版社,2015.

(3)量词

量词是用来表示人、事物或动作单位的词,主要包括名量词和动量词两类。名量词和动量词中都有一些可以重叠,表示"每一"的意思。如"个个""件件""年年""次次""回回"等,重叠后的量词可以作主语、谓语或定语。

(4)动词

动词是表示动作、行为、心理活动以及事物存在、变化、消失等的词。在语法特征上,大部分动词能够受否定副词"不""没"修饰,除部分能愿动词及表示心理活动的动词外,其他动词一般不能受程度副词修饰,如不可以说"很走""很学习",但可以说"很喜欢""很愿意"。同时,多数动词可以带"着、了、过"表示动态。有些行为动词还可以通过重叠表达短暂、尝试等意义,其中单音节动词是AA式重叠,双音节动词的重叠是ABAB式,动宾式合成词的重叠是AAB式。

动词根据表达意义及语法特征的不同,可以分为以下几个小类:表示动作行为,表示心理活动,表示存在、变化或消失,表示判断,表示可能、必要、意愿,表示趋势及方向、表示对人或事物的处置和对待,本身却不表示具体的动作行为意义的动词。

(5)形容词

形容词是表示事物、人以及动作、行为的性质和状态的词。形容词的语法功能主要是作谓语或定语,根据意义和功能的不同,可以分为性质形容词、状态形容词,两者有不同的句法表现。大部分性质形容词可以受程度副词修饰,如"很好""非常漂亮",状态形容词则不可以受程度副词修饰。需要注意的是,汉语中形容词作谓语时,中间不用"是"连接,学习者由于受母语的干扰,常会说出"她姐姐是漂亮"这样的句子,而汉语母语者除了在表示强调的时候,一般是不这样说的。

(6)区别词和副词

区别词表示事物的属性,有区别事物的作用。这类词功能单一,只修饰名词作定语,具有唯定性,不能受副词的修饰,如"彩色、主要、个别"等,汉语教学中一般淡化"区别词"这个术语,遇词直接说明操练用法。副词是修饰、限定动词或形容词,表示程度、时间、范围、方式、频率、肯定、否定等意义的词。副词最主要的语法功能是在句子中作状语,具有唯状性,一般不能单独回答问题。整体来看,副词是个较为封闭的词类,数量不多,但用法复杂且使用频率较高,是汉语词汇教学的重点和难点。

（7）代词

代词是具有代替或指示作用的词。代词可以代替或指示名词、动词、形容词、副词、数词和量词等各类实词,代替哪类词就有哪类词的特点。根据其代替的词的不同,我们将代词分为人称代词、指示代词和疑问代词三类。汉语中疑问代词有时并不表示疑问(例如,你爱去哪儿去哪儿),这是学习时应该特别关注的重点。

2. 虚词

虚词所表达的意义通常较虚,它们一般不单独充当句法成分,主要表示一定的语法意义。汉语中虚词是个较为封闭的类,但整体使用频率很高,因此,掌握汉语几百个常用虚词的意义和用法,对学好汉语来说是非常重要的。现代汉语的虚词主要有介词、连词、助词、语气词四类,是汉语教学的难点。

（1）介词

汉语中的介词位于名词、名词短语或代词前,引出与动作有关的原因、目的、时间、处所、方式、方法、依据、范围、对象等。介词不能单独充当句子成分,它与名词性成分一起组成介词短语作状语,修饰句中的谓词性成分。例如,"跟朋友见面""从宿舍去图书馆""顺着这条路一直走""为健康干杯"等。

（2）连词

连词是用来连接词、短语、分句或句子等语言单位的词,连词本身没有修饰、限制或补充的作用,不能单独充当句子成分,也不能单独回答问题。

（3）助词

汉语中的助词是指附着在词、短语或句子后,表示某种附加意义的词。汉语中各类助词功能较为不同,基础汉语学习阶段涉及的助词主要有:结构助词,的、地、得;动态助词,着、了、过。

汉语中的助词数量虽少,但用法复杂多样,几乎每一个助词都有着多种功能和作用。在教学中,应该结合学生实际水平,有针对性地进行讲练。同时,由于助词本身并无实在意义,多承担的是语法意义,因此助词的教学应该更多地结合其语法功能在合适的语法结构和典型的使用情景中进行。

（4）语气词

汉语中的语气词一般用于句尾(有时也用于句中),是表示陈述、疑问、祈使、感叹等语气或停顿的词。根据语气词出现的位置,我们可以把它们分为句中语气词和句末语气词。

语气词是汉语学习者很难掌握的一个词类,是基础阶段汉语学习的难点之一,在基础阶段,学习者掌握在表达上必须使用的语气词即可,表达较为复杂、抽象语气的语气词,学习者只能在中高级阶段的学习中逐渐掌握。

三、词义

(一)词义的性质

词义是词所表达的意义内容,如"跳"的意义就是"腿部用力,使身体突然离开所在的地方","书"的意义就是"装订成册的著作"。词义具有概括性、客观性(也有主观性)和民族性(也有地域性)。

首先,词义是对某一类对象的反映,因此词义都是从一类对象中抽象出共同的特征。概括性是语言中所有词的意义的共同特点。

其次,词义是对客观世界中的事物、现象及关系等的反映,所以客观存在是词义产生的基础,例如,客观世界中各种"书"的存在是"书"这个词及其意义产生的基础。但词义是人对世界的概括,因此也存在主观想象的成分,比如人们对虚幻事物超越现实的概括和反映。同时在词语的具体使用中,也会存在各种各样的个体性差异,如"语言"一词的意义,普通人和语言学家对其的理解可能会因为背景知识的不同而不同。

最后,词义也具有民族性和地域性,由于不同民族有着不同的文化和习俗,因此其对客观世界和主观世界进行概括的词义必然存在着差异。这种差异表现在很多方面,如"龙"是汉民族认为的神一样的动物,有尊贵、吉祥的含义,在中国古代龙是皇帝的象征,而在英语中,"dragon"是一种可怕、凶猛的爬行动物,用来指人则带有贬义。对于汉语学习者来说,只有正确理解了"龙"的民族性含义,才能准确高效地理解和掌握"望子成龙""龙凤呈祥"等词语。[①]

[①] 李先银,吕艳辉,魏耕耘. 国际汉语教学词汇教学方法与技巧[M]. 北京:北京语言大学出版社,2015.

(二)词义的构成

一般认为,词义包括词的理性意义和附属意义。汉语词汇教学首先需要学生理解词义。理性意义是指词所表示的主、客观世界中的事物、现象及其关系,即与概念相对应的部分,也称概念意义。词义的功能是明确"词"在世界中的所指,因此必须使其与其他事物,特别是相近的事物、现象等区别开来,如"书"的词汇意义就必须与"报纸"等其他词义区分开来,词的理性意义是近义词区分的基础。此外,词义还包括附属意义,即词所带有的某种感情倾向或用词时的语体倾向等,这部分意义在词的解释中不很突出,很多词典的解释没有关于附属意义的说明,因此在词汇教学中更需要向学生做适当的说明。

(三)单义词与多义词

一个词往往有几个意义,每一个意义就是一个义项,在词典中表现为一个条目。其中只有一个意义的词,叫作单义词,如"已经"一词的意义是:表示动作、变化完成或达到某种程度。有多个意义且意义之间有联系的词,我们称之为多义词。

多义词的词语教学中,通常一次只学习一个义项,但随着学生词汇量的不断丰富和扩大,可以适时地教授两个或两个以上意义上有引申关系的一项,对一个词的不同意义进行一下归纳和总结。教学中要善于利用义项之间的引申关系,帮助学生理解词义。如"深"是初级阶段的一个基本词汇,该词有5个义项:①从表面到底或从外面到里面距离大;②从表面到底的距离,如水深三尺;③久,时间长,如深夜;④程度高的,如深造;⑤颜色浓,如深红。其中①是本义,是产生其他义项的基础。初级阶段的很多教材首先学习的不是"深"的本义,而是"颜色浓",中级阶段一般会学习表示"时间久"的义项,教学中有学生会产生疑问,"深"的偏旁是三点水,应该是和"水"有关,为什么这里表示颜色的深浅、时间久都用"深"?其实结合常识我们知道,一条河从底到表面的距离越大,水的颜色也就越深,由空间隐喻到时间,就可以表示时间久。上课时教师可以通过图片展示配合说明,让学生厘清"深"的各项引申义之间的关系。

(四)义素与义素分析

义素是构成词义的最小意义单位,即词义的区别性特征。它是对词义进行分解得到的更低一级的语义单位。在语言中,它不单独使用,无法被直接观察到,属于语义的微观层次。义素及义素分析法是系统展示词义的重要途径,可以让我们更清楚地了解词义,尤其是近义词之间的差别,能够帮助学生建立良好的词汇学习模式。

依据共同义素的不同特点,语义场相应地分为不同的类别,包括近义义场(如"父亲、爸爸"构成一个近义义场)、反义义场(如"生、死""好、坏"分别构成一个反义义场)、分类义场(如"红、黄、蓝、白、黑"等色彩词构成了关于色彩的分类义场)、关系义场(如"老师、学生"构成一个教学关系语义场)等。其中近义义场尤其要注意词语意义及用法的差别。对反义义场、分类义场及关系义场的总结和概括有助于学生迅速积累词语,扩大词汇量,并系统掌握词语的用法。[①]

第二节　汉语词汇大纲与词汇教学原则

一、汉语词汇大纲

任何语言的词汇都是开放式的,一种语言的词汇量可以说是难以计数的。面对如此繁多的词汇,在有限的时间内,在第二语言教学中,究竟要让学生学习哪些词汇,其中就涉及词汇选择的问题。

自 20 世纪 70 年代以来,我国对外汉语教学界就开始着手各类教学大纲的研制,其中最有影响的是《汉语水平词汇与汉字等级大纲》[②],作为一种规范性大纲,它规定了汉语教学的词汇数量 8822 个,分为甲、乙、

[①] 李先银,吕艳辉,魏耕耘.国际汉语教学词汇教学方法与技巧[M].北京:北京语言大学出版社,2015.
[②] 国家汉语水平考试委员会办公室考试中心.汉语水平词汇与汉字等级大纲[M].北京:经济科学出版社,2001.

丙、丁四级,其中甲级词1033个,乙级词2018个,丙级词2202个,丁级词3569个。该大纲实施后,即成为我国初、中等汉语水平考试和高等汉语水平考试①的命题依据,是对外汉语教材编写、课堂教学的重要依据。一般来说,掌握甲、乙两级词汇即约3000个词汇量,学生的阅读覆盖率至少可以达到85%。2005年,我国汉语作为第二语言教学开启了汉语国际推广之路,2009年底国家汉办和孔子学院总部编制的《新汉语水平考试大纲》逐步推行,2011年新HSK考试也全面取代了旧HSK考试,新HSK词汇大纲重新划分了词汇等级,其中的五、六级相当于高级水平,规定的词汇量缩为5000,每一级词语数量逐级递增(表5-1)。词汇量的减少在某种程度上可以增强海外汉语学习者的信心,有利于汉语的国际传播。

表5-1 新HSK各等级词汇数量

	一级	二级	三级	四级	五级	六级
词汇量	150	300	600	1200	2500	5000+

2021年颁布实施的《国际中文教育中文水平标准》同样规定了每一级中文水平应达到的词汇量(表5-2)。

表5-2 《国际中文教育中文水平标准》各级词汇量②

	初等			中等			高等
	一级	二级	三级	四级	五级	六级	七~九级
词汇量	500	772/1257	973/2245	1000/3245	1071/4316	1140/5456	5636/11092

---

① 2009年底国家汉办和孔子学院总部编制的《新汉语水平考试大纲》逐步推行,原初、中等汉语水平考试和高等汉语水平考试被称为旧HSK考试。

② 表格中"/"前后两个数字,前面的数字表示本级新增的词汇量,后面的数字表示截至本级累积的词汇量。高等阶段的词汇量不再按级细分。

二、汉语词汇教学的原则

汉语词汇教学的基本目标是帮助学生高效地识记生词,正确地使用生词。为了提高词汇学习的效率,汉语词汇教学应当遵循一些基本的准则。不同学者提出的词汇教学原则各异,如《国际汉语教师标准》提出,汉语教师进行词汇教学时应把握以下原则:注重利用汉字形、音、义相结合的特点进行词汇教学;注重教学中解词的浅显、具体、准确、易懂;注重结合具体语境进行词汇教学;注重理解词汇的概念意义和特定语境下的含义;注重利用对比、组合等多种手段以及游戏、阅读等多种方式进行词汇教学;注重教学中词汇的科学重现。

我们认为,根据汉语词汇系统的特点、汉语教学的规律和特点及语言学习的目的,汉语词汇教学应遵循以下原则。

(一)"时间—效益"原则

张博(2018)提出,汉语第二语言词汇教学应以"时间—效益"原则为基本准则。所谓"时间—效益"原则,简言之,就是以提高词汇教学的效率为目标,判断词汇教学能否在短时间内获得最大的教学效果。"'时间—效益'原则用以衡量特定的词汇教学法需要教师花费多少准备时间,需要学习者用多少时间,教学效益与教学时间是否相称。"[1]大纲规定的词汇量远远高于语法点项目的数量,特别是在中、高级阶段的教学中,一篇课文高达五十甚至一百余个词汇,如何在有限的教学时间中获得最大的词汇教学效益,秉承"时间—效益"原则为教师选用合适高效的教学方法提供了评判标准。

(二)阶段性原则

阶段性原则是指词汇教学要充分考虑学生所处的学习阶段,根据其汉语水平、汉语基础的不同安排不同的教学内容,制订相应的教学目标。忽视词汇教学的阶段性将会产生两种后果:一是学生由于被灌输过多而"消化不良",二是学生由于被灌输过少而"吃不饱"。要想处理好各个阶

---

[1] 张博. 提高汉语第二语言词汇教学效率的两个前提[J]. 世界汉语教学,2018(2).

段的词汇教学,教师除了参加学习和培训以外,更重要的是要加强自己教学实践的历练。因此,在条件允许的情况下,教师可以尝试针对不同阶段、不同汉语基础和水平的学生的词汇教学,从中摸索规律,提高词汇教学能力。

(三)潜移默化地让学生了解构词法规律

词都是由语素构成,汉语词汇教学时一定要遵从汉语构词法规律,让学生明确汉语的词是如何由语素构成的,特别是对于很多复合词来说,其词义的体现离不开语素义,很多就是语素义的直接相加。教师在词汇教学时,不需要使用"偏正式合成词、动宾式合成词"等专业术语,但是在讲解词义的过程中将词义进行分解,向学生说明构成词的语素的意义。例如"注重"就是"注意和重视","见闻"就是"看到的和听到的","雪白"就是"像雪一样白","降价"就是"降低价格"等。久而久之,学生就能了解汉语复合词的构成情况,知道有的复合词,两个语素表示的意义是一类的,有的复合词前一个语素是说明动作,后一个语素是动作支配的对象,遇到生词时,学生还有可能根据构词法规律和构词语素猜测出词义。

(四)"词不离句"原则

词汇的学习离不开具体的语境和句子。教学中,要让学生在句子(短语)中了解词语的含义,把握词语的用法。要铺垫好词语可能出现的语境,语境可以帮助学生加深对词语的意义及典型搭配的理解。许多教师在实际教学中也发现,在语境中学习词语的效果要比在无语境的条件下好,因此一定要多给学生典型的例句。比如,在学习"苹果、香蕉、西瓜、橘子"等水果类名词时,老师可以用道具创设买卖水果的交际环境,把要学习的词语放在"我买苹果""他买香蕉"以及"橘子不甜"等有交际意义的句子中进行操练。又如学习动词"铺",教师就可以出示图片提问:地上铺着什么?请学生说出"地上铺着一块红地毯"这个句子。学习"平等"一词,询问学生"在你们国家男女平等吗?",展示"我们俩完全平等"等例句。

第三节　汉语词汇教学的方法

与语法项目相比,词汇是一个开放性的类别。每本汉语教材虽然特点不同,预设的教学对象不同,但其语法项目特别是初级阶段的语法项目基本上是一致的,而每本教材选择的词汇一定是不完全相同的。在有限的教学时间里,如何将词汇教学效率最大化,离不开词汇教学方法、词汇教学策略的选择。

一般来说,课堂词汇教学的过程分为展示词汇、讲解词汇、操练词汇等几个基本教学环节,下面我们分别进行阐释。

一、词汇展示的方法和技巧

词语展示,是指教师将词形呈现给学生的过程,也指呈现词语的具体途径或形态。词汇呈现出来之后,往往要有一个"读"的过程,一般情况下,教师先领读,做出示范。当前词语呈现的方式主要有以下几种。

(一)黑板板书展示

教师可以事先将要学习的新词写在黑板上,当然也可以上课时现场书写,这样学生可以清楚地观看到每个词语的书写顺序和规范,不过其缺点是比较耗时。有的汉语教师也会采用"听写"的方式,让学生提前预习生词,上课时到黑板上听写,听写完结束后再进行生词的讲解。目前,随着教育技术的提升,采用黑板板书的展示方式相对较少,更多的教师采用PPT进行展示。

(二)PPT展示法

PPT本质上具有黑板的功效,不过由于多媒体技术的优势,PPT展示可以对词语的字体、字号、颜色、动画进行设定,满足多种需要,也可以为了突出某些词语或某个字而进行有针对性的设计。比如,在讲颜色词时,教师可将词语设定为与之相应的颜色。当几个词语含有相同的语素时,可将该语素的字体、字号、颜色等予以突出。PPT 设计得好,既能突出教学重点,又能吸引学生的注意力。PPT 中词语、图片等内容的显现方式也比较灵活,既可以设定和添加动画效果,也可以先后隐藏或显现某些词语,以展现词语的搭配、组合和运用等。

PPT 的使用节约了教师板书的时间,也减少了一些不必要的语言描述,教师在课堂上提供给学生的知识量、信息量无形中得到了增加,这在很大程度上提高了课堂效率,增强了教学效果。

(三)词卡展示

在词汇教学中,词卡是性价比最高的教具了。制作生词卡片很有必要,其优点是:

首先,词卡制作材料易得,一纸一笔足矣。制作方法简单,省时省力,可以手写,也可以打印;可以只写生词,也可以配上拼音或图片。携带和保存方便,积少成多,可以多次反复使用。

其次,词卡这种独特的形式不仅能给学生以不同于板书、PPT 课件的感官刺激,而且能将语言的组合和替换特点直观、形象、灵活、方便地展现在学生面前。词卡既可以实现本课新词语之间的组合和替换,也可以实现新旧词语之间的组合和替换。教师可以通过词卡练习词语本身,也可以用词卡组织各种词汇游戏,激发学生的学习兴趣,巩固所学知识。

总之,在词语展示环节,可以将板书、词卡、PPT 课件等多种方式有机地结合起来,在一个学期的授课中,多种展示方法交叉使用进行呈现,这样可以富于变化,增加学习的新鲜感。

二、词语的解释方法和技巧

语言教学的实质是"教什么"和"怎么教"的问题,具体到词汇教学也涉及这两个方面。"教什么"指内容,"怎么教"是方法。教一个词,应该讲的内容包括:(1)解释词的意义;(2)解释该词的性质和用法;(3)解释词语的文化意义或背景。有些词语具有非常强的文化意义或者文化背

第五章　汉语作为第二语言词汇教学

景,不了解这些会造成对该词语的误解或者误用。[①] 这里,我们探讨一些方法和技巧来说明"怎么教"的问题。

(一)解释词义

1. 翻译法

翻译法,就是直接将所要学习的汉语词汇,翻译成学生的母语或者其他媒介语的方法。国内对外汉语教学的原则之一是尽量使用汉语,但是对于那些意思比较单一或抽象,且与学生母语有对应词的生词来说,教师不妨可以采用翻译法,这样直截了当。对于词汇量比较少的初级阶段汉语学习者来说,翻译法也比较适合。例如:

工业 industry　维生素 vitamin　童年 childhood

但是,使用翻译法也是有一定限制的。比如对于几个汉语词对译一个学生母语词的情况,此时除了翻译,还需要对几个汉语词进行简单的比较区分。如汉语的"丢"和"失去"都可以译为 lose,如果运用翻译法,则不仅要让学生了解词义,更重要的是要配合词语运用的讲解,"丢手机、丢东西"和"失去亲人、失去机会",二词的搭配是截然不同的。又如"馒头"一词在英语中无对应,即使教材里翻译为"steamed bun;steamed bread",学生仍不知为何物。

2. 直观释义法

这种释义方法常常与词语的展示联系在一起,如图片、实物、肢体表演等都可视作直观释义。而一些比较容易携带的实物,教师可以带到教室展示,实物展示效果比图片好,如讲解"馒头"就带一个馒头到教室,让学生看、摸,甚至可以尝,通过视觉、触觉、味觉多种感官共同参与学习。一些是课堂常见物品,也可以通过指认实物进行释义教学,人体词汇,还有师生随身穿戴的东西,都可以进行实物指认教学。而对具体动作行为动词的释义,教师就可以通过肢体动作演示来释义,还有表情词等可以

[①] 李先银,吕艳辉,魏耕耘. 国际汉语教学词汇教学方法与技巧[M]. 北京:北京语言大学出版社,2015.

通过师生和生生之间的直观表演来进行。如讲解"递、摸、抬、托"等动词,可以直接让学生做动作,看学生是否理解。此外,还可以用一些动图、flash 动画和视频帮助学生直观理解词义。

直观释义法,比较适合词义比较具体的名词、动词、形容词的教学,也因采用了多种感官刺激,比较适合对儿童的汉语词汇释义教学。

3. 近义词比较法

通过对词义相近的词(通常是借助学过的词引进新词)的比较、分析,向学生讲清其共性与个性,以帮助学生准确理解新词词义。例如从词义的轻重细微差别上讲清"保护、保卫"的区别,从词义的褒贬上讲清"成果、后果"的区别,从语体使用差别上讲清"邀请、请"的区别等。以"邀请"为例,下面是一位汉语老师的课堂实录:

邀请,就是"请"。比如:这个周末老师想邀请\\请几个朋友到家里做客。
那么,它们有什么区别呢?
"邀请"比较正式,常用于书面语,一般用于请人做客或参加重要的活动,还可以用作名词,如"接受邀请"。"请"是动词,比较随意,偏口语,使用范围更广,有礼貌地让人做事,这个时候就要用"请"。上课的时候老师常说……?对,"请跟我读。"下面请大家跟我读:
我想请你帮我辅导汉语。(具体的事情,不能用"邀请")
这次该我请客了。(某个任务,不能用"邀请")
请打开书。(某个具体动作,不能用"邀请")
我拒绝了他的邀请。(名词,不能用"请")

4. 举例说明法

举例说明法是通过列举词语概念意义中所包含的具体个体,让学生明白词义的方法,该方法比较适合那些表示类别概念的词汇。例如在教"水果"时,可以举出"苹果、梨、香蕉、橘子"等词语,然后教师通过"这些都是水果,你还知道哪些水果?"的提问,让学生进一步领会"水果"的意思。同样,在教"主食""甜点""文具""交通工具"等词汇时,可以列举出学生知道的个体"米饭、面条""蛋糕、冰激凌""尺子、橡皮、铅笔""汽车、火车、轮船"等来帮助学生理解词义。再比如讲"货币"时,教师可以结合图片说:"人民币是中国的货币,美元是美国的货币,日元是日本的货币,英镑是英国的货币。"学生一下子就能明白货币的含义了。

5. 反义词释义法

用已经学过的反义词适当解释新词。这对学生理解词义,建立词语之间的联系,以及记忆词汇都有好处。例如讲"批评"的时候,教师可以问"表扬的反义词是什么?"类似的还有"胖—瘦、高—矮"等,有时候,也可以加"不"来解释。例如,"骄傲—不谦虚、斜—不正、陌生—不熟"等。

6. 用旧词释新词

这种方法是用学生已经学过的词语运用汉语对新词进行解释。例如,"聚精会神"就是注意力非常集中,非常认真;"举世闻名"就是很有名,全世界都知道。上文的反义词释义法某种程度上也是用旧词释新词。在学生词汇量有了一定积累后,我们也提倡用这种方法,不仅可以避免母语翻译的局限,在释义的同时也让学生进行了复习回顾。当然,使用这种方法也要充分考虑学生的词汇量和实际接受能力,很多情况下教师需要对词典中的释义进行改造。例如,讲解"调整"一词,如果照搬词典的释义"指使心理、精神状态处于正常水平的努力,以提供机体适合的环境;改变原有的情况,使其适应客观环境和要求,发挥更大的作用"。这样显然不好。有位汉语教师是这样讲解的:

教师:调整,就是改变,让它合适。你们觉得,我们教室的座位需要调整吗?
学生:老师,男生和男生,女生和女生,不好,调整。
教师:好,那现在,我们来调整座位。
(学生顺势调整座位,男生和女生混坐)
教师:现在,你们调整好了吗?
学生:调整好了。

这位教师对"调整"一词的解释简单明了,同时利用教室真实环境,现场让学生调整座位,在真实语境中使学生明白"调整"一词"改变以适应"的含义。

7. 语境释义法

语言总是在一定的交际环境中使用的,语境体现了说话者的交际意图、交际手段和交际思维,因此,词汇的解释也可以充分利用语境,这也体现了语言教学的交际性原则。语境释义需要利用真实的环境或选取学生亲身经历或熟悉的事例设置具体情境,让学生在情境中理解词义,学会表达。

例如学习者在刚开始学习汉语时,会对汉语的句末语气词有很大的疑惑。在学完句末语气词"吗"后,接着学习同样是语气词的"呢",学生便会产生"吗"和"呢"是否可以替换的疑问。这时,教师可采用下面的语境设计:

教师:大卫,你好吗?
学生:我很好,你呢?
教师:我也很好。你爸爸呢?他好吗?
学生:他也很好。

这时,根据上下文语境,学生就会明白"呢"的用法是对上文提到问题,再次提到时的省略。

又如学习"随便"一词,教师可以利用教室的现场环境进行学习。

教师:我们的教室有很多座位,我坐这里可以吗?
学生:可以。
教师:我坐那里可以吗?
学生:可以。
教师:(配合手势)坐这里可以,坐那里可以,坐第一排可以,坐最后一排也可以。所以,老师可以随便坐。你们的座位是随便坐的吗?
学生:我们的座位是随便坐的。
教师:(出示图片)上周我们举行了圣诞晚会,晚会上有很多食物,大家可以……?
学生:随便吃。

利用语境释义时,寻找的语境一定要典型,确保所学习的词语对这

第五章　汉语作为第二语言词汇教学

个语境具有高度依赖性,即在这种语境下只能用该词语表达。同时,语境尽量真实,贴近学生的生活,这样才更能激发学生表达的欲望。

(二)讲解词语用法

理解词义只是词汇学习的第一步,词汇学习更需要掌握某个目的语词究竟该如何使用。事实上,词汇教学过程中解释词义和讲解用法往往很难分开,上面举的一些实例在解释词义的过程中往往也呈现了词语的用法。

1. 词语搭配法

通过讲词语之间的搭配,来讲清词语的用法。常见的搭配关系有两种:一是词与词之间的呼应固定搭配,如"怪……的""该……了""一……就"等;另一种是实词用法的搭配,如动词与名词的搭配、名词与量词的搭配、形容词与名词的搭配等。例如:

穿:衣服\\裤子\\鞋\\袜子\\裙子
戴:帽子\\围巾\\手表\\眼镜\\项链\\耳环\\手套
参观:工厂\\学校\\博物馆\\展览会\\名胜古迹\\故宫
访问:北京\\上海\\一位老朋友\\一位汉语专家
张:一张纸\\报纸\\地图\\床

从词的搭配上区分近义词非常有效,让学生了解习惯搭配后,就会避免出现"穿帽子"这样的错误。

讲解搭配时,不一定完全由教师进行讲解,而是放权给学生,例如询问学生"穿什么?戴什么?"这也是检查学生预习情况的一种办法,最后教师再进行补充。当然,在讲解了搭配之后教师如能进行一定"规律性"地总结,效果会更好。如让学生观察和"穿""戴"搭配的名词分别有什么特点,为什么"裤子、裙子"等要和"穿"搭配,而"帽子、手套"等就要和"戴"搭配;和量词"张"搭配的名词又具有什么特点?引导学生明确和"穿"搭配的衣物往往是必需的,和"戴"搭配的往往是附属非必需的这样一个倾向性规律,明确和"张"搭配的名词所指的事物往往有一个平面(或凸显平面),薄且可延展。

2. 直接说明法

直接说明就是不借助其他教学手段，直接讲清该词用法规律。例如，副词"连忙"不能用在祈使句中，不能说"××，你连忙跑出来！"。"稍微"修饰形容词时，形容词后面要有"一点儿或一些"，例如"稍微大一点儿""稍微弱一些"等；修饰动词时，动词后面要有"一下或点儿（些）"，例如"稍微等一下""稍微吃点儿"等。

在向学生讲授词的语法特点、词在句中的位置、动词能否带宾语、在什么情况下使用、用于什么句型等用法方面的问题时，都可以采用这种直接说明的方法，结合例句向学生展示。

（三）词语讲解的注意问题

无论是词语意义的讲解，还是词语用法的讲解，要想取得好的效果，都要讲究策略和方法。如果对词语不做深入思考和分析，拿来就讲，容易出现简单地罗列意义和用法的现象，就如同陈列一个做工粗糙、布局老套的货架，摆脱不了初级产品的样貌。未经打磨的不细致的词语讲解，很容易导致学生囫囵吞枣，看似明白了，用起来就会发现小问题不断。因此，教师不但准备工作要做扎实，还要注意以下方面。

1. 抓区别性和规律性特征

外语学习者和母语学习者不同，有些中国人理解和使用起来自然而然的词语，却可能令学生倍感困惑。因此，教师要具备敏感性，能够抓住词语意义或用法方面一些细节性和区别性的特征，对其予以关注和强调，同时要注意把握其内在的规律性特征，引导学生进行挖掘和总结。

2. 有对比意识，通过语言对比预测学生的困惑点

一般而言，学生学习二语，总会有意无意地借助其母语，在母语学习经验指导下学习第二语言。当两种语言相同时，产生正迁移有利于二语的学习，但如果两种语言不同，母语的知识和经验往往会对学生学习二语产生干扰。教师如果对学生母语有所了解，就能从中发现一些造成学

第五章　汉语作为第二语言词汇教学

生词汇学习困扰的原因，并对学生可能出现的偏误有所预测。教师要注意的是，对学生由于母语问题产生困惑的现象把握要适度，不要扩大化。当然，当班里的学生来自不同国家时，教师很难精通所有学生的母语，此时可能更多地关注课堂媒介语英语和汉语之间的对比。

3. 灵活运用多种讲解方法

针对不同类型的词语，教师讲解的方法不能千篇一律，而是要根据教学需要进行变化和调整。在教学中可以发现，有些词语只需口头语言解释一下，有些词语需要辅以实物、图片或动作；有些词语用汉语解释学生就能明白，有些词语需要辅以某种外语作为媒介语；有些词语就该词本身讲解即可，有些词语要与相关词语进行对比分析；有些词语将其某个意义或用法传达给学生即可，有些词语需要进行语素或用法等多角度的详细分析。把握好这些，课堂教学才会更有效率，才不会显得单调乏味。讲解一个词语的意义时，也经常是多种方法配合使用，如上文教师讲解"调整"一词，就是"旧词释新词法"和"语境释义法"的综合运用。

三、词汇的操练方法和技巧

词语操练应该是词汇课堂教学三个环节中最重要的一环。词汇教学应当遵循"讲—练—用"的顺序，通过"讲"使学生明白词语的意义，通过"练"使学生掌握词语的用法，最终达到"使学生会用"的目的。"讲"主要讲词语的意义和用法，讲清楚后还要引导学生进行有针对性的"练"。

词语教学中的"练"包括课堂中的"练"和课后练习的设计两个部分。课堂中的"练"和"讲"紧密结合，"讲"中有"练"，"练"中有"讲"，下面对词汇教学中的练习方法和练习活动进行统一说明。

1. 指物说词或听词指物

教师将事先准备好的实物、图片或制作的 PPT 等带入教室，教师依次展示实物或图片、卡片，学生说出相应的词语。也可以让一名学生根据实物或图片说词，另一名学生指出该物。指物说词或听词指物主要用于生词的识记，可以帮助学生建立词语与所指的关联，从而记住词语的意思。

2. 根据动作猜词或听词做动作

根据动作说词可以采用教师做动作、学生说词的方法。教师也可让一位学生看着教师写在纸上的词做动作,其他学生根据动作说词。听词做动作是教师说词,学生做动作,或请一位学生说词,别的学生做动作。

这种方法非常适用于动作性强、表演性强的动词词语的操练,如"吃饭""唱歌""喝酒"等,也常常用于方位词,如"东西南北""前后左右"等。

3. 生词认读活动

汉语的音、形、义各具特点,在教学过程中都有可能成为学生学习的难点,这就需要教师在教学中充分考虑"频率"这一重要因素。如果没有一定的输入频率,学习者要建立一定的音、形、义之间的表征是非常困难的。因此我们需要通过不同的活动,采用不同的方法来增加词的复现率,让学生能够在汉字、词、短语之间建立连接。

(1) 闪卡

闪卡教学的目的就是要加强词语音、形、义之间的连接,这种方法使用灵活,是词语复习、词语热身经常使用的活动。在词语复习环节,教师可以将生词放入一个大表格中,每次要朗读的生词凸显成不同的颜色,快速闪现,请学生抢答。这种闪现可以是单个的词,也可以将有联系的词放在一起闪现,如"当""老师"/"当""翻译"(图 5-1)。对儿童进行这个游戏,还可以利用图片使其更加形象化(图 5-2)。[①]

进步	快	当	老师
感谢	问题	准备	翻译
帮助	兴趣	经商	职业
原因	能	要是	神圣

进步	快	当	老师
感谢	问题	准备	翻译
帮助	兴趣	经商	职业
原因	能	要是	神圣

图 5-1 "闪卡"练习 1

---

① 参见"课堂活动设计与案例展示"[EB/OL]. app. readoor. cn/app/dt/bi/1564663415/103046-65709260d5b6f3.

第五章 汉语作为第二语言词汇教学

图 5-2 "闪卡"练习 2

(2)"拍苍蝇"

"拍苍蝇"是单个词语练习经常使用的一种极具趣味性的活动。教师可以在 PPT 上展示生词,将学生分为两组竞赛。每次每组派出一位同学,拿着苍蝇拍,听到台下同学读到哪个词语就用苍蝇拍去拍,看两组同学谁的速度更快,首先拍到的学生可以为小组赢得 1 分。在这个活动中,教师需要一边细听学生的发音,一边观察哪些词语学生普遍反应较慢,反应较慢的词语大多是学生没有掌握好或者词语学习时用力较少的词。活动结束后教师要再次强调那些易错词,进一步强化学习反应速度普遍比较慢的词语。

(3)展示图片或视频抢答

这种活动练习方式更为直观。例如给学生展示一段与"春节"相关的视频,视频结束后可以再次展示视频相关图片,请学生以图片为线索说说"中国人春节的时候都做什么"。这种方式便于给学生提供一个从词到句到语段的支架。该方法特别适合同一个语义场中的词语的练习,例如"春节、职业、兴趣爱好"等,这样学生会将这些有语义联系的一组词集体存储,在使用时也有利于整体激活。

4. 词语联想练习

不同的词语之间存在各种联系,可以通过联想,利用各种联系把不同词语串联起来,进行练习。练习的形式可以是口头的,也可以是书面的。下面介绍几种常用的方式。

(1) 说出同义词或反义词

如看到"努力"联想到"认真",听到"主意"联想到"想法"。看到"大"快速说出反义词"小",看到"便宜"快速说出"贵"。

(2) 词语接龙

要求所有的学生一个接一个说词语,说出的词语与前边的词语含有一个相同的汉字(或相同的读音),如:主意—意思—思考—考试—尝试—经常—经过……。

上述两种活动都可以设计成比赛形式,这种练习是复习词语的好方法。

5. 词语扩展练习

这是一种组合练习,把词语按要求扩展成短语或者句子。名词一般可以扩展成数量名结构或定中结构;动词一般可以扩展为动宾结构、动补结构、否定结构等。例如:

本子	一个本子	我的本子	新本子
洗	洗衣服	洗干净	不洗没洗
说	说得出来	说不出来	

还有一种塔式词语扩展练习,从词语一步步扩展到短语,长度不断增加,最后扩展到句子,全部的扩展形式排列起来,形成一个"金字塔"。例如:

问题　　　　　　　　兴趣
一个问题　　　　　　有兴趣
问一个问题　　　　　没有兴趣
问你一个问题　　　　对经商没有兴趣
我问你一个问题　　　我对经商没有兴趣。
我想问你一个问题。

在生词扩展环节,应尽可能把课文中的句子通过扩展的方式引出来,以便为之后的课文练习做好铺垫。

扩展练习也可以先从构词语素入手,如"电—电影—特别喜欢看电

第五章 汉语作为第二语言词汇教学

影",这是一种由构词语素到词到语块的练习思路。之所以这样安排,是因为有研究者发现在二语教学中存在着识词不识字的现象(杨玉玲,付玉萍,2014),如学生对"欢迎"是进行整词存储的,在其心理词典中有"欢迎"一词,却并未对构词语素"欢、迎"进行单独分析,因此认识"欢迎"却不认识单个的"欢"和"迎",于是会误把"欢送"读成"迎送"。我们在词语扩展练习中,可以把构词率比较高的语素析出,增加这些语素的复现率,有利于学习者将语素作为一个独立的单位,对其音、形、义进行加工。由词扩展到语块,一方面增加词语复现率,让学生和已学的知识建立关联,另一方面也可以与新知识建立联系,还可以帮助学生提高语言表达的准确度和流利度。

扩展练习可以采用小组竞赛的方式,也可以使用抢答的方式,利用PPT设置一个闹钟计时,调动学生回答的兴趣和积极性。

6. 完成句子练习(用指定词语完成句子)

没有经验的汉语教师课堂上常常会直接向学生"要句子",但是汉语词汇教学一般不建议让学生直接造句,如果教师没有提供任何信息直接指定词语请学生说句子,学生可能思考较长时间,说出来的句子五花八门,偏误率会很高。但是我们可以让学生用指定词语完成句子,此时句子给词语提供了部分语境,可以有效引导学生说出正确的句子。例如:

山本的汉语发音_____。(特别)
我的电动车坏了,_____。(只好)

7. 情景说话/对话

教师创设情景,要求学生根据情景用所给的词语说话或者对话。例如操练"怪不得"。

教师:以前你很奇怪,这几天小王这么高兴。现在你知道原因了,他找到了一份好工作。用"怪不得"怎么说?
学生:怪不得小王这几天这么高兴,原来他找到了一份好工作。
教师:我们班高飞汉字写得非常好,为什么呢?哦,因为他每天都练

习。我们可以说……？(教师手指向"怪不得"一词)
学生:怪不得高飞汉字写得好,原来他每天都练习。

8. 话题交际

这是语段和语篇练习,教师给出交际话题或者作文题目,同时给出参考词语和句式,要求学生使用这些词语和句式,但不用考虑词语的先后顺序和使用次数。词语通常选择与话题关系密切的、课文中出现的重点词语,句式一般选择刚刚学过的重要句式。例如:

话题:谈谈你的爱好
要求:不少于15个句子,并用上下面的词语和句式。
爱好　兴趣　常常　关于　了解　V+得+很+adj

另外,也可以给学生布置交际任务,给出关键词语,让学生在模拟完成真实的交际任务过程中,达到"学中用、用中学"的目的。

总之,无论是课堂词语练习还是课后练习,教师在设计这些练习时应该综合考虑,灵活运用,由易到难,由浅入深,既有一以贯之的常规练习,保持稳定性,又要时常有创意,给课堂注入新的活力,让学生有新鲜感、新奇感。既要考虑练习的量,也要考虑练习的质,考虑练习的针对性。汉语水平差一点的学生,给一些难度低一点儿的练习,比如机械性地重复练习,或者在个别练习中,让程度差一点儿的学生后说。程度好一些的学生,提供一些难度高的练习,比如开放性的练习,或者在个别练习中,让汉语水平高的学生先说,以起到示范作用。

综上,"教学有法,教无定法"。教师不仅要根据生词的不同特点确定不同的教学方法,不同的生词适用于不同的教学方法和教学活动;也要根据学生的特点选择不同的词汇教学方法,设计不同的教学活动,因为不同年龄、不同母语背景的学生会表现出不同的特点,同样的教学活动对不同班级的学生可能教学效果也会有差异。教师在教学中发挥着关键作用,教学前要认真准备,选择合适的教学方法,教学实施过程中也要不断观察学生能否理解,能否跟上进度,观察活动的组织是否合适,教学结束后也要及时反思,及时调整。

第六章　汉语作为第二语言语法教学

在汉语作为第二语言教学中,语法教学一直占据着核心地位,第二语言语法教学研究也一直是汉语二语教学微观研究层面的中心。

第一节　语法概说

一、语法的含义

语法有两层含义。

首先,语法是指语言的结构规则,即语言中由较小的语言单位构成较大语言单位的规则,包括词法和句法两部分。词法指语素组合成词的构成规则以及词的屈折变化的规则;句法主要指词组合成句子的规则。这个意义上的语法具有客观性,它潜存在说这种语言的人的大脑中,每个人都需要遵守,不说话时似乎看不到摸不着,只能通过言语表现出来。

其次,语法这个术语还可以指语法学,是人对语言客观抽象规则的概括反映。这个意义上的语法具有主观性,由于有了人的参与,不同的人(主要是语言研究者)对客观语法的主观认识会有差异,于是就产生了形形色色的语法,如传统语法、形式语法、功能语法等。这些语法理论对第二语言教学都具有不同程度的指导意义。

二、汉语语法的特点

每种语言的语法都表现出自己的一些个性,谈及汉语语法的特点,往往是跟有形态变化的印欧语言比较得出的结论。前辈时贤对汉语语法的特点多有论述,我们这里从汉语作为二语教学的角度概括性地阐述一下。

1. 没有严格意义上的形态变化,词类与句法成分不对应

与印欧语言相比,汉语没有"性、数、格、时、体、态"等形态变化,我们不能从词形上判断某个词是动词,某个词是名词,某个词是形容词,只能根据词进入句子之后的表现出来的句法功能来判断。以动词"学习"为例:

我学习。("学习"单独作谓语)
我学习汉语。("学习"带宾语)
学习资料("学习"作定语)
汉语学习("学习"受名词修饰,作中心语)
学习需要持之以恒。("学习"作主语)

由上述例子可见,"学习"作谓语、定语、主语、中心语时,词形没有任何变化,以有形态的语言为母语的汉语学习者在学习时,可以完全不用考虑形态的问题,这也是学生学习汉语语法的一个有利因素。当然,没有形态变化也导致了汉语词类的多功能性,一个词语可以充当不同的句法成分,汉语学习时需要通过不断举例和操练让学生明确这一点。

2. 汉语的词、短语、句子的规则具有很强的一致性

我们所说的常见的五种结构关系:联合、主谓、动宾、动补、偏正,不仅存在于构词层面,也存在于短语和句子层面。例如:

动人(动宾式复合词)
吃米饭(动宾短语)
我吃米饭。(动宾谓语句)

一个规则三处用,可以给汉语学习者提供很大的便利,虽然我们不提倡授课时过多使用"偏正、联合"等专业的语法术语,但是在对词义、短语义进行分解时,实际上往往已经将这种结构关系"告知"给了学生。汉

第六章 汉语作为第二语言语法教学

语中,一个句法结构如果处于被包含状态,就是短语,如果单说,则成为句子。例如:

<u>吃米饭</u>的时候速度别太快。(短语)
中午吃什么?<u>吃米饭</u>。(句子)

从中可以看出,汉语中,词可以构成短语,词(更多指实词)和短语则都可以实现为句子,即二者加上语调就变成了句子。从这个角度来看,二语学习者学起来无疑更容易。

3. 汉语的语序既具有强制性,又表现出灵活性

汉语没有形态变化,在有形态的语言中通过形态表现出来的东西,就需要通过其他手段去补偿,于是语序在汉语中就相当重要了。例如:俄语 я читаю книгу. (我读书。)改变语序写成 книгу читаю я. (直接对译为:书读我。)也未尝不可,因为句中三个词身上有不同的词形变化,就好像不同职业的人穿的服装(如警察穿警服,医生穿白大褂),从外表一看就知道了每个词的身份,如 книгу 就是宾格形式,如果是主格形式就要用 книга。由于汉语没有这些形态变化,因此就必须通过语序将词和词之间的组合确定下来,"我喜欢这只小狗—这只小狗喜欢我","早来了—来早了","不怕辣—辣不怕—怕不辣"等,语序不一样,表达的意思就不同,即汉语语序具有强制性。

但是有意思的是,很多情况下,汉语语序有具有灵活性。"我吃完苹果了"和"苹果我吃完了"表意一样,当然在具体语言使用中,两个句子凸显了不同的话题,即第一个以"我"为已知信息,回答的是"你吃完苹果了吗?"这个问题,而第二句以"苹果"为话题,是针对"苹果"进行说明,回答"苹果呢?"这样的问题。此外,汉语中有很多"主宾互易句",主语和宾语互换意思不变,例如"一张椅子坐两个人—两个人坐一张椅子""三里地走了半个小时—半个小时走了三里地"等。汉语语序固定又灵活的特点,可能会让不少二语学习者摸不到头脑。

4. 虚词、量词、代词使用复杂

汉语的虚词是汉语作为二语教学的重点,很多虚词也是难点所在。虚词没有词汇意义,只有抽象的语法意义,有的虚词在不同的语境中表

示不同的语法意义,加之虚词的个性都很强,往往需要一个个单独学习,因此学习时并不好把握。例如现代汉语常用的虚词"了",既可以表示动作的完成,又可以表示语气。同样用于句末,在"天黑了。"中表示已经发生的变化,在"别玩了,吃饭了。"中有表示提醒听者注意某个动作即将开始,在"别生气了。"中表示中止性变化,在"你的汉语说得太棒了!"中表示感叹等。仅一个"了"的用法就如此繁杂,难怪学生经常会出现偏误,有时甚至回避使用。

汉语的量词同样是词类教学的一大难点。据统计,汉语中常用量词达八百多个,每个量词都有其固定搭配的名词,而且名量之间的搭配很多都难以找到理据。例如同样指称两个的量词"对、双、副",我们说"一对耳环、一对耳机、一对瓷娃娃""一双筷子、一双鞋、一双手""一副手套、一副眼镜、一副对联"等,而有时"双/对"又可以搭配相同的名词,如"一对/双大眼睛、一对/双翅膀"等。对于我们汉语母语者来说,这些都不是问题,但是对于汉语二语学习者而言,如果只能靠死记硬背来记住的话,无疑对其是一个很大的负担。近义量词"对/双/副"的量名搭配能否总结出规律以告知学生?目前的情况是教师只能尽量寻求理据,但是仍有很多量名搭配似乎"无规律可循",而量词的本体研究本身还很薄弱,教学中如何让学生更快更好地掌握是特别需要深入研究的问题。

此外,汉语代词的运用也具有特殊性。代词本身是具有替代作用的词,但是汉语中的代词生发出了很多引申用法。以疑问代词为例,疑问代词本来表示疑问,而汉语中的疑问代词却可以有很多非疑问用法。例如:

我哪儿也不愿去。爸爸什么也不想吃。(指代相关的任何地方或东西)
教室里好像有谁在抽烟。(指代不知道、说不出的人)
能吃什么就吃什么。(不定指)

而且,疑问代词"什么"还可以表示列举和否定。例如:

什么羊肉,什么牛肉,我都不喜欢吃。(列举)
A:这次考试她可是考了满分。
B:什么满分,还不是抄出来的。(否定)

这些用法学生母语中没有,都成为汉语学习的难点。

5. 存在特殊的结构和句式

汉语中还有一些具有特性的特殊的结构句式。例如汉语语法教学中公认的难点"把字句",很多语言中并没有对应的结构,学生"想不起来"使用。很多学生对该句式的基本语义"处置义"难以理解,就会说出"我把衣服买在网上"这样的偏误句子,因为常常用错,所以很多二语学习者采取回避的学习策略,能不用就不用。

又如汉语中的动补结构,语义类型丰富,形式上有的必用"得",有的则一定不能用"得",有的用与不用皆可。动补结构在汉语中是词和词的组合,但是在很多语言则用一个词来表示,例如"我的杯子打坏了。"用英语表达就是"My cup is broken."。"他跳舞跳得很好。"英语中直接使用副词作状语,"He dances very well."

这些特殊的结构都给二语学习者增加了学习难度。

总之,学习任何语言的语法都有难的一面,也有易的一面。汉语教师需要充分认识到汉语语法的特点,在教学过程中增强语言对比意识,"扬长避短",对于难的语法点灵活运用合适教学方法进行操练。

三、语法的分类

(一)理论语法与教学语法

理论语法把语言作为一种规律的体系来研究,目的在于揭示通则,对语法的系统和语法的规律做出理论的概括和说明。理论语法本质上是一种假设性解释模型,由于科学信仰上的不同,看问题的角度各异,语法史上产生了很多理论语法,比如转换生成语法、蒙太古语法、系统功能语法、认知语法、篇章语法等。理论之间难分对错。然而,衡量理论的优劣却有可能,就是所谓理论在方法上的内部一致性(系统性)、理论本身的简洁性和对语言事实的解释力与可操作性,这也是理论语法的基本共性。

教学语法是根据语法教学的要求所制定的语法系统,它以服务教学为目的,以提高学习者的语言运用能力为目标,内容规范,简洁扼要,具有系统性,着重研究语法形式的用法。如中华人民共和国成立后的第一本对外汉语教材《汉语教科书》就第一次明确了汉语作为第二语言教学的语法体系。

理论语法把语言作为一种规则体系来研究，教学语法则把语言作为一种运用的工具来学习，二者既有区别又联系紧密。针对理论语法与教学语法的区别，许国璋(1988)曾做过详细的阐述："供语言学研究的语法，目标是明语法的理；分类要求有概括性和排他性；以最少而又足够的例子说明类别；对象是语言研究者，学术兴趣比较一致。教学用的语法，目的是致语法的用；分类不要求严格，以说明用途为主；例子力求详实，本身就是学习的材料；对象是语言学习者，学习条件不尽相同。"这段论述从研究目标、分类、例子、对象、条件等多个方面陈述了理论语法与教学语法之间的区别。因此，在实际研究和应用中，应该将二者清晰地区分开来。

此外，理论语法与教学语法之间又有紧密的联系。理论语法是教学语法的基础，理论语法的研究水平直接制约着教学语法的水平，像汉语教学中的难点"了"，就是在汉语本体研究不断推进的基础上逐渐明了的。反之，教学语法是对理论语法研究成果的应用，是对理论语法的验证和检验。在教学语法过程中会不断发现新问题，从而对理论语法的研究提出新的课题，从而推动理论语法研究的进一步深入。

(二)描写语法与解释语法

描写语法是从特定角度用特定方法对语言结构进行描写，被描写的内容是说本族语者实际遵循的规则。描写的目的是建立某种理论。如结构语法，主要任务是细致描写某一种语言的结构规则，但是并不会研究这些结构产生的原因。描写语法是所有语法的基础，重在回答"是什么"。

解释语法是从多种角度对语法现象进行合理解释，主要解释语法现象和规则产生的原因。解释语法主张综合采用语言学的方法，并兼用社会学、人类学、心理学、逻辑学等多学科方法，来探讨语法现象和规则的来源。解释语法重在回答"为什么"。

对外国人的语法教学，当然要让学生了解汉语语法"是什么"，掌握相应的语法规则。但由于不少汉语二语学习者是成年人，他们早已经掌握了自己母语的语法规则，有成熟的思维，常常在学习汉语的过程中思索"为什么",有时还会提出"为什么"。教学中,有的汉语教师经常用"约定俗成"来回答"为什么",但这并没有给学生一个可以接受的解释,很多学生喜欢刨根问底"知其所以然"。如果汉语教师能知道语法规则产生的原因,能恰到好处地说明"为什么",就可以促进学生对语法的掌握。即使学生没有问"为什么",教师心里明白"为什么",也可以在教学中潜移默化地将"为什么"融入教学,有利于促进学生掌握汉语语法规则。

第二节　汉语母语语法教学与汉语作为第二语言语法教学

同样是进行语法教学,对汉语母语者教语法和对汉语二语学习者教语法有什么不同? 这个问题是每一个汉语教师应该明确的基本问题。我们先来看一个教学案例:

教师:同学们,现在我们来学习把字句。把字句是汉语里很重要的一个语法点,例如,我把饭吃完了。把字句的基本句式是:主语＋把＋宾语＋动作＋其他成分。它表示的基本语义是"处置"。"把字句"有下面的特点:

第一,"把字句"的动词不能是单个动词,后面要有其他成分,比如这里的"完"。

第二,否定词、修饰词等要放在"把"的前面,比如,我们可以说,我没把饭吃完。

第三,"把"后面的宾语应该是确定的,这里的"饭",听话人、说话人都知道具体是什么饭。

好,现在请跟我读下面这些例句……

这位老师对二语学习者讲解"把字句",是否合适呢? 答案是否定的。这位老师的教学之所以不成功,是因为她并未厘清对汉语母语者的语法教学和对汉语二语者的语法教学有什么区别。

一、汉语母语语法教学

汉语母语语法教学的目的是系统讲授汉语语法知识,以进一步提升母语者的语言水平和写作水平。汉语母语者从小在汉语环境中长大,自然习得了汉语,当他们进入学校接受教育时,每个人都已经比较熟练地掌握了这种语言,只不过并没有意识到自己在用母语的语法规则说话,也并不明确母语的语法规则究竟有哪些。母语语法教学就是要将母语者头脑中的潜在的语法规则显性化、系统化、条理化。如果说,上面的案例面对的教学对象是正在学习"现代汉语"课程的汉语国际教育专业的本科生,这样的教学还是基本合适的。

在教学内容方面,母语语法教学就是要将母语的语法知识系统性地讲解出来,如从词类到短语再到句子,让学生对母语语法知识体系有一个清晰的认识。对于学生而言,教师所讲的语法规则听就听了,谁在说话的时候也不会去考虑有没有按照教授的语法规则说话。而且汉语母语语法教学直接像学生说明母语抽象的语法规则即可,不需要给学生创设一定的语境。

二、汉语作为第二语言语法教学

汉语作为第二语言的语法教学跟母语语法教学有显著不同,其最终的教学目的是培养学生的汉语语法能力,提高他们用汉语进行交际的能力。二语学习者对目的语的语法规则完全不清楚,全听老师讲解,老师怎么讲的,他们就按照规则怎么说,而且很多情况下还喜欢类推,一类推往往还容易出错。

对于二语语法教学来说,教师绝对不能一言堂,而是需要创设各种情境让学生去操练,在具体语言运用中掌握语法规则。我们来看北京语言大学刘希明老师关于"把字句"的讲解:

(教师把事先备好的一瓶鲜花从讲台上拿来放在某位同学的桌子上)
教师:同学们,老师刚才做什么了?
学生:老师放花在妮娜桌子上了。

第六章　汉语作为第二语言语法教学

学生2：老师放花，花在妮娜的桌子上。

学生3：……

教师：大家说得都不对，我们应该这样说：老师把花放到妮娜的桌子上了。（教师在黑板上写下这个句子）

请跟我读：老师把花放到妮娜的桌子上了。（多次朗读，学生个别读）

（教师将花又拿到讲台）现在老师做什么了？（指着黑板上的"把"）

学生：老师把花放到讲台上了。

教师：很好。这个句子是我们今天学习的"把字句"。（写下把字句的公式）

S＋把＋O1＋放＋到＋O2＋（了）

（教师做动作：把书放到讲台上）

教师：现在老师把书放到妮娜的桌子上了吗？

学生：没有。

教师：对，我们用"把"怎么说？一起来，老师没把书放到妮娜的桌子上。

（板书写出"把"字句的否定形式，凸显"没"）

大家要注意"没"的位置。下面大家继续看我的动作。

……

在这个教学中，教师利用课堂的真实情景，通过做动作，引出要学习的"把字句"。整个教学过程，教师并没有讲解"把字句"的各种语法知识，主要就是让学生在情景中用"把"字句进行表达，但是也较为隐性地说明了"把字句"的结构，使用时要注意的问题等。这样的教学才是汉语作为第二语言语法教学的正确的打开方式。

此外，就教学内容而言，汉语作为第二语言语法教学的内容也与汉语作为母语语法教学不同。如汉语的量词，如给汉语母语者讲解，就主要涉及量词的语法功能、量词的分类体系等语法知识，而给汉语二语学习者讲解，则需要重点说明和练习量名搭配，基本上是出现一个量词就讲一个量词。再如，汉语中有很多常用格式，如"×什么×（吃什么吃）""还×呢（还老师呢，这个字都不认识）""非……不可（非去不可）""好你个×（好你个大骗子）"等，汉语母语语法教学都不会涉及，而这些却是汉语作为第二语言语法教学的重点和难点。

155

三、汉语作为第二语言教学的语法点数量

2021年颁布实施的《国际中文教育中文水平标准》规定了每一级中文水平应学习的语法点的内容和数量（表 6-1）。每一级基本按照语素、词类、短语、固定格式、句子成分、句子的类型、特殊表达等方面分级进行说明。

表 6-1 《国际中文教育中文水平标准》各级语法点数量[①]

	初等			中等			高等
	一级	二级	三级	四级	五级	六级	七～九级
语法点数量	48	81/129	81/210	76/286	71/357	67/424	148/572

第三节 汉语语法教学的原则

《国际汉语教师标准》明确了国际汉语教师语法教学的标准,即能了解汉语语法教学的基本原则,具备将汉语语法知识传授给学习者的能力和技巧。具体来说,汉语教师应具备如下能力:熟悉并掌握汉语语法的基本知识和特点,了解并准确运用描写汉语语法规则的概念、术语等;了解和熟悉汉语教学语法的体系、内容,熟悉汉语语法项目的选择、等级划分与排列等;能根据学习者不同的学习目的、汉语水平,制定不同的汉语语法教学方案;熟悉并掌握汉语语法的主要特点,并能运用适当的教学方法和技巧进行教学;了解学习者学习汉语语法偏误的情况,熟悉主要语种学习者学习汉语语法的难点,并能提出有效的解决方案;能够恰当选用不同的教学策略、方法和技巧进行语法教学;具备根据不同学习者、

---

① 表格中"/"前后两个数字,前面的数字表示本级新增的语法点数量,后面的数字表示截至本级累积的语法点数量。高等阶段的语法点数量没有按级细分。

第六章 汉语作为第二语言语法教学

不同教学环境对汉语语法教学方法加以综合、发展和创新的能力。

明确语法教学的基本原则是汉语教师进行语法教学时应该始终秉承的理念。学者们从不同角度对汉语作为第二语言语法教学的原则提出自己的认识,如"精讲多练、深入浅出、分散难点、注重用法"(张和生,2006),"语法项目选择体现语法体系总特征、语法点排序由易到难、从交际出发"原则(周小兵,2009),"注重结构、语义、功能相结合的汉语语法教学;注重语法形式与意义相匹配的认知解释;注重在交际活动中进行语法教学;注重循序渐进、复式递升的语法教学;注重针对学习者语法偏误进行语法教学;注重语法教学的(师生)互动性、多样性和趣味性"(《国际汉语教师标准》)等。这些原则都对语法教学具有很强的指导意义。下面我们谈谈对语法教学总体原则的认识。

一、"精讲多练"原则

"精讲多练"原则是汉语作为第二语言教学应当遵循的最基本、最重要的原则,在汉语语法教学中贯彻"精讲多练"原则尤为重要。我们知道,对各个语言要素而言,语法的学习最受学习者重视。在课堂教学中,教师也会拿出相当多的时间,花费相当大的精力进行语法的讲授。由于语法往往比较复杂,此时,切记教师不要说得过多,其实只要设计得当,很多时候不需要教师过多讲解,学生就能在语境中明白。一般来说,"讲"和"练"的比例控制在 3∶7 较为合适。

二、"三个平面"原则

语法,虽然是指语法规则,但是汉语作为第二语言语法教学绝对不能只教语法规则,而是需要兼顾到句法、语义、语音几个层面,即语法教学的"三个平面"原则。

"三个平面"理论是 20 世纪 80 年代由我国的语言学家胡裕树、张斌在借鉴西方语法理论的基础上,结合汉语实际提出的,认为语法研究要考虑句法、语义、语用三个方面,其中"句法"是指词语间的内部结构,"语义平面"要研究句子中词义之间的语义关系,"语用分析"就是要研究人们怎样运用语词组成句子进行交际。三个层面之间既相互独立,又紧密联系,不能混为一谈,也不能完全分裂。句法是基础,语义和语用关系只有通过句法才能显现出来,其中句法和语义之间是一种表里关系,即形式和意义的关系。句法、语义和语用之间则是一种客观和主观的关系,即载体和信息的关系,句法、语义是静态的,语用则是动态的。"一个合语法的句子,在通常情况下,要求做到'三合',即合语法规则,合语义规则,合语用规则"(范晓,胡裕树,1992)。

"三个平面"理论对我们进行汉语第二语言语法教学具有极大的指导意义。教学过程中,我们发现学生出现的很多偏误有时是因为语法规则没有掌握,也有很多时候是因为句子的语义、语用表达不合适。吴中伟(2007)也指出:"我们这里所说的语法教学不仅仅指句法平面,也包括语义平面与语用平面;不仅仅局限于句子结构规则,也包括语篇规则。有时,一个句子从句法上看也许没有问题,但是结合词语的语义关系、指称特点、信息焦点等,它就不一定能成立。"

下面我们看几个外国学生的偏误:

①你把那本词典能给我吗?
②我学习汉语在聊城大学。
③我把衣服买在网上。
④A:你来过中国吗?
　B:我不来中国。
⑤杰克汉语很好,动不动就得一百分。
⑥老师,我不知道说什么,您先抛砖引玉吧。

上面的偏误句子,①和②显然是因为没有掌握好汉语的句法规则,汉语"把字句"能愿动词应该放在"把"的前面,地点状语应该放在动词前面,这些都是句法层面上的偏误。句③完全符合"把字句"的句法格式要求,但是为什么不对呢?究其原因是因为没有明白"把字句"表示"处置"的语法意义,当主语通过一定的动作,对宾语产生了处置,使其发生了某种改变或产生了某种位移时,这时我们才用"把字句"。如"我"通过做出"放"的动作,让"把"后面的宾语"书"产生了位移,于是我们说"我把书放到了桌子上"(书原来并不在桌子上),而句③却并不是"我"通过"买"这个动作让"衣服"在"网上"(衣服本来就在网店里),因此句子不合格。同样句④"我不来中国"并没有句法上的错误,可是这里要表达对以前事情

第六章　汉语作为第二语言语法教学

的否定需要用"没","不"侧重于对现在或惯常行为的否定,这里未厘清"不、没"两个否定副词的语义。句⑤的表达仍然符合句法规则,"动不动"在词典中释义为:经常发生的情况,从释义而言,说话者似乎也没用错,但是要知道,"动不动"除了表达"经常"之义外,还暗含这件事情不好,并不是说话人理想中的情况之义,如我们可以说"你们俩别动不动就吵架",这里"考一百分"一般来说都是大家祈愿发生的好的情况,因此一般不能用"动不动"来修饰。句⑥"抛砖引玉"是说话人自己自谦的说法,这里让老师抛砖引玉,显然不得体。这些偏误都是属于语用偏误。

　　由上述分析可知,学生可能出现句法偏误,也会产生语义偏误、语用偏误,一般来说,句法偏误相对好纠正,教师只需要告诉学生正确的语法规则,但是语义、语用偏误往往纠正难度较大。在汉语作为第二语言语法教学中,绝不能仅仅让学生明白语法点的结构特征,能够说出语法上正确的句子就行了,更重要的是让学生明白语法格式的表达功能、语用环境和使用条件,不仅要用得正确,更要用得得体。教师一定要有"三个平面"意识,将句法、语义、语用三个平面综合起来,不可忽视任何一方面。

三、操作性原则

　　在汉语语法教学中,教师要始终坚持以实践为目的的语法教学。也就是说,在语法教学中,要坚持操作性的原则。特别是在初级阶段的语法教学中,操作性原则显得尤其重要。

　　在语法教学中,教师要将操作性原则贯串语法教学始终,突出操作训练环节,尽量弱化语法规则的讲解。首先,在语法学习的初级阶段,对课文、练习或学生在练习或作文中的病句,进行有针对性的讲解,潜移默化地影响学生的语法学习。其次,在语法学习的中高级阶段,适当加大语法规则讲解比重,提高学生汉语语法的分析能力。同时,仍然要加强操作训练,让汉语语法最终内化为一种稳固的语言能力。在这个阶段,教师要注意内容的准备和安排尽量贴近学生实际生活,内容要尽量充分,将大量的日常句式放入练习中,以让学生为以后的学习做好充分的准备。再次,在语法教学中,教师可以给学生多准备一些能够听懂的假设,最好以日常生活的口语例句来作为讲授语法规则的例句,这样可促进学生学以致用。最后,在语法教学中,可以适当穿插口语操作的内容,适当降低学习难度,以大大提高课堂教学的趣味性和学生学习的主动性。

四、交际性原则

交际性原则和操作性原则具有相通之处,不过二者的侧重点不太一样。汉语二语教学需要始终秉持交际性原则的理念,这和语言教学的根本目标是一致的。为此,在设计学生操练活动时,最好选择一些交际性练习,以真实或接近真实的情景为依托。如讲授"是……的"结构,教师可以以学生的实际情况切入进行操练。

教师:杰克,你是什么时候来中国的?
学生:……(就这个问题多次提问不同的学生)
教师:山本,杰克是什么时候来中国的?
学生:……
教师:你是怎么来的?
学生:……
教师:玛丽,你今天早上是几点来教室的?
学生:……
教师:你是自己一个人来的吗?
学生:……
教师:××,你以前学过汉语吗?你是在哪儿学的?
学生:……

通过这种贴近学生生活的提问,让学生不仅有表达的欲望,而且明白学习了这个语法点就可以在生活中直接使用。接着,教师可以给学生布置交际性活动任务:小采访。将班级的学生分为若干小组,每个小组3~6名同学,请学生询问各自周末做的事情,使用"是……的"提问和回答,采访结束后完成任务表格(表 6-2)。最后请小组派代表成员向全班同学进行汇报。

表 6-2 "是……的"任务练习表格

姓名	去哪了?	怎么去的?	什么时候去的? 什么时候回来的?	和谁一起去的?

五、"不讲语法"原则

　　进行汉语第二语言语法教学,如何做到"不讲语法"?其实,这里所说的"不讲语法"主要是指不要大讲特讲语法知识。母语语法教学与二语语法教学是有很多不同之处的,很多新手汉语教师往往会忽视二者之间的区别,在进行二语语法教学时不是以操练为主,而是不知不觉就涉及了大量的语法术语,讲解了过多的语法知识。汉语第二语言语法教学应该是一种隐性的语法教学,以润物细无声的方式让学生不知不觉就"学会"了汉语语法。这就需要教师能够做到"心中有剑,手中无剑",让学生参与语法学习。如果说传统的语法教学更偏重于替换练习、改写练习,伸手向学生要句子,那么目前的语法教学更强调体验式学习,创设语境、提供图片、多进行交际性练习。

第四节　汉语语法教学的方法

　　一个完整的语法教学,包括三个环节,依次为导入、讲解和操练。很多情况下,三个步骤不能截然分开。但是为了阐释得更清楚,我们可以分开说明。

一、导入的方法

导入是指教师采用一定的方法引导学生的注意力转向语法的学习上,方便让学生初步了解语法的形式、语义和语用,为后续讲解奠定基础。

语法导入标志着语法教学环节的开始,起着承上启下的作用。具体来说,导入具有以下作用。第一,增加课堂互动性,吸引学生注意力,活跃课堂气氛。第二,帮助学习者理解语法的用法,降低学习难度。

在导入这一环节,常用到的语法导入方法有直接导入、例句导入、情境导入、闲聊式导入、纠错导入、语言对比导入等。

(一)直接导入法

这是最简单的一种导入方式。比如,"今天(现在)我们学习……"。然后板书一个课文中或自编的例子。这种导入方法比较简便易行,弊端是缺乏互动性。

(二)例句导入法

用课文或自编的例句导入。比如,教师在讲解"动词重叠"这一语法项目以前,先带领学生复习刚刚学过的对话,然后用对话中"我能试试这件衣服吗"这句话作为例子,导入到动词重叠式。

(三)闲聊式导入法

教师围绕某个话题,以轻松的口吻跟学生聊天,教师提问,学生回答,在师生之间看似闲聊的一问一答中把语法点带出来。比如,导入动态助词"过"(表示有过某种经历)时,教师故意问班上的同学"你是第几次来北京""谁不是第一次来北京"这样的问题,然后走到不是第一次来北京的学生面前,提问"你来过北京,是吗?"这样就带出了所要讲授的语法点。这种导入方法使用起来比较方便,不需要准备其他材料,但需要教师对学生的情况比较了解,对话题和问题进行精心设计。

第六章 汉语作为第二语言语法教学

(四)纠错导入法

教师在讲授某个语法点时,先展示一些在留学生中常见的错误说法,然后带领学生一起纠正错误,最后给出正确的说法,通过正误对比使学生对所学语法点的印象更加深刻。比如,导入"处所词语作状语"(表示动作行为发生的处所)这一语法点时,教师事先板书几个错误的句子:

* 我上网在宿舍。
* 我买手机在网上。
* 我学习汉语在中国。

先请学生判断对错,然后告诉学生都错了,而且是外国学生常犯的错误,最后告诉学生正确的说法。这样很容易引起学生的兴趣,使其产生有利于语言学习的探究欲望。

(五)语言对比导入法

教师在讲授某一语法项目时,将该语法项目在目的语中的说法与学习者的母语或媒介语进行对比,以引起学习者的兴趣,同时也加深了印象。比如,下面这个"比"字句教学的导入就使用了这一方式。

(教师板书:A is tallerer than B.)
教师:汉语怎么说?
学生回答。
教师板书:A 比 B 高。

教师画线标出有差别的词语在英、汉语中的位置,引导学生关注英语和汉语的语序差异。

(六)情境导入法

教师创设一定的情景,然后从情景中引导出一个例句,利用情景帮助学习者更好地理解语法点的用法。根据创设情景手段的不同,情境导入分为行为演示导入、实物导入、图片导入、音频、视频导入。

行为演示导入是指教师演示某个动作行为,要求学生说出教师做了什么,由此导出例句。例如前文"把字句"的讲解就是采用这种方式。这样学生结合情景,更容易理解"把字句"的含义及语用环境。

实物导入是指借助一定的实物设置情景,再通过提问引出语法点。如学习表示存在的"V着"句,教师也可以在墙上贴张地图、在桌子上放个水杯,引导学生说出"墙上贴着一张地图,桌子上放着一个水杯"这样的句子。

图片导入是指教师先展示一定的图片,然后通过提问引导学生说出包含语法的例句。比如学习"A比B更+adj."这个比较句,教师可以配合图片这样导入:

教师:(PPT出示乔丹的图片)大家看,这是谁?
学生:乔丹。
教师:乔丹高吗?
学生:很高。
教师:(PPT出示姚明图片)这是谁?
学生:姚明。
教师:姚明高吗?
学生:姚明很高。
(PPT出示姚明和乔丹站在一起的图片)
教师:我们可以说:姚明比乔丹更高。请跟我读……

又如学习复合趋向补语"V出来"的引申用法,可以依次出示如下图片,让学生猜猜是什么汉字。

这三幅图片的出示顺序是有要求的,图片一相对比较简单,一般来说大部分同学都能猜出来,于是引出"V出来"的肯定用法(猜出来)。图片三的难度比较大,可能班中绝大部分同学猜不出来,由此引出"V出来"的否定用法(猜不出来)。这样不仅能引出要学习的语法点,而且看图片猜字谜这个活动能够充分调动学生的兴趣,让他们感受"图画"一样的汉字。

音频、视频导入是指教师播放一段音频或视频,然后就学生听到或看到的内容提问,引导出例句。比如,讲授"可能补语"时,教师可以播放两段歌曲音频,一个音频声音很清晰,一个音频声音很小,分别提问"这首歌你们听得清吗",引导学生说出"我们听得清"和"我们听不清"这样两个例句。

总体来看,各种导入方法中我们更建议多运用情景导入法,让学生在情景中感知也符合学习的认知。在语法教学中,设计导入时,一定要注意导入的设计要有目的性,侧重结构感知,或侧重语义感知,或侧重功能感知。同时,导入的设计要合理,要自然、有效,不能太牵强。

二、讲解的方法

讲解就是把语法项目的有关规则教授给学生,帮助学生理解和掌握。在语言教学中,对语法规则的解释和说明是非常有必要的。第一,虽然我们可以借助情景和例句来帮助学生自己体会语法点的语义和用法,但还是需要必要的"引导"和"点拨",以帮助学生把对语法点结构、语义和功能的认知,从感性认识上升到理性认识。第二,尽管教材对语法点的说明通常有英语注释,学生可以阅读注释,但有时仅凭注释去理解语法点的用法是不够的。第三,有的学生看不懂注释,仍然需要教师讲解。第四,学生常常会问一些教材并未提到的语法知识,也需要教师给学生进行讲解。

常用的语法讲解方法有演绎法、归纳法、对比法、以旧释新法、图示讲解等。

(一)演绎法

演绎法是指教师直接阐释语法规则,然后列举若干例句。比如,下面这个教师的"把字句"的教学就使用了演绎法。

(教师已经通过做动作让学生说了两个句子:老师把书放在桌子上了。/老师把地图贴在墙上了。并将其在PPT上展示,用不同颜色凸显不同部分,如下图)

老师　　把　书　　　　放在　桌子上了。

老师　　把　地图　　　贴在　墙上了。

教师:好,这就是我们今天学习的"把字句"。好,现在我们看,"老师"是什么?对,主语。主语把东西或者人,用一个动作,后边是"在什么地方"。(教师边说边动画呈现格式)

S　+　把 东西/人　+ V 在 + 地方

老师　　把　书　　　　放在　桌子上了。

老师　　把　地图　　　贴在　墙上了。

教师:刚才"书"在哪?
学生:老师手里。
教师:老师做了"放"的动作,现在书在哪儿?
学生:桌子上。
教师:这就是"把字句",主语把东西或者人,通过一个动作,让人或动作有了变化。现在我们看视频回答问题。(进一步操练)

(二)归纳法

教师先展示一定数量的例句,培养学生初步的语感,然后由教师直

第六章　汉语作为第二语言语法教学

接概括出或引导学生概括出语法规则。下面这位老师讲解动词重叠式的方法,就采用了归纳法。

(刚刚复习完上节课学习的课文,课文是一段关于购物的对话,复习方式是每个学生读一句)

教师:玛丽想试衣服吗?
学生:想。
教师:(指着课文中的一句话)她怎么说的?
学生:我试试可以吗?
教师:很好。上节课我们学了"试"这个词,"试"是几个字?
学生:一个。
教师:"试试"呢?
学生:两个。
教师:两个一样吗?
学生:一样。
教师:很好,这就是我们这节课要学的动词的重叠。
(PPT呈现单音节动词的重叠方式:A→AA。)下面我们看看哪些词可以重叠,(PPT呈现一些可以重叠的动词及其重叠式)来跟老师一起读。
学生:……
教师:很好,注意老师第二个字读得怎么样?
学生:很轻。
教师:很好。下面大家试一试,来读一下,一人一行。
学生:……
教师:喝喝什么?××。(点名某位学生)
学生:喝喝饮料。
教师:写写什么?
学生:写写字。
教师:还能写写什么?
学生:写写作业。
教师:(PPT呈现双音节动词"学习")大家想想,学习应该怎么重叠?是学学习习?还是学习学习?
学生:学习学习。

教师:很好,学习是几个字?

学生:两个。

教师:来看两个字的动词怎么重叠。(PPT先呈现双音节动词重叠方式:AB+ABAB,然后呈现若干个双音节动词及其重叠式。)来我们再练习一下,一人读两个。

学生:……

教师:注意还是第二个字要读得轻一点儿。打扫打扫什么?××。

学生:打扫打扫教室。

教师:预习预习什么?

学生:预习预习课文。

教师:很好。我们看刚才的这些动词,都是什么样的动词?

学生:(沉默)

教师:有没有动作?

学生:有。

教师:所以,表示动作的动词可以重叠。我们看这几个词,能够重叠吗?(板书"怕""喜欢"两个词)有没有人说怕怕、喜欢喜欢?

学生:没有。

教师:这样的动词是什么动词?(用手指向心脏的位置)

学生:心理动词。

教师:对,心理动词不能重叠。再看这几个动词,是我们经常用到的。(板书"是""有""在"三个动词)可以说"是是、有有、在在"吗?

学生:不可以。

教师:对,这样的动词也不能重叠。

这位教师共讲解了单音节动词重叠方式、重叠音节轻读、双音节动词重叠方式、动词重叠的范围限制等语法知识,都采用的是归纳法,先展示例词和例句,然后引导学生一起归纳有关的规则。

(三)对比法

对比法是指通过对比显现语法的结构、语义或语用特点。语法教学中的对比可以是不同语言之间的对比,即语际对比,也可以是同一种语言内部的对比,即语内对比。例如教师配合图片采用对比法进行"会"和

"能"的讲解,让学生明确两词在表示"能力"时的区别。

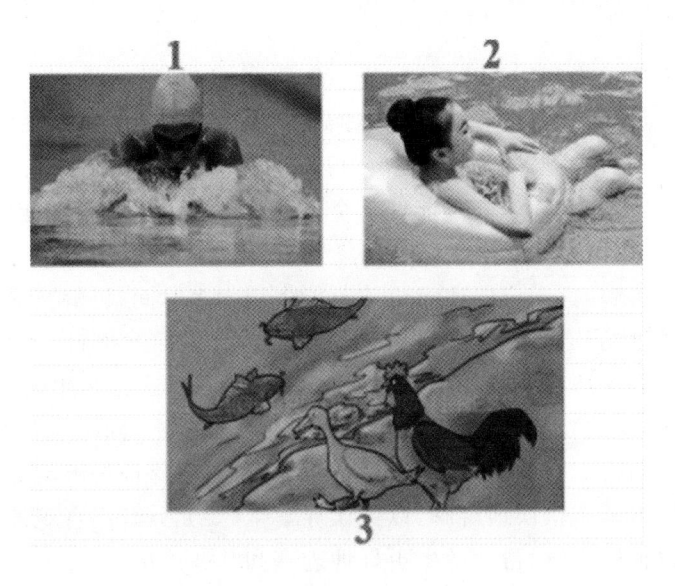

教师:(出示图片1)他会游泳吗?

学生:他会游泳。

教师:(出示图片2)她会游泳吗?

学生:她不会游泳。

教师:对,她用游泳圈,她不会游泳。

教师:(出示图片3)鱼会游泳吗?

学生:鱼会游泳。

教师:鸡会游泳吗?

学生:鸡不会游泳。

教师:鸭子会游泳吗?

学生:鸭子会游泳。

教师:鸭子会游泳,可是它今天能游泳吗?(指着图片3中鸭子受伤的脚)

学生:不能游泳。

教师:鱼会游泳,鸭子也会游泳,但鸡不会游泳。鸭子会游泳,但是今天不能游泳。"会"表示能力,是后来学会的技能。"能"可以指在条件具备后才有的技能。

(四)以旧释新法

该方法是指利用学生已经学过的语法知识帮助学生理解新的语法知识。比如,讲授"可能补语"时,如果学生已经学过能愿动词"能"的用法,就可以利用"能"的用法来解释可能补语的语法意义,将可能补语的语法意义解释为"表示能不能做某个事情","吃得完"就表示能吃完,"吃不完"表示不能吃完。

语法讲解时,一定要注意讲解不能占用太多时间,讲解要简短,要充分利用学生的认知潜能,通过合理的教学设计引导学生自主理解语法,要尽量降低语法教学的枯燥性;要深入浅出,运用适合学生语言水平的讲解用语,遵循"不讲语法"原则,尽量少用专业术语,同时也要避免使用超出学生语言水平的语句,以保证学生能听懂;要保证讲解清楚,避免模糊不清地讲解和错误地讲解,以免误导学生;要充分利用直观的、生动的教学手段辅助讲解,帮助学生更好地理解和掌握语法。

(五)图示讲解

讲解一些较难理解的语法点时可以配合图示进行比较直观、形象的解释。例如学习复合趋向补语"V过来"和"V过去"的引申用法,教师可以画出如下图示:

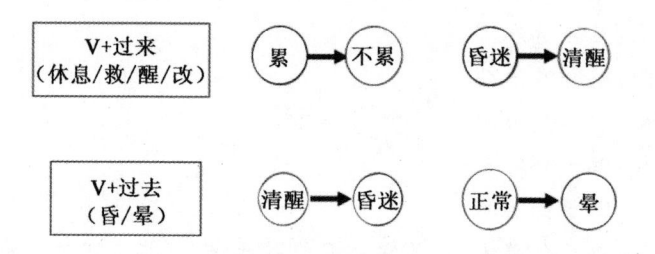

V+过来 (休息/救/醒/改)	累 → 不累	昏迷 → 清醒
V+过去 (昏/晕)	清醒 → 昏迷	正常 → 晕

"V过来"是由不好的状态到好的状态,"V过去"正好相反。教师在呈现时注意将不好的状态(累)标一色,好的状态标成另一色(不累),通过图示对比,学生就能很好地把握这两个趋向补语的语法意义。再如,教学中很多同学经常分不清表示完成的"了"和"是……的",他们认为使用"是……的"表达时也是已经发生的事情,因此常常会说出"我是昨天回法国了"这样的偏误。那么"他昨天回法国了"和"他是昨天回法国的"

有何不同？我们可以采用图示的方法配合讲解："他昨天回法国了"中"昨天回法国"是一个未知信息，而在"他是昨天回法国的"中，说话人往往是知道"他回法国了"这件事，但是对于回法国的具体时间并不清楚，这里"是……的"就是针对具体时间进行强调说明，其中"昨天"是句子的焦点信息。

他昨天回法国了。　　他是昨天回法国的。

三、操练的方法

根据不同的标准，语法操练可以分为很多种，常见的有以下几种类型。

（一）理解性练习和输出性练习

根据练习目的的不同，语法练习分为理解性练习和输出性练习。理解性练习以理解语法点的结构、语义或功能为目的。输出性练习以使用语法点进行表达为目的。例如，教师要求学生根据指令做出"站起来、坐下去"等动作，这属于理解性练习；教师自己做出"关上门、打开门"等动作，要求学生说出教师做了什么，这属于输出性练习。

（二）口头练习和书面练习

根据练习方式的不同，语法练习分为口头练习和书面练习。口头练习是通过"说"的方式进行练习，如跟读、回答问题、看图说话等。书面练习是通过"写"的方式进行练习，如组织句子、翻译、改错等。此外，口头练习也可以借助书面（文字）材料，即学习者先阅读一定的文字材料，然后再进行口头练习。在汉语课堂教学中，教师应注重学生的口头练习，设法让学生多开口。

(三)结构性练习、表达性练习和交际性练习

根据练习过程中是注重形式还是注重意义,以及教师对练习的控制程度,语法练习可分为结构性练习、表达性练习和交际性练习。

1. 结构性练习

结构性练习较为重视结构形式,练习的控制性程度也较高,没有互动性。结构性练习的目的是帮助学生在教师的严格控制下理解、记忆语法点的结构和用法。练习过程中,学生不需要过多思考,练习提供的材料场限制学生输出,学生只需达到熟练即可。常见的结构性练习有重复、替换、扩展、变换、组织句子、选词填空、语序练习、翻译等。

(1)重复

重复是指学生一起重复教师或某个学生所说的短语或句子。在练习中,教师通常给出"你来!""再来!"的指令。我们应注意,结构性练习中的重复是有目的的、有所设计的。

(2)替换

替换是指教师在给出的例句的相应词语下面画线,要求学生将画线词语替换为其他词语,重新组织语句。例如:

A:你喝 <u>茶</u>还是喝 <u>咖啡</u>?
B:<u>咖啡</u>。

吃 米饭	吃 馒头
喝 啤酒	喝 水
去 邮局	去 银行
买 苹果	买 橘子
买 杂志	买 报纸

重复练习和替换练习的难度很小,因此课堂上教师要注意加快练习节奏,配合手势和指令语,以更好地调动学习气氛。

第六章　汉语作为第二语言语法教学

(3)扩展

扩展一般用于词语搭配的练习。例如,"结果补语"教学中,可以通过扩展练习,帮助学生掌握动词与结果补语之间的搭配关系。

(4)变换

变换是指教师给出某一结构,要求学生变换成相应的另一种结构。例如将"把字句"变成"被字句"。

(5)组织句子

组织句子是指要求学生把教师或教材给出的词语组织成完整的句子,用于帮助学生掌握语法点的结构特征。例如:

跑步　他　跑　很　快　得
(他跑步跑得很快。)

(6)选词填空

选词填空是指学生从提供的若干词语中选择一个恰当的填入空白处,以帮助学生辨析易混淆词语的不同用法。例如:

就　才　再　又

爸爸每天都很晚下班,今天下午五点_____下班了。
明天我下了课_____去看她。
您的话我没听懂,请您_____说一遍,好吗?
老师_____说了一遍,我_____听懂。

(7)语序练习

语序练习是指在一句话的若干位置标注字母,让学生选择括号中的词语放在相应字母代表的位置上。例如:

我已经 A 开始 B 上 C 网课 D。(了)

(8)翻译

翻译是指教师说出学生的母语或媒介语,要求学生翻译成目的语,或者是教师说出目的语,学生翻译成母语或媒介语。

2. 表达性练习

表达性练习着重关注意义表达，控制程度低于结构性练习，缺乏互动性。表达性练习的目的是运用语言。表达性练习可以看图（视频）说句子，也可以成段表达。

（1）看图（视频）说句子

看图（视频）练习是指教师展现出事先准备好的图片或者播放视频，要求学生边看边用目标结构描述图片或视频的内容。如在讲解汉语"把字句"时提前请班级同学帮忙录制一些小视频，"把鞋放进鞋柜里""把衣服挂到衣架上"等，上课时直接播放视频请学生操练。

（2）成段表达

成段表达的要求更高，要求学生说一个语段，此时除了说出正确的句子，还需句子语篇的衔接。教学时可以让学生用目标结构介绍某方面的情况。例如，同样学习"把"字句，学生可以介绍最拿手的一道菜的制作经过；学习了主谓谓语句，可以让学生用该句式介绍班级的同学、他们的国家等。

3. 交际性练习

交际性练习重视意义导向，控制性程度较低，互动性强。交际性练习的目的也是注重运用。教师引导学生在接近真实交际的情景中使用目的语完成各种任务，学生为表达意义而自主选用语言形式，强调学生之间的互动性和意义协商。交际性练习常选用问答、角色扮演、商讨、辩论赛、游戏、完成真实交际任务等方式来实现练习。

（1）问答

问答是最常见的简便易操作的交际性练习，有助于促进师生互动，增加课堂教学的交际性，效率较高。问答的提问句中可以出现目标结构，也可以不出现目标结构。有时候一个问题就可以引出目标句，有时候则需多次提问才能引出目标句。有时候单纯的口头提问就可以引导学生输出，有时候则需要辅以手势或公式等手段引导学生输出。例如，学习"因为……所以……"，教师直接问学生：上个星期运动会为什么取消了？

教师在设计提问时，应注意问题设计要符合交际性原则，提出的问题要密切结合学生的实际生活和交际需要。此外，还需注意问题的能产性，即提出的问题可以引发学生多种不同的回答。

第六章　汉语作为第二语言语法教学

(2)角色扮演

角色扮演是指让学生表演课文中的对话,或表演学生自编的对话。例如,北京语言大学沈红丹老师在进行"……怎么样?"这个句子教学时,就设计了两人小组活动,进行表演。在课文学习结束后,也请班级学生进行角色扮演,一个人扮演妻子,一个人扮演丈夫,在全班同学面前进行表演。

(3)讨论

讨论是指教师将学生分成几人一组,给大家提出一个需要解决的问题,让组内同学互相商量解决办法。比如,练习"双宾语句"时,教师可以让学生几人一组,商量一下给生病的某个老师或学生送什么礼物好,要求学生用"我要送 sb.＋sth."来表达。再比如,练习"比"字句时,教师可以让学生分组讨论一下,如果他们的朋友来了住在哪个酒店好,为什么。

(4)辩论赛

辩论赛是一种互动性较强的交际性练习。开展辩论赛时,需要教师选择的辩论题目能够充分调动学生的辩论兴趣,同时需要围绕话题给学生提供相关词语,辩论时请学生使用。

(5)游戏

游戏具有趣味性强、互动性强的特点,因此,在课堂教学中,教师可以适当安排一定的课堂游戏。比如,操练"有"字句时,可以让学生做一个猜物品的游戏:先选择几个学生,背对黑板站在教室的前面,教师用PPT 呈现一张上面放着各种物品的桌子,请一位背对黑板的同学猜测PPT 中的桌子上有什么,并用疑问句形式(桌子上有……吗?)表达出来,要求坐在下面的同学用"桌子上有/没有……"来告诉这位同学她猜测的结果。这位同学猜完后,下一个背对着黑板的同学继续猜测,以此类推。学生每猜对一次,教师会给她的衣服上贴一朵小花。通过这样的游戏,学生将"有"字句的肯定式、否定式、疑问式都练习到了,而且趣味性很强。

(6)完成真实交际任务

完成真实交际任务是指设计一些在现实生活中会出现的交际性任务,让学生运用目的语完成任务。比如,学习了购物的一些句型后设计交际性活动让学生练习。教师给学生布置任务:周末要举办一个聚会,现在有一张购物清单,学生负责买水果,但预算有限。现在有 3 家水果店,每家有 4～5 种水果,每家水果都不一样,请询问各家水果后,决定在哪一家买。将班级学生分为 3～4 组,其中各选 1 位学生分别作为几家水果店的售货员,教师给出每家水果店水果的种类,让各位售货员自己决定水果价格。教师要求剩下的学习者按照购物清单,去询问水果的价格,并决定在哪家购买。要求在规定的时间完成购买。在学生进行活动时,教师要巡视,观察他们是否使用了相关词汇和句型,发现学生的问题。活动结束后,请学生上台进行汇报,请几位"采购员"向同学们运用所学的词语和句型报告自己采购的情况。[①]

  总之,语法练习的方法很多,教师可以在教学实践中,根据自己的经验,结合特定的教学内容,创设一些适合学生的语法练习。

  在语法操练过程中,需要注意以下几个问题:一是操练的目的要明确,练习要有一定的效果;二是操练一定要注意层次性,注意步步深入,由操练一个句子到操练一段话,实现句到语段的表达;三是操练时一定要确保练习机会合理分配,保证每个学生都能得到练习;四是练习过程中,教师要及时地、适度地给予学生正面的反馈,以帮助学生树立信心,增强学生学习兴趣;五是要注意练习环境的创设,练习时必须要结合一定的情境进行,尽量贴近学生现实生活,能真正提高学生的交际能力。

[①] 具体可参见蒙婷婷.任务型教学法在对外汉语初级口语教学中的应用与实践[D].湖南师范大学,26-30页.

第七章　汉语作为第二语言汉字教学

如果说"汉语难"是一个伪命题,那么"汉字难"可能是我们无法回避的问题。由于与世界上大多数语言的文字体系不同,汉字的书写让很多非汉字文化圈的外语学习者"无从下手",由于畏难,很多学习者明确提出只学口语,不学汉字。但是离开了汉字,汉语提升往往会遭遇瓶颈。《国际汉语教师标准》指出,在汉字教学中,教师要能了解有关汉字的基本知识,具备将汉字知识传授给学习者的能力和技巧。汉语作为第二语言汉字教学,如何探寻可行的、高效的汉字学习方法,成为业内很多研究者感兴趣的问题,也是汉字教学中亟待解决的问题。

第一节　汉字的结构及其特点

一、汉字的结构

(一)平面二维方块字

汉字是用于记录汉语的书写符号系统,产生于至少三千年前,是一种从图画演变来的非常古老并且成熟的表意文字。随着时间的推移发展,汉字在书写上依次出现了甲骨文、钟鼎文、大小篆、隶书、楷书等几种形体的演变。但是,无论汉字的形体如何演变,不变的是汉字呈平面二维方块字的结构。这种结构使汉字与线形排列的拼音文字不同,无论笔画多少,一律集中于相同的方块之中,在平面分布,例如"山"和"矗"。这种结构有表音文字无法做到的超强辨义能力和节省篇幅的优势,但与此同时,由于笔画都集中在一个方块中,这使得汉字结构复杂且记忆困难,形体和读音相近的汉字很容易写错、读错。这也是来自非汉字文化圈的汉语学习者认为汉字难写、难认、难读、难记的主要原因。

(二)汉字的内部结构

汉字的内部结构是指一个汉字的构造方式,即造字法。根据汉代许慎、班固等文字学家对汉字的考察,"六书(四体二用)"的造字、用字原理被普遍认同,四种主要的造字法象形、指事、会意、形声用它们直观清晰的方式揭示了汉字的创制思路及经济实用价值。例如,象形字是依据描绘物体的形状来形成字形从而表示字义的方法,即"画成其物,随体诘诎",典型的例子是"日月雨羊"等。再如,占据了现代汉字体系大约90%的形声字,是由表示字义类属的形符和表示字音的声符两部分组成的合体字,由于这种造字方式的能产性很高,因此这为汉语汉字教学通过拆分合体字掌握部件,据此学习汉字的策略有一定积极的影响。

(三)汉字的外部结构

汉字的外部结构可以从汉字的结构单位和结构关系两方面分析。汉字的结构单位有笔画、部首、部件、偏旁等,结构关系则指笔顺、独体字、合体字。

1. 笔画与笔顺

笔画是构成汉字字形的最小单位,指在工整书写楷书时从落笔到起笔所写的一点、一线。笔画具体的形状称为笔形,用"永"字八法表示,其中一共包含了传统汉字的点(丶)、竖(丨)、横(一)、撇(丿)、提(㇀)、捺(㇏)、钩(亅)、折(㇕)等八种笔形,这八种笔形通过相离、相交、相接等方式组合成了成千上万的不同汉字,如"心、川、十、九、乃、几"等。据统计,大多数汉字是综合运用上述两种或三种组合方式构成的。笔顺是写字时书写笔画的先后顺序。笔顺符合中国人运笔的习惯并根据最经济便利的原则,经过多次实践的检验概括出了七项基本规则:先横后竖、先撇后捺、从左到右、从上到下、先中间后两边、从外到内、从外到内后封口[①]（黄伯荣,廖序东,2011）。

强调笔画和笔顺的书写对于非汉字文化圈学生来说具有举足轻重的意义。首先这符合循序渐进的教学原则；其次，对于这些母语为拼音文字的学习者来说，母语文字中有大量的弧线而汉语多点和直线，每个汉字又具有最符合经济原则的书写顺序，通过强调笔画与笔顺能够帮助学生较快抓住二者差异，树立新的文字观念和养成新的文字书写习惯。这样就能有效避免非汉字文化圈学习者"画字"而并非"写字"的现象。我们曾接触过不少来自非汉字文化圈的留学生，在他们书写汉字时，有意识地观察过他们的写字方式，发现绝大多数人都不注重笔顺，他们着眼于整体，只注重结果，"依葫芦画瓢"，把"那"的右半边写成一竖加一个"3"，把竹字头写成了两个大写的"K"相连，这些留学生虽然有时写对了汉字的大致轮廓，但是汉字整体看起来总是不够美观和规范。最后，通过对笔顺、笔画的强调能有效减少汉字书写偏误，提高汉字书写速度。

2. 独体字与合体字

依据部件的多少，汉字可分为独体字和合体字。独体字只有一个部件或只由笔画构成，无法拆分出除笔画以外的部分，例如"女、下、又"等。合体字是由多个部件组合或部件与笔画的组合而形成的汉字。其部件的组合方式大致分为五种：左右、上下、包围、框架及品字组合[②]（黄伯荣,廖序东,2011），例如"们、尘、问、坐、森"等。独体字的教学为合体字的学习打下基础，学习者通过对独体字的接触树立起"部件意识"可以为以部件为主的汉字教学产生积极影响。

二、汉字的特点

（一）音形义的完美结合

人类所创制的文字大体可分为两个类型：一是从字符记录语音入

[①] 黄伯荣,廖序东.现代汉语（增订五版）[M].北京：高等教育出版社,2011：148.
[②] 同上，第151页.

手,用符号直接表示音素或音节,据音符得义,间接表意的表音文字,例如英语、日本假名及阿拉伯辅音字母;另一种是从字符记录语义入手,用符号表义,以义符带音,间接表音,直接表义,称为表意文字,例如汉字和楔形文字。至于汉字的文字类属,我们认为如果从字符记录语言的角度来说,汉字在创制之初确属于表意文字体系,例如象形字、会意字等,但随着形声字在汉语中的大量出现,从殷商时代只占汉字的20%到今天占现代汉字体系的90%,说明形声字已成为汉字的主流。一个形声字包含两个字符,一个表音称声旁一个表意称形旁,虽然由于历史演变、社会发展等因素,形旁表意和声旁表音出现了较大的局限性,但从字符记录语言的角度分析,我们认可现行汉字系统属于音形义文字。徐通锵先生(2008)"字本位"研究中指出"汉语是从意义直接到文字,而语音只是伴生的附属品"[1],以及吕叔湘先生(1980)"汉字是音、形、义三结合"[2]等观点也证明了汉字同时呈现音、形、义的特性。

(二)分化同音词能力强

狭义上的同音词是指那些语音上声韵调完全相同但意义上毫无联系的一组词。同音词在汉语中被普遍使用,同音现象的妙用是能够一语双关,来含蓄委婉地表达说话者的真实意图,如"东边日出西边雨,却道无晴(情)若有晴(情)"。但与此同时这种同音现象也会造成较大的理解歧义,引起口语交流的不便。汉语中全部的声韵组合符合汉语音节的只有400多个,加上四声别义也只能产生1300多个音节,用这些音节去对应成千上万的汉字必然会出现同音现象。例如赵元任先生所作《施氏嗜食狮》一诗,在语音上很少有人能听懂这首诗的大意,但反映在书面上,通过汉字的书写使得这首诗的大意一目了然。这就是汉字的分化同音词能力,也是汉字之所以在"北拉""国罗"等汉字拼音化运动中幸存下来的原因。

(三)具有跨越时空的强大生命力

用音符记录语言的语音,从而表义的拼音文字,在语音发生较大变化后,一些古老的文献就无法被当代人所理解,例如莎士比亚的十四行

---

[1] 徐通锵. 汉语字本位语法导论[M]. 济南:山东教育出版社,2008:85.
[2] 吕叔湘. 语文常谈[M]. 北京:北京大学出版社,1980:12.

诗就很难被现代英美人读懂,然而在中国与莎士比亚同时代的戏剧家汤显祖的作品,却很容易被受过教育的中国人普遍接受,这就是汉字的超越时间的特性。中国幅员辽阔,由于不同程度的阻隔,使同一种语言在不同地区形成了不同的方言。各地不同的方言具有相当大的语音差异,但是由于汉字跨越地域的特性,使得广大方言区的人们进行书面交际成为可能。汉字所具有的跨越时空的强大生命力,不仅为后辈带来了宝贵的文化遗产,而且在客观上对维护民族团结、祖国统一做出了巨大贡献。

第二节　汉字教学的范围和原则

汉字教学本质上是书面汉语教学。口头的汉语教学是可以"习得"的,有的外国学习者并不是进入学校,通过老师的教授学会了汉语,而是通过日常与中国人交流,看中国电影等方式就学会了,但是书面汉语教学更多的是需要"学得",即需要通过学校正规教育学得。由于中西方文字体系的差异,很多外国学习者在学习汉语的时候明确提出不学习汉字,如果说只做到会说汉语,在初中等水平还可以应对的话,不会汉字显然是学生汉语水平提升过程中的一个制约瓶颈。

一、汉字教学的范围

表 7-1　《国际中文教育中文水平标准》各级汉字数量[①]

	初等			中等			高等
	一级	二级	三级	四级	五级	六级	七~九级
汉字数量	300	300/600	300/900	300/1200	300/1500	300/1800	1200/3000

---

① 表格中"/"前后两个数字,前面的数字表示本级新增的汉字数量,后面的数字表示截至本级累积的汉字数量。高等阶段的汉字数量没有按级细分。

2021年颁布实施的《国际中文教育中文水平标准》规定了每一级中文水平应学习的汉字的内容和数量(表 7-1)。按照该标准,初级阶段只需要学习 900 个汉字,要求学生能够书写 300 个汉字,高级阶段能够书写 1200 个汉字即可。整个汉字教学规定的汉字学习量为 3000,这 3000 个汉字覆盖率已经能达 97% 以上。

二、汉字教学的原则

《国际汉语教师标准》提出,要能够根据汉字造字原理进行教学,注重形、音、义相结合,重视实用性、趣味性,注重先认后写、常用字在先、反复重现等教学原则,针对学习对象选择实用而有效的汉字教学方法。下面我们具体谈谈汉字教学应该遵循的一些基本原则。

(一)先认读后书写,形、音、义相结合

"先认后写"是汉字教学的一个基本原则。汉字教学的第一步是教认读。先教学习者认识字形,通过感知字形,明白汉字的语音和语义,认识之后,再学习书写汉字。比如"谢"这个字,由于交际的需要,会比较早学习,但字形结构很复杂,笔画又多,不容易写。一开始可以只要求认读,等学习者学过了基本笔画,有了一定的字形分析能力之后再学习书写。我们不能要求每个汉字都达到四会(听、说、读、写)的程度。不同的汉字,学习要求不同:常用字、字形结构简单的字,要求达到能读能写的程度;非常用字,字形结构比较复杂的,能认读就可以了。常用但笔画繁多、结构复杂的字,如"矮、戴、嘴"等,也不一定一开始就要求会写,可以按"先认后写"原则处理。学习时,一定要将汉字的形、音、义统一为一个整体,整体呈现,最终让学生做到见形知音,见形知义。

(二)先教基本笔画名称,再教书写规则

汉字书写规则是以笔画名称为基础的,比如"先横后竖、先撇后捺"。因此,应该比较早地让学生了解最基本的笔画名称。在此基础上,再循序渐进地以例字来说明书写的基本规则。

例如,先学"横"(一)、"竖"(丨)的笔画名称;学写"十、干"的时候,可以描述为"先横后竖"。学会"撇"(丿)、"捺"(㇏)的笔画名称,学写"人、入"的时候,可以将书写规则描述为"先撇后捺"。

(三)先独体后合体,常用字在先

先独体再合体遵循的是由易到难的一般原则。具体实施在教学中可以表现为以下几个方面。

(1)先教意义和笔画都简单的独体字(人、山、口、小、大)。
(2)接着教笔画比较复杂的独体字(水、气、马、身、我)。
(3)教结构和笔画都比较简单的合体字(左右结构:体、好、休、明;上下结构:分、字、写、是)。
(4)最后教结构复杂笔画较多的合体字(上中下结构:累;左中右结构:附;复合结构:够、照)。

需要注意的是:简单的汉字不一定常用,它的意义也不一定简单(如:歹、叉);而简单、常用的汉字,它的字形不一定简单(比如:懂、谢)。解决这些矛盾的一个教学原则是"常用字在先,认写分开"。

对常用但字形复杂的汉字,可以用"先认后写"或者"只认不写"的原则来处理,要求学习者只认读不书写。如"谢",字形复杂,但是刚开始学习汉语就会碰到这个字,教学中可以采用"只认不写"的处理方式。

而对字形简单而并不常用的字,要考虑它是否属于常用的偏旁。如果汉字本身不常用,但作为偏旁十分常见,就要在合体字中作为偏旁指出来,适当加以解释。如"木",现代汉语中很少单独用,但是以它们为形旁的汉字很多,而且意义大多跟"树木"有关,如"树、林、桌",就应该让学生掌握。此外,如含"目"的汉字,意思大多跟"眼睛"有关,如"看、眼、睛、泪",也应该教。

(四)以部件教学为中心

汉语作为第二语言汉字教学需要牢牢把握"部件"中心原则,以部件为中心进行教学已经成为汉字教学的主流。在汉语学习之初,汉字学习往往是由笔画学习开始,但是随着学习的不断深入,还刻板地着眼于笔画教学不免枯燥。有学者提出,从认知心理学的角度分析,人的短时记忆单位为 7 ± 2 个,大多数汉字笔画大于7画,所以以笔画为主的汉字教学并不能达到最优的学习目的;而且笔画的名称与整字并没有任何的音义联系,由笔画组成整字的过程十分复杂,例如,学习"论"可简单切分为两个部件来进行学习,而笔画教学共有6画,分别为"点、横折钩、撇、捺、竖弯钩、撇"等,这种方法过于复杂,不适用于二语汉字教学。

部件可以说是笔画和整体的"联络员",它不像笔画那样单调,也不像整字那样复杂。汉语绝大多数部件都和汉字文化密切相关,对很多非汉字文化圈的学习者来说,面对一个个汉字,他们往往不知如何下笔,这时,如果教师能引导学生化繁为简,把一个复杂的汉字拆分为几个或有义或有音的小部件,并通过对已知部件提示讲解,那么,不仅可以激发学生汉字的学习兴趣,还可以降低学生学习整字的难度。郝美玲(2007)指出,"零基础学习者,学习汉语三个月时就出现了部件位置意识的萌芽"[①],在教学中教师要重视部件的意义,如学生知道"月"表示与人体有关,即使不认识"肺"也能正确地知道这个汉字表示的意义类。事实上,学习者可以更好地识记部件并理解其表义的特征,以部件为中心的汉字教学是可行有效的。

第三节 汉字教学的方法和技巧

汉字教学包括识字教学、汉字文化教学、汉字结构与意义教学等内容,至今已经总结了很多种教学方法。一般来说,汉字教学步骤可以划分为展示汉字、讲解汉字、练习汉字等几个环节,当然实际教学时三个步骤往往融合在一起。

一、展示汉字的技巧

展示汉字就是把汉字展现给学生看,让学生对汉字先有一个整体感知。

---

① 郝美玲.留学生汉字正字法意识的萌芽与发展[J].世界汉语教学,2007(1).

（一）板书展示

所谓板书展示，就是教师将汉字写在黑板上，初级阶段的板书展示最好是边写边说明汉字的笔画。这种方法比较传统，但仍是汉字教学中很好用的一种方式，教师在黑板书写汉字时，学生可以跟随着教师直观地看到汉字书写的笔画顺序。有时候需要板书一组字，根据不同的目的，可以有以下方式。

(1) 展示笔画。刚开始学习讲解汉字的基本笔画，这时就要板书呈现含有该笔画的例字。例如：

横：一、二、三
撇：人、木、天

(2) 展示结构。讲解合体字的基本结构时，常常使用这种方式。例如：

左右结构：休　冷　脏
上下结构：热　笔
包围结构：近　建　这

(3) 展示部件。学习和归纳部件时，将同部件的字放到一起展示。例如：

日：晴　明　春　早　阳
氵：河　海　沙　洗　油

(4) 展示形似字或形似部件。例如：

千—干　办—为　我—找　老—考
便—更　歌—欠　收—放　教—数

将形似字或有形似部件的字放在一起展示，教师一定要让学生注意二者之间的区别。

总之，以板书展示汉字是教师常有的一种方式。在具体展示时，教师可以灵活地采用以旧带新、演绎、归纳等多种方法，不仅可以用于新学汉字，也可以用于汉字的复习。

（二）图片或卡片展示

图片展示汉字生动而直观，尤其适用于字义容易以图画描摹的汉字，一目了然，省去了很多讲解意义的过程，如"雨、雪、哭、笑、山、林"等。

卡片展示通常用同一张卡片的正反两面分别展示形、音、义，利用卡片的好处是：灵活机动，利于多方式地反复操练，方便复习。这种展示也主要适合于认读教学，书写方法还需板书来补充。

图 7-1

（三）PPT 动画展示

现代教育技术手段下，教师可以利用 PPT 呈现汉字，并将汉字的书写顺序设置好动画，为了让每一笔顺序更加直观，还可以给按照顺序给每个笔画设置成不同的颜色（图 7-2）。当然可以找一些汉字动画 flash 或者直接链接到一些汉字笔顺动画在线查询网站（如"汉字屋"等）[1]，直接让学生学习。

---

[1] 汉字笔画笔顺动态呈现的网站很多，比如"汉字屋"https://www.hanzi5.com/，笔顺序网 https://www.bihuashunxu.com/等。

图 7-2

二、讲解汉字的技巧

讲解汉字一定要将形、音、义相结合,这是汉字教学基本原则之一。对形、音、义的教学不能割裂开来,但为阐述方便,我们分开进行论述。

(一)字形学习

(1)笔画。开始学习汉字,笔画教学是基础,教师需要动态展示汉字各个笔画的书写,同时告诉学生基本笔画的名称(可以用媒介语解释)。周小兵(2009)指出,学习汉字时,需要不停强调书写笔画的正确方式以帮助学生纠正"画字""倒拉笔顺"的错误,如可以在汉字上用箭头标示笔画的运笔方向或一笔一笔动态地展示汉字的书写过程。

此外,目前也有大量的关于汉字书写笔画和笔顺的网络资源和软件,教师可以搜集并介绍给学生,从而辅助学生的课外汉字学习。

(2)结构。讲解汉字结构,使用好田字格,以便学生能更清晰地把握各部分的位置。

在教写结构的时候,有两种结构值得格外注意。

第一种是左右结构。由于汉字的书写没有分词标识,初学者又几乎没有什么"字感",因此,在阅读和书写中,左右结构的汉字常常成为一个难点,学习者经常把左右结构的汉字和两个汉字混淆,如"好"和"女子"。针对这个问题,在初期汉字教学中,使用田字格来教写汉字,比较有用,可以训练学习者把"一个汉字写在一个方块里",帮助他们形成字感,避免把一个左右结构字写成两个汉字,或者把两个汉字写进一个格子里。①

第二种是左下包围的半包围结构。汉字偏误分析发现,这类字特别容易被学习者写成左右结构。如"辶"写成"讠","越""题"等字中拉长的"捺"没写到位。针对这个问题,在教带有"辶"旁的半包围结构汉字时,教师应该特别强调书写的顺序,让学生按照正确顺序,先写里面,再写"辶",这样就不容易把"辶"写成"讠";"越""题"这种汉字,则需要格外强调结构的分析,并反复练习拉长的"捺",以避免错写成左右结构。

(二)讲解字义

字义讲解技巧的核心就是"以形释义",目的是建立形义之间的联系。

(1)借助古文字形体或造字法释义。汉字产生之初,有相当多的字都是描摹事物的形状,这从古文字形体可见一斑,看到字形就可以大概猜测到字义。在汉字教学中,象形字、指事字和会意字充分利用古文字形体(图7-3),让学生了解一个个汉字就是一幅幅生动的"图画",同时可以展示汉字形体的演变,让学生掌握所学汉字的形义联系。

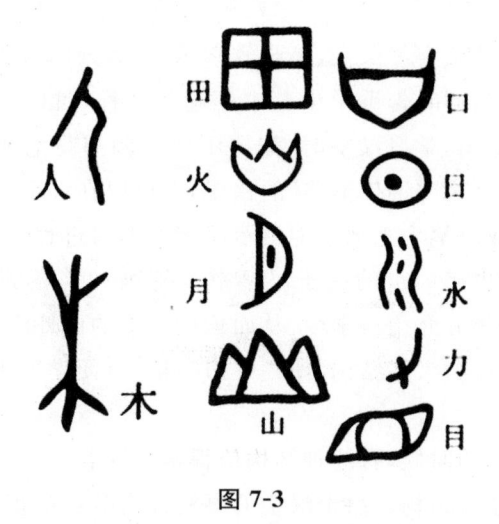

图 7-3

---

① 周小兵. 对外汉语教学入门(第 3 版)[M]. 广州:中山大学出版社,2017.

第七章　汉语作为第二语言汉字教学

（2）图片释义。这种释义方法是用图片告知学生汉字的字义，如学习"桌"就可以出示一张桌子的图片。不过在展示图片时如果能体现出汉字的理据会更好。例如，学习"休"这个汉字可以这样进行：

图 7-4

教师：下面大家看这个汉字（呈现汉字），跟我读 xiū。这个汉字什么意思呢？我们看，它的左边是……，对，我们叫它单人旁，右边这个字你们认识吗？木，大树，tree 的意思。（出示图画）一个人靠在大树上，他在做什么？对，休息，have a rest。

（3）依据字源释义。即利用汉字的发展源流对汉字进行释义，例如"册"，学生开始主要是学习作为量词的"册"，为什么说"第一册，一册书"，教师可以告诉学生，中国古人是将字写在竹简上，然后用绳子穿在一起成册，因此"册"就成为表示书籍的量词。此时如果能配合图片，效果会更好。（图 7-5）

图 7-5

（4）利用形旁释字。形旁多表示类别意义，相同形旁的汉字"以类相从"，往往有着相同的意义类属。通过形旁释字，不仅容易讲清汉字的意义，而且有利于促进部件意识的形成。

形旁教学应该在学生有了一定识字量、有了部件意识之后开始，最常用的方法就是归纳法。这时候，教师可以帮助学生总结同一形旁的汉

字,以旧带新,在归纳的过程中,讲解形旁的表义功能。例如,学习"肺"字的时候,教师可以这样讲解:

教师:(边讲边板书)"肺"这个字的左边是什么?我们以前学过的什么字和这个字的左边是一样的?
学生:脸,腿,脚,肚,背,朋……
教师:对,想一想有这个"月"的字常常和什么有关?
学生:……
教师:有"月"的字常常和"人"或者人体器官有关系。这个"肺"也是我们人的一个器官,它的意思是……?(出示"肺"的图片)。

这样,不仅教了新的汉字,还强化了学生对"月字旁"的认识,一举两得。

利用形旁释义,还要特别注意形近的形旁,进行辨析。例如,教师可以通过对形近形旁的意义的分析,帮助学生辨析以"礻—衤"为形旁的字的表义差异。

除此之外,还需特别注意说明那些在不同位置形体不一样的形旁。例如"心",在汉字的左边("怀")和下边("想")有不同的写法,但表示相同的义类。教师要注意给学生进行归纳对比,不仅有利于字义的学习,还可以通过归纳减少记忆的负担。

(5)俗字源和联想释义。俗文字的东西可以适当地用在教学中,有些还是十分有效的。如:

好——有儿有女,真是好。
买、卖——没有"十"的要去买,有了才可以卖。
左、右——一般中国人吃饭用的那只手是右手,所以有个"口"。
安——女人在房子里,让人感到很安全、平安。
灭——火上盖了个盖子,火就灭了。
宿——一个房子里住了一百个人。

但这种方法一定要注意把握适度的问题,千万不可滥用。

（三）掌握字音

教字音的时候，要格外注意同音字和近音字的辨析。由于初学者对汉字形、义之间的联系比较陌生，很容易混淆同音字和近音字。例如"在""再"二字都是比较早接触且比较常用的，读音完全相同，这样的字在教的时候应该跟同音字进行对比辨析，并设计相关练习进行巩固。

在进入合体字教学阶段后，形声字的声旁应该受到充分的重视。可以引导学生利用声旁类推读音，然后再利用类推成功和不成功的方面说明声旁表音性及其局限。帮助学生正确认识并合理利用形声字的声旁来学习汉字，也是建立形音联系的关键所在。例如学习"字"：

教师：猜一猜这个字念什么？
学生：于（yú）？
教师：对了一半，声调应该是三声：yǔ，这个字上面是一个宝盖头，我们学过的什么字和它一样？
学生：……
教师：对，家，它，安。"宀"表示房子。"字"这个字，上面的"宀"告诉我们意思，下面的"于"告诉我们读音。

这样，通过声旁猜字音，学习了生字，还强化了对声旁、对形声字的认识。

三、汉字游戏化教学

所谓的游戏化教学，并不是指带着学生玩游戏，教学中玩游戏，而是利用游戏、通过游戏进行汉字教学。《国际汉语教师标准》中指出，"重视汉字教学的实用性和趣味性"是汉字教学的原则之一。由于汉字繁多，结构复杂，形似字，同音字大量存在等原因，如果教师在教学中不采用趣味性的教学方法，往往会增加学生对汉字的畏难情绪，同时汉字教学的效果也会大打折扣。因此，在汉字教学中设置一些游戏教学活动，可以调动学生学习汉字的兴趣，寓教于乐，获得良好的学习效果。下面介绍一些常用的汉字游戏。

（一）撕纸游戏

这个游戏活动的做法是：教师发给学生一些长方形的纸条，上面有十个格子，格子里随机顺序写着已经学习过的汉字，也就是说每位学生手中的纸条格子里的字的顺序都会不一样。教师随机读上面的汉字如"天"，学生听到后看自己的纸条，如上下两端有这个字，就可以将其撕下来（图 7-6 中学生 1 和学生 4 就可以将"天"从纸条上撕下），直至所有的字全部读完撕下，学生手中就有了十个字卡。撕纸游戏的过程本身就是学生识别汉字的一个过程，游戏结束之后，学生还可以继续认读这些字卡。这个游戏比较适用于班级多人的活动。

学生1	学生2	学生3	学生4
天	年	头	午
耳	头	果	年
果	午	午	头
同	果	今	同
午	同	年	果
头	米	耳	米
出	天	米	耳
米	今	同	今
年	出	天	出
今	耳	出	天

图 7-6　撕纸游戏

此外，该游戏也可以进一步升级，如将教师直接发写好的纸条变为由学生来写，教师出示十个汉字，请学生不要按照教师提供的顺序在纸条上随机书写，这样，学生不仅可以训练认读，还强化了汉字的书写。

(二)拍苍蝇

"拍苍蝇"游戏活动同样适用于汉字认读练习。教师将全班同学分为两组,提前将要认读的汉字写在黑板上或 PPT 呈现,每组轮流派成员上讲台进行游戏,听到汉字先拍对者为小组赢得 1 分。拍苍蝇游戏的节奏一定要快,以增加难度和紧张感。

图 7-7　拍苍蝇游戏

(三)猜字游戏

将要认读的汉字用多个方块全部遮挡,不断移走方块,看谁能最先猜测出这个字。

图 7-8　猜字游戏

(四)汉字聚光灯

在课件的不同位置写上要让学生认读的汉字,利用聚光灯快速扫描,扫到哪个字,学生就大声读出来(图 7-9)。聚光灯游戏和猜字游戏都利用信息差,学生并不清楚教师可能会撤掉哪一个方块或聚光扫到哪个汉字,能让学生产生悬念感。①

图 7-9　聚光灯游戏

(五)汉字开花

教师将一个已经学习过的汉字部件写在黑板上,画出一些线,让学生在线的另一端写出学习过的含有这个部件的汉字(图 7-10)。做这个活动可以将班级学生分组进行,互相竞赛。

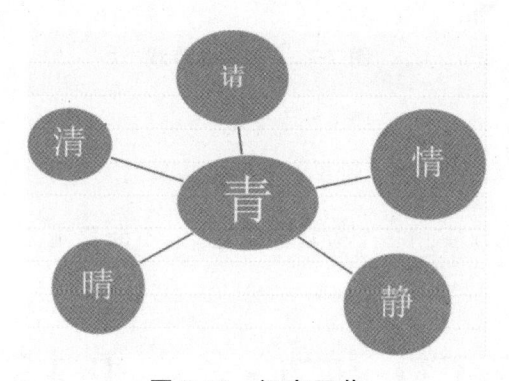

图 7-10　汉字开花

---

① 　(三)和(四)的具体设计可参见网址:https://www.bilibili.com/video/BV15C4y1W7Ar?from=search&seid=3826470100374085034&spm_id_from=333.337.0.0.

第八章 多模态教学模式在汉语作为第二语言教学中的应用

第一节 多模态话语分析理论综述

人们在交际过程中,信息的表达和传递除了使用语言,很大程度上是由非语言手段实现的,如空间、手势、表情、语音语调,周围的环境等等。这些交际的渠道和媒介就是模态。人们的五种感知世界的通道——视觉、听觉、触觉、嗅觉和味觉,对应产生五种交际模态——视觉模态、听觉模态、触觉模态、嗅觉模态和味觉模态(朱永生,2007)。综合运用上述五种模态中的两种或多种,通过语言、图像、声音、动作等多种手段和符号资源进行交际的现象就是多模态话语。随着当代信息技术的发展和电子媒介的使用,话语的多模态本质得以还原,话语分析呈现出从单模态向多模态发展势态,多模态话语分析也成为话语分析发展的必然趋势。事实上,多模态话语分析已经成为国内外语言学界、符号学界、传播学界、教育界、医学界等在近二十年兴起和快速发展的研究课题。

一、多模态话语分析的理论基础

一般认为,多模态话语分析从韩礼德的系统功能语言学中汲取了大量的营养。多模态话语分析接受了韩礼德的"语言是一个社会符号系统""除了语言,还有许多其他的表意方式"的观点以及概念功能、人际功能、语篇功能等概念(Halliday,1978)。系统功能语言学理论也为多模态话语分析提供了理论框架。张德禄(2009)认为,这个框架主要由五个

层面组成,即:

(1)文化层,包括反映言语社团的思想、观念、价值观的意识形态和人在特定语境中从事社会交际活动的基本程序,即体裁结构潜势。

(2)语境层,话语范围、话语基调和话语方式构成。话语范围是实际发生的事件,话语基调指交际者之间的关系,话语方式即交际的渠道和媒介。

(3)意义层,包括由几个部分组成的话语意义及概念意义、人际意义和谋篇意义。

(4)形式层,实现意义的不同形式系统,包括语言的词汇语法系统、视觉性的表意形体和视觉语法系统、听觉性的表意形体和听觉语法系统、触觉性的表意形体和触觉语法系统等以及各个模态的语法之间的关系,分为互补性的和非互补性的两大类。互补性包括强化和非强化两类;非互补包括内包、交叠、增减、情景交互。

(5)媒体层,是话语最终在物质世界表现的物质形式,包括语言的和非语言的两大类。语言的包括纯语言的和伴语言的两类;非语言的包括身体性的和非身体性的两类。身体性的包括面部表情、手势、身势和动作等因素;非身体性的包括工具性的,如 PPT、实验室、网络平台、实物(投影)、音响、同声传译室等。

二、前人研究梳理

学界普遍认为,多模态话语分析起始于 Roland Barthes,他在《图像的修辞》(1977)一文中,研究了视觉图像的意义和修辞效果,不过当时没有引起足够的重视。至 20 世纪 90 年代,Kress 和 Van Leeuven 的合著的《阅读图像——视觉设计语法》(*Reading Images:the Grammar of Visual Design*)一书问世,兴起了多模态话语研究的热潮。该著作以大量的多模态文本为基础,对视觉设计的结构或"语法"进行了系统的描述,以研究单个多模态元素是如何融合成一个连贯的统一体的,初步形成了图像视觉语法分析框架。至 20 世纪末,语言教学开始关注多模态话语分析理论,探讨多模态语言教学的成果数量越来越多,多模态教学引起了人们的高度重视。

第八章　多模态教学模式在汉语作为第二语言教学中的应用

(一)国外学术史梳理

国外将多模态应用于语言教学的成果主要集中在：(1)多模态教学的理论探讨。New London Group(1996)提出"多元识读"的概念，认为多元读写能力强调语言及文化差异之间的意义协商，提出教师应该充分利用图像、音频、多媒体及其他教学模态来激发学生在语言学习中的多种感官，来克服传统读写方法的缺陷，提高学生的读写能力。除读和写之外的其他模态在英语课堂教学中的作用越来越大(Kress & Van Leeuwen, 2001;Kress.etal,2005;Jewitt,2008)，因而教学多模态研究应将语言及其相关的资源整合起来(Royce,2002)，从多个角度探讨教师话语的意义构建过程，启发教师科学有效地利用多模态资源进行教学。(2)实证研究。研究者们通过实验、调查等实证方法考察不同科目教学中不同模态的协同对学生学习的影响，一致认同多模态在教学中的积极作用。如Guichon & McLornan(2008)采用实验研究的方法，分析了多模态对二语学习的影响，认为当学习者以不同的方式接触文本时，理解能力会得到提高。Wigham(2017)以同步网络会议辅助法语教学为研究对象，探讨了解释词语过程中对不同符号资源的使用情况，认为各种手势、注视与表情与教师口语相配合有利于词汇的教学。Morell(2018)分析了以英语为教学语言的教师的教学互动，认为课堂上有效利用三四种（距离、手势、注视、口语、书面语等）互补性模态能够促进学生概念意义的表达，研究认为多模态教学是否有效，也与学生的多模态理解能力密切相关。

(二)国内学术史梳理及研究动态

国内多模态话语分析研究开始于2003年(李战子,2003)。与国外相比，我国的多模态话语研究还处于探索阶段，许多领域仍属研究空白，但是多模态话语分析在教学领域中的应用已经取得了丰富的研究成果，特别体现在将多模态话语分析理论应用于外语教学的研究。

1. 国内外语教学的多模态研究

国内外语教学多模态研究主要涉及如下方面：一是多模态教学的理论探讨。如朱永生(2007)对多模态话语分析的理论基础、内容、研究方法及意义进行了阐述;顾曰国(2007)区分了多模态学习和多媒体学习的概念,并构建了用于剖析两种学习的模型;张德禄(2009;2013;2014;2015)先后从不同角度进行了外语教学中多模态话语分析框架进行系列探索研究,建立了多模态话语分析的综合框架(2009),多模态外语教材编写原则框架(2010),外语教学多模态选择框架(2013),多元读写设计学习综合框架(2014),并进行了具体的外语教学多模态话语分析实践。2015年6月,张德禄出版了专著《多模态话语分析理论与外语教学》,该书全面介绍了多模态话语分析,探讨了多模态话语分析理论在教学中的应用及设计在整个多模态话语分析框架中的位置,引起了语言学界和教育学界的广泛关注。二是多模态教学有效性的验证。研究者无一例外地认为多模态教学(话语)具有更好的教学效果。如李冬艳、胥国红(2011)分析结果证实了语言、动作、声音、图像等多种社会符号模态在课堂教学中协同作用才能产生和构建具体而深刻的意义,取得良好教学效果。刘秀丽等(2013)以教师话语为研究对象并通过实证研究证明多模态话语在课堂上能够激发学生的学习热情,将动机内化为兴趣,提高学习效果。三是外语课堂多模态话语研究。研究者多以教学竞赛获奖教师的课堂作为语料来源分析教师的多模态话语特征(朱金兰、陈新仁,2015;宁建花,2019),为更好地进行多模态教学提出了可行思路与建议。

2. 国内汉语教学的多模态研究

国际汉语教学在媒体升级、教育技术迅速发展的背景下,传统的识读写能力显然不足以满足时代的需求。国际汉语教学对现代化的教学工具创设情景的需求越来越强烈,汉语教学的多模态化特征越来越明显,教师话语的多模态性愈加突显。国际汉语教学的课堂中,意义构建不仅仅指语言符号系统,而是一个多模态的符号系统,虽然对多模态话语分析理论的需求促使多模态话语分析方法在国际汉语教学中愈加广泛,但是国内研究成果还不多见。截至2021年6月10日,在中国知网上共检索到19篇相关期刊文章,研究内容主要有两方面:一是多模态汉语教学的宏观研究,主要观点认为多模态教学模式在国际汉语教学(对外汉语教学)中十分必要,汉语教学中应用多模态话语可以将学习机会最大化(李玲玲,2016;王祖瑶,2016;潘先军,2019);二是微观研究,多探讨多模态话语分析理论在汉语教学中的应用,针对某一课型或语言要素

第八章　多模态教学模式在汉语作为第二语言教学中的应用

教学进行多模态教学设计(王艳,贾圣驹,2016;姜艳艳,李登桥,2016;赵春辉,2017)。值得一提的是,自 2019 年起,探讨汉语多模态教学的相关研究出现了由定量描述向利用 ELAN 软件进行定量分析的趋势(如田晋华,2019;姜艳艳,刘宾,2020;王珊,刘峻宇,2020)。

综上,目前学界分析外语教学多模态话语的研究成果丰富,探讨汉语教学多模态话语的研究成果少,主要仍是定性分析为主,定量研究还少。因此,本章探讨多模态教学模式在汉语作为第二语言教学课堂中的应用,并基于定量研究的方法对汉语课堂的多模态运用情况进行分析,补充多模态话语分析理论的基础研究,丰富多模态话语分析的研究内容,深化多模态教学的认识。

第二节　多模态教学模式在汉语教学中的应用

自中华人民共和国成立后,我国汉语作为第二语言教学已经经历了由"对外汉语教学"到"汉语国际教育(教学)"再到"国际中文教育"的转变。名称的改变是不断适应汉语作为第二语言教学的新形势做出的适当调整,但是不管名称如何改变,语言教学的关键因素"教什么"并没有发生变化,其实质都是"教汉语"(王辉,冯伟娟,2021)。

现如今我们在思考如何从宏观层面提升汉语国际传播能力的同时,微观层面"如何教"的问题仍是需要给予关注的根本问题。季羡林(2000)指出:"随着中国国际地位的提高和经济发展的飞速前进,外国人学习汉语的积极性也日益提高。但是我国语言学界在这方面的研究和所采取的实际措施远远不能令人满意。"赵金铭(2004)也曾提到目前对外汉语教学与研究存在的问题,即研究的步伐跟不上社会的需求。几位学界泰斗都指出了教学与研究步伐跟不上时代发展速度的问题,因此应该不断反思教学方法的选择与运用。

在教育信息化 2.0 时代,教师可利用的资源越来越多,也为教学中使用多种符号资源提供了更为便利的条件。语言教学应该是多模态的。特别是 2020 年初突如其来的新冠疫情,也让汉语国际教学走上了大规模在线教学的时代,为提高学生的学习兴趣,提升语言学习效果,多模态教学模式在调动学生的多种感官,创设更好的学习体验方面发挥着更为重要的作用。目前将多模态话语分析理论应用于教学研究的成果日渐丰富,但主要集中在英语教学方面,将该理论应用于对外汉语教学的研究还不多见。为此,我们以汉语教学中一个常见的语法项目——把字句为例,尝试将多模态理论应用于汉语作为第二语言教学中,为汉语教学提供新的思路和视角。

一、多模态话语分析理论在汉语二语教学中应用的可行性

以往传统教学模式下,学生主要用听觉来获取信息,教学方式主要是单模态的。将多模态理论应用于教学中,利用空间、身势动作、图片、音视频、网络、角色扮演等多种手段和渠道来调动学习者的听觉、视觉、触觉、味觉等多种感官,使各种模态补充、强化、协同以达到最优的教学和学习效果,即多模态教学模式。多模态教学模式可以充分利用各种资源,使受话人通过多渠道获取信息,比单模态话语更便于受话者的理解和记忆(张德禄,2009)。

随着现代科学技术的发展和计算机技术的广泛应用,汉语教学也早已不应再是简单的"教材+黑板+教师讲学生练"的模式。以语法教学来说,传统的汉语课堂教学中,教师一般是按照教材给出的语法点讲解语法结构,解释用法,举出例子,然后让学生练习。抑或是先举例归纳语法结构和用法,进而让学生操练。很多老师也一再秉承汉语教学中最基本的"精讲多练"的原则,但是举例时所创设的情景往往仅是用语言进行描述。此时虽然语言交际一直处于语言学习的情景之中,可是很多时候单靠语言描述表达效率很低。以"把"字句这个汉语教学中公认的难点为例,虽然不少学者提出了关于该语言点教学的不少建议,如结合情境,讲清其语义语用,但有限的学习时间加之教学方法的单一仍然让很多学生不得要领,导致他们不是回避使用就是一用就出错。

语言学习的一个根本目的就是培养学生的语言交际能力,能够在真实语言环境中说出准确得体的话语。虽然在汉语课堂上并不是真实的社会交际环境,但是我们可以尽可能地创设真实的社会交际环境。多模态的教学模式就给我们提供了一个很好的切入口。通过语言媒体和非语言媒体(交际者的肢体媒体和非肢体媒体)的有效配合,特别是应用现代多媒体技术使文字、声音、图片、视频流、动画、网上资源等更加有效地

第八章　多模态教学模式在汉语作为第二语言教学中的应用

整合在一起,可以帮助学生接触到真实交际情景中的情况,通过多渠道获取有效的信息,使各种信息得以补充和强化,从而增强他们对语言的理解,进行有效表达。

二、汉语二语教学中多模态教学模式的实施

(一)模态的选择

张德禄(2009)认为,外语教学中,主导模态选择的因素主要是话语范围、话语方式和话语基调,这对对外汉语教学也是适用的。话语范围就是教学内容;话语基调主要包括师生的特点、兴趣爱好,教师对该语言点的把握,学生原有的知识储备和语言表达水平等;话语方式体现为教学设备、教学环节和传播渠道等。

就汉语教学而言,其教学目标并非是让留学生掌握汉语知识,而是能够进行表达和交际。以"把"字句为例,这个语言点与其他语法项目相比,难度较大。教师要了解学生的语言水平,根据其现有语言水平设计如何引出"把"字句,涉及的教学模态包括哪些,听觉模态、口语模态(师生的话语、教师的语气、语调、重复、停顿、音量等)、体势模态(教师的身势、手势、眼神、表情等)、以 PPT 为载体的模态组合(如文字、图片、视频、音频、动画等)等如何协调运作。因为教学目标是应用型的,如何在多模态协调下采用精讲多练的方式,设计能激发学生使用"把"字句的真实情境,激起他们的表达欲望等,这些都是需要认真思考的问题。此外,教室的大小、座位的安排等空间条件、教学设备等也影响着模态的选用。举例来说,教室座位的编排方式是行列式、圆桌式、小组式还是 U 型排列法,教师授课时所在教室的位置等都会影响和学生的互动。与国内一般课堂相比,目前对外汉语课堂基本都是小班教学,班级人数5~20 人不等,这为教师充分利用距离、表情、手势语等非语言模态,增进教师与学生的交流互动提供了便利条件。

总之,教师要在充分考虑以上制约因素的基础上设计教学过程和教学方法,设计如何选用不同的模态和媒体。张德禄(2009)认为,模态的选用要遵循下面的原则。

(1) 互补原则。一种模态表达的意义不足,需要由另外的模态加以补充,使各个模态互相配合和协调。

(2) 强化原则。即一种模态或一种模态的一种形式表达整体意义,用一种模态的另一种形式或另一种模态来突出部分意义吸引学生的注意力。如授课时,我们用 PPT 画面突出某个重点概念。

(3) 易理解原则。一种模态表达比较抽象,难度较大的知识时,用另一种模态来提供其实例、说明、关系等使理解更加容易。如"把"字句这个语言点难度较大,一定要结合实例使学生理解该句式的语义。

(4) 吸引原则。当用一种模态表达意义时,使用另一种更加具体形象的媒体来重现意义以吸引学生的注意力。

(二)多模态教学模式在"把"字句教学中的应用步骤

虽然"把"字句的基本表达式是:名词$_1$(施事)＋把＋名词$_2$(受事)＋动词＋其他,但实际运用中"动词＋其他"的形式是多样的,教学中我们不可能一次把所有的具体形式一一呈现,往往最先学习的是那些必须要用"把"字句进行表达的形式。如"我把书翻开"还有"我翻开书"的表达可以替代,但是要表达"我把钱放进钱包里"的情况就只能采用"把"字句去描述。限于篇幅,我们就选取汉语中这种位移型把字句来阐明如何运用多模态进行教学。

(1) "把"字句的导入。教师利用实物做几个简单的动作,如"把书放在桌子上",通过疏导性提问、疑问性提问等方式,引出"把"字句。在此时导入"把"字句阶段,口语模态和听觉模态是主模态,体势模态(如教师的动作展示)作为补充提供背景信息。接着 PPT 展示出刚才导入的"把"字句的语法表达形式:S＋把＋东西/人＋V 在＋地方,并将对应例句写在下方,解释该句式表达的语义。为了进一步吸引学生的注意,可以在 PPT 画面上用彩色大字号、黑体、加框等方式将句子中"把"和动词形式放大突出,在一定程度上丰富视觉模态的表现形式。简洁的文字表达配合视觉、听觉、体势模态的运用,可使学生初步了解这种位移型把字句的表达。然后通过其他动作演示巩固学生对这种形式的"把"字句的认识,如"把画儿贴在墙上",进一步还可以引出"V 进""V 到""V 给"等形式的"把"字句。

(2) "把"字句的初步表达。虽然外语课堂不是真实的社会交际情

第八章　多模态教学模式在汉语作为第二语言教学中的应用

境,但是多媒体技术可以为其提供尽可能接近真实的语境,如图像、录像、声音等作为教学的实际环境,使其接近最佳效果(张德禄,2010)。在教学中,我们可以精心选择一些从真实交际情境中录制的视频材料作为学习材料,使其对"把"字句的语言表达进行强化和具体化。例如,录制一名班级同学回到宿舍后将鞋放进鞋柜,将衣服挂到衣架上,将包放到桌子上等一系列动作的简短视频,课堂上借助多媒体将这些动作分解性地展示出来。该视频的主角是熟悉的同学,情境也是大家每天要接触的真实情境,这样就可以引导学生表达出"他把衣服扔到床上""他把鞋放进鞋柜"等一系列把字句。此时,教师也可以通过设计诸如"他把书包扔到床上了吗"等问题,引出"把"字句的否定形式:他没把书包扔到床上。PPT突出显示否定副词"没",以使学生明确否定词在"把"字句中的位置。此外,也可以由教师说出一个"把"字句(如"请把昨天的作业交给我"),请某位同学做出相应动作,进而面向全体同学提问:××刚才做什么了? 视觉、听觉、触觉模态相互配合提供信息,促进口语表达。

(3)"把"字句的成段表达。在学生对"把"字句已经基本掌握后,可进一步加强"把"字句的成段表达练习。如可利用这样的情境:下课后班级要举办一个 party。借助多媒体,教师可以将桌子、鲜花、蛋糕、啤酒、饮料等必备的物品的图片呈现给大家,让学生以小组为单位进行讨论,每个人用"把"字句说1~2个句子。此时,教师可以在学生中间巡视,倾听他们的表达,保持对全班学生的监控,通过眼神、表情、言语等和学生互动。进行小结时,当学生说出正确的句子后,教师就将图片动画放置到指定位置加以强化。最后,带领大家一起将这些"把"字句连起来,进行成段表达。

(4)结合文化,"把"字句运用的进一步拓展。语言学习不应仅仅是学习语言表达,还不能忽视对说这种语言的社会群体的文化的了解和学习。在对外汉语教学中,教师应时刻具有文化意识,将文化教学的内容渗透到语言教学的各方面。很多留学生来中国后都非常喜欢中国食物,教师根据对学生的了解,可以给学生展示一段他们较为熟悉和喜爱的中国菜(如宫保鸡丁)做法的视频,让学生在欣赏中国美食的同时试着用"把"字句进行表达,这样可以使学生在操练语言点的同时,了解中国食物的做法。为降低难度,教师可以先给视频配上"把"字句的口头表达或中文字幕,除了使用课堂上操练的"把油倒进锅里"等句子,还可适当增加一类使成型把字句,如"把鸡肉切成块儿"。在这个过程中,教师所说出的"把"字句是教学的主过程,配上视频则是对这个过程的强化。进而让学生表达,通过PPT给学生展示视频中的分解图像和一些提示词语,使文字、视频和图片互相补充。在学生稍加练习之后,再将视频中的中文字幕移除,请学生为这段视频配上解说进行成段表达。最后,在学生使用熟练后,可以布置一个课外作业:请他们使用"把"字句介绍一种自己所喜欢的中国食物的做法或者自己国家特色食物的做法,下节课互相交流。

三、结语

以上以汉语"把"字句的教学设计为例简单说明了汉语作为第二语言教学的多模态教学模式。在这个设计中,教学内容由易到难,层层推进,通过多种模态的配合使用,教师逐渐背景化,为学生提供表达的机会,使他们最终成为听觉模态和视觉模态的发出者。事实上,话语范围不同,模态的选择也应因此做相应的调整。另外,在实际操作中,教师也要有意识地多创设温馨幽默的环境,如微笑的表情,柔和又抑扬顿挫的语调,幽默的简笔画,幽默的语言,通过移动随时拉近和学生的空间距离等,让学生在愉悦轻松的氛围中学习,提高学习效率。总之,课堂中声音、文字、颜色、图片、音视频、距离、表情、手势语、动作等都是传递意义的有效媒体,进行对外汉语教学设计时,我们应该精心选择相应的模态,使不同模态之间相互配合补充,让学生创造性地实践所学,进行有效表达。

第三节 汉语教师多模态课堂话语分析

虽然对有的汉语教师而言并不十分清楚"多模态教学"这个术语,但事实上,汉语教师都在自觉或不自觉地调用多种符号,调动学习者的多种感官进行授课。在汉语作为第二语言教学的课堂上,教师是如何通过多种模态实现教学目标的?不同的汉语教师对多模态的利用情况如何?为此,我们以多模态话语分析理论为指导,对汉语教师的

第八章　多模态教学模式在汉语作为第二语言教学中的应用

课堂话语进行分析,以期为促进汉语作为第二语言教学课堂教学提供一些有益的思考。

一、研究的语料及方法

随着教育信息化 2.0 时代的来临,"汉语教师的课堂话语早已呈现出口语、身势、图片、动画、视频流、空间环境等多种模态综合的特点,人工智能和虚拟现实技术也已在汉语教学中有所应用,教师话语的多模态性日渐凸显"①。但是,许多汉语教师虽然已经自发自觉地运用新技术丰富课堂教学,却缺乏一定的理论指导,多数教师的话语设计和运用还处于摸索阶段。为充分了解汉语教师多模态课堂话语情况,本研究选取四位汉语教师的教学视频作为研究语料,其中视频一和视频二是初级阶段的语言点讲练课,时间均为 40 分钟左右,视频三和视频四为中级阶段的综合课,时间分别为 35 分钟和 45 分钟左右。四个录像的教学环节完整。与之对应,视频一和视频三分别来自"国家汉办官网优秀教学视频"和北京语言大学的《汉语课堂教学示范》,其中的教师(教师一和教师三)我们认定其为经验丰富的熟手教师,视频二和视频四是上海某高校对外汉语专业研二学生的课堂教学录像,两位教师都只有一个学期的课堂教学经验,我们认定其为新手教师。四位老师的教学都是在横竖排列的教室中进行,均有 PPT 投影设备,教室前面是黑板和屏幕,多媒体展台在教室前方的一侧。我们主要采用定性分析的实证方法,使用 Vegas Pro13.0 播放教学视频,对其中的教师话语进行转写,通过课堂观察法对使用的各种话语模态进行分析与描述,并对教师的话语时间进行统计,以期探讨以下几个问题:第一,在对外汉语课堂上,为了实现教学目标,教师话语中一般会使用哪些话语模态?不同话语模态在各教学环节是如何分布的?第二,各话语模态是如何协同、配合以实现交际目标的?第三,新手教师和经验丰富的教师相比,在多模态的选择、协同及话语量等方面有无差异?

---

① 李雅. 多模态话语分析理论对国际汉语教学的启示[J]. 民族教育研究,2018(5).

二、分析和讨论

（一）汉语教师在课堂上对多种模态综合使用

事实证明，汉语课堂早已摆脱了传统的"教材＋黑板＋教师讲学生练"的模式，教师绝不仅仅只是采用语言授课，而是多种模态话语综合运用，主要表现为视觉模态和听觉模态。视觉模态主要有黑板和 PPT 上的文字符号、图片、动画、教师的表情、动作、实物以及学生的活动；听觉模态主要是教师的讲解、PPT 的声音，当然还有很大一部分是学生回答，学生听。具体分析如下：

表 8-1　汉语课堂模态选用

视觉模态	书面文字符号 （书写在黑板上和 PPT 呈现的书面语言符号）
	伴书面语言符号 （字体、字号、颜色、加粗形式、PPT 背景、PPT 空间布局）
	图片（静态画面）
	动画、影像（PPT 文字或图片的特效动画、动态视频）
	实物（讲解或操练时展示的实物）
	身势（眼神、表情、手势、姿势、着装、身体的移动等）
	环境（座位布局、教室空间大小、教师和学生在教室中的距离等）
听觉模态	口语（教师的讲解）
	伴口语符号（音量、音调、语速、节奏、停顿、语气、口气、口音等）
	音频（通过多媒体播放的音频符号）
	音响音乐

此外，在不同的教学环节教师选用的模态并不一样。以同课型的视频一和视频二为例，将两位教师的教学环节进行概括，可以看到不同教学环节的模态使用情况（表 8-2）。在组织教学阶段，教师通过口头语言就可以完成这个阶段的任务，因此主要采用口语模态，配合教师的身势

第八章 多模态教学模式在汉语作为第二语言教学中的应用

语。而作为语言点讲练课,语言点的引入、讲解和操练是最重要的环节,因此在这些环节会使用大量的其他模态与口语模态一起共同完成意义的构建,模态的多样性体现最为明显。

表8-2 不同教学环节多模态话语分布

教学环节	模态的选择	
	教师一	教师二
组织教学	口语模态、身势模态(微笑的表情、点头、手势)	口语模态、身势模态(微笑的表情、手势)
语言点引入	口语模态、身势模态(微笑的表情、做动作,请学生说出含有语言点的句子)、以PPT为载体的模态组合(文字、文字动画、颜色凸显)	口语模态、身势模态(微笑的表情)、以PPT为载体的模态组合(文字、图片)、文字卡片
语言点操练	口语模态,身势模态(微笑的表情、期待的眼神、手势、动作展示)、以PPT为载体的模态组合(视频、音频、图片、动画、文字、字体加粗)、实物、环境模态	口语模态,身势模态(表情、手势)、以PPT为载体的模态组合(图片、文字、动画)、环境模态
小结	口语模态、以PPT为载体的模态组合(图片、动画、文字)	口语模态、以PPT为载体的模态组合(图片、动画、文字)
布置作业	口语模态、身势模态	口语模态、身势模态

(二)汉语课堂上多种模态之间相互协同

教学中,各种模态的选择不应该是随意的,而是受制于教学目标、教学内容、教学媒体、教学语境等各种因素。张德禄(2009)认为,外语教学中,主导模态选择的因素主要是话语范围,话语方式和话语基调。在对外汉语教学中,话语范围就是教学内容。对外汉语教学是教语言,其首要的教学目标并不是让留学生掌握汉语知识,而是能够使用汉语进行表达和交际(姜艳艳,李登桥,2016),这应该是制约教师模态选择的最重要的因素。Kress& Van Leeuwen(2001)更是指出这是唯一的因素。话语基调主要包括师生的特点、兴趣爱好,教师对语言点的把握,学生原有的知识储备和语言表达水平等;话语方式体现为教学设备、教学环节和传播渠道等。

在这些因素的制约下,总体来说,对外汉语课堂教学中,口语模态应该是教师采用的主模态,但是其他模态(身势、文字、图片、视频、动画、颜色、实物、环境等)对教师话语的实现以及教学目标的达成都具有十分重要的作用。从表8-2可见,在不同的教学环节,对外汉语教师选择的模态并不相同,但总体来说是以口语模态为主,其他模态提供背景,作为主模态的补充相互配合以有效实现交际目标。

在授课过程中,口语模态决定着整个教学的进程(张德禄、李玉香,2012),特别是在对外汉语教学中,学生首先需要听教师表达出正确得体的句子,通过听觉模态为自己所接收。同时,口语模态还是将其他各模态贯串起来的黏合剂。伴随着教师的口语,语言的节奏、重读、停顿、语气、语调等伴口语模态,都成为教师表达重要信息的手段,对口头话语起到强化补充和优化的作用。配合教师的话语,教师很注意采用微笑的表情、侧耳倾听的姿势、期待的目光等,这些身势模态都可以让学生感到亲切放松,通过人际意义来提高教学效率。

其次,环境模态决定了整个教学的空间环境,对外汉语课堂一般都是教师在教室前面与学生相对俯瞰学生,这种空间安排凸显了教师的权威。但课堂上教师并非总是站在前面,通过移动自己的位置,特别是在操练环节往往走入学生中间,这样可以拉近与学生的距离。

此外,在多媒体技术日益发展的条件下,运用多媒体课件已经成为普遍现象。"虽然外语课堂不是真实的社会交际环境,但多媒体技术可以为其提供尽可能真实的语境"(张德禄,2013),可以为口语模态提供强有力的支持,这也是目前对外汉语课堂上普遍使用以PPT为载体的组合模态的很重要的原因。PPT可以提供文字、伴文字符号、音乐、图片、视频等多模态刺激,通过图片和视频提供真实的情景,通过字号的大小、字体的不同、颜色的区分、加框画线加粗等方式对重要信息进行强化,而通过使用动画特效,伴随教师的口语,适时在屏幕上出现文字、图片等,对口语模态起到了有效的强化和补充作用。

(三)新手教师和经验丰富的熟手教师在多模态运用上有差异

通过对四位对外汉语教师多模态话语的标注分析,总体来看,新手

第八章 多模态教学模式在汉语作为第二语言教学中的应用

教师与经验丰富的教师相比,在模态选择的多样性方面不存在显著差异,对外汉语教师都会有意识地选择口语模态、身势模态、以PPT为载体的组合模态等多种模态进行教学以更好地实现教学效果,这一点在表8-2中也有所体现。但是新手教师在模态选用的熟练度和有效性方面明显不如经验丰富的熟手教师。例如,通过观察视频中的两位新手教师,我们发现,整堂课他们基本都是站在教室前面,其移动的范围也仅限于黑板和第一排学生中间的距离,即使是完全让学生进行的练习活动,教师的移动位置也决定其更多地关注前两排学生的情况。与之相比,熟手教师就要灵活得多:授课时经常在黑板和前两排中间移动,目光和手势也经常会顾及教室后排的学生,在让学生进行操练活动时走进学生中间进行巡视,面带微笑亲切地俯身倾听学生的讨论,通过与学生的距离拉近双方的人际关系。视频三中教师在讲解"调整"一词时,更是顺应班级中同性别学生同坐的情势,让男女同学互换座位,在课堂情景中让大家理解该词的含义,并顺势提出问题"现在调整得怎么样",使学生掌握其用法。可见,熟手教师对环境模态的利用率更高。

其次,新手教师在多模态的配合和协同方面与熟手教师有一定差距。事实表明,经验丰富的教师更注重通过各种模态补充和强化自己的话语,如用语调、音量、表情的变化等突出重要的知识点,而且为了让学生获得相关语言能力进行交际,他们还会有意识地对教学内容进行多方面和多次强化。如视频一中的教师进行"把"字句的讲解时,边做动作边问"这是什么?现在包在哪?老师做什么了"等一系列问题,引导学生说出正确的把字句("老师把包挂在墙上了"),此时口语模态和听觉模态是主模态,身势模态(如教师的动作展示)作为补充提供背景信息。接着教师通过设计"老师把包放在桌子上了吗"这个问题自然引导出"把"字句的否定形式。在学生跟读以后,通过PPT播放出这个句子,并将否定词"没"动画圈出以凸显它在句子中的位置,配合教师的口语在视觉上引起学生的注意。随后,教师通过两个视频和两个动作演示,引导学生说出正确的句子,而视频中的人物都是班级中的学生,所做的动作也都是日常生活中常用的动作。人和事都是学生所熟悉的,这就在某种程度上成为对语言表达的进一步强化。与之相比,新手教师在多模态的协同方面还有待提高。这表现在:

(1)选择身势模态,但是身势语的使用不能与口语模态进行有效配合。如视频四中的老师在等待学生回答问题时,身体随意地晃动。两位老师在都不太会运用表情、语调、音量、节奏等手段强调所学的重要知识,其中一位老师的口音还比较重,不利于学生学习标准的普通话。

(2)采用 PPT 组合模态,但是设计不够严谨。虽然考察的两位新手教师都使用了 PPT,但是在对 PPT 组合模态的组织上表现出一定的随意性:没有从整体考虑 PPT 的页面布局,图片的选用不具有典型性,只是伴随教师的口语展示出书面话语,对重要信息很少凸显明示。

最后,课堂上新手教师的话语量明显大于熟手教师。对外汉语课堂不同于一般的教学课堂,作为第二语言教学,让学生能够使用汉语进行正确流利的表达是首要的教学目标。根据 Kress & Van Leeuwen(2001),教学应该是一种程序,要帮助学生掌握技能,这就需要对外汉语教学的课堂上需要学生说话来提高其汉语表达能力,这也是一直以来"精讲多练"原则成为对外汉语课堂的首要原则的原因。而通过对四位教师课堂话语时间[①]的统计,我们看到其中存在差异。

表 8-3　四位对外汉语教师话语时间分析

	课堂总时间	教师话语量	教师话语时间占课堂时间的百分比(%)
视频一	39 分 20 秒	11 分 43 秒	29.8
视频二	39 分 54 秒	23 分 56 秒	60
视频三	85 分	29 分 20 秒	34.5
视频四	44 分 1 秒	21 分 31 秒	48.9

一般来说,学生操练和教师讲解的时间比例,"综合课,学生的练习时间不能少于 60%;口语课,学生的练习时间不能少于 70%"(杨惠元,2007:87)。通过上表可见,考察的两位熟手教师的话语时间一般占课堂时间的 30% 左右,比较符合这个比例,而两位新手教师课堂上的话语时间明显高于熟手教师。虽然每位老师说话的语速会有一定差异,但这个数据在很大程度上说明新手教师的课堂话语量大于熟手教师。这意味着,对外汉语课堂上,经验丰富的教师课堂讲解会更精练,能更好地转换角色,为学生提供更多的话语表达机会,使他们成为口语模

---

① 这里统计的教师话语时间,没有包括师生共同话语时间(教师和学生一起说出含有该语言点的句子)。

态和听觉模态的发出者而非更多地作为接受者,而新手教师在这方面还有待提高。

三、结语

教师多模态话语是多种符号资源整合的结果,可以使多种符号优势互补,使表达效果达到最优。在对外汉语课堂上,教师话语呈现出多模态性是总体发展趋势。通过对四位对外汉语教师课堂多模态话语的分析可见,汉语教师课堂上能够大量使用多模态话语,并根据实际授课内容对模态进行选择和配合,但总体来看,新手教师在多模态话语的熟练度和有效度方面、多模态话语的协同性及话语量方面与熟手教师仍存在一定的差距。当然,模态的选用与教师的教学风格、教学思想等存在一定的关系,课型、具体教学目标不同,在模态选用方面也会体现出差异,而且本研究选用的语料数量有限,也会影响我们的研究结果,因此,本研究还需进一步深入和优化。在当今"互联网+教育"的时代,如何利用多模态话语分析这种较新的理论,创造性地结合国际汉语教学的实际,对汉语教学进行多模态的科学设计,需要我们今后继续探讨。

第四节　汉语写作教学教师多模态话语分析

在各个单向技能课中,写作课一直是公认的"难课",学生反映难学,教师反映难上。而且相对于其他语言技能课的研究,汉语写作课研究非常薄弱,不仅研究数量少,高质量的研究成果更是寥寥无几。事实上,写作课并不是单纯一味让学生去写,好的教师会在写作课上注重师生、生生互动,注重写作与语言其他技能之间的关系,会强调口语表达和阅读的重要性,也就是说好的汉语写作课堂,应该也是多模态的课堂,是对学生多方面感官的调动。本节基于两所大学对外汉语写作课堂的真实案例,采用课堂观察法,通过对课堂情景的分析,探讨多模态理论在汉语写作课堂中的实际应用情况以及不同模态之间的关系。

一、课堂教学场景描述

第一个案例是国内某高校初级汉语写作课堂,教室前面的墙上正中间挂着投影幕布,墙的左前方是一块可移动的白色写字板,右前方是投影仪硬件控制设备及微机讲桌,隔墙一米多的位置是从前向后依次排开的五排学生座椅。本节课共有汉语写作教师一名,女;留学生六名:韩国留学生四人,俄罗斯留学生一人,埃塞俄比亚留学生一人,男女各三人。第二个案例是精选的国内高级汉语写作课堂,所用教室是大学通用教室,教室前面的墙上右下方悬挂黑板一块,离墙一到两米的右前方有微机课桌一台。整节课堂并无投影设备使用,但通过观察视频中教室布局发现应该具备播放投影设备的条件。由于视频限制,仅可知教师是一位男性汉语教师,学生数量与性别未知。

上课期间,两位教师的位置基本固定,均在课桌和前墙之间移动。案例一中的女教师的布置练习任务时会在学生之间走动检查。教师的施教设备为课本、计算机及投影遥控器。第一个案例中女教师大部分时间用遥控器控制 PPT 讲解,中间穿插练习时用到课本。六名学生坐得比较分散,但不得任意走动。案例二中男教师基本按照课本顺序进行课文讲解,偶尔用到笔记本电脑。观察推测学生位置亦固定,无任意走动情况。

案例一的主题为笔画教授,PPT 中的注解语言与教师课堂用语基本为英语,介绍中文笔画名称以及默写笔画时用语为中文;教师的口语不是很标准,带有乡音;表情较亲和,授课过程中面带微笑,视线主要集中在学生和 PPT 上,多数时间是看着学生,有时略一眼 PPT;身体大部分时间朝向学生,有必要时面向白板或幕布;教学过程中手势与身势语言丰富,特别是讲解笔画方向时身体浮动较大。案例二的主题为说明文学习,课堂用语及板书均为中文;教师语速均匀平缓且发音准确,较多鼓励用语;教师表情较严肃且变化不大;大部分时间面向学生,必要时看课本及计算机;手势非常丰富但整体上无较大幅度的身势动作。两个案例上课期间均无小组讨论与学生上台作报告之类的活动,教师与学生、学生与学生之间有互动,学生听讲较认真且积极回答教师问题,但整体课堂气氛并不很活跃。

第八章　多模态教学模式在汉语作为第二语言教学中的应用

二、各教学环节中的教师多模态话语表现与协同

运用多模态教学模式是由于一种模态无法达到预期效果，有时是为了增加课堂的趣味性，激发学生的学习兴趣，主要原因是前者。一种模态往往不能充分表意，因此需要其他一种或多种模态综合使用对其进行强化、补充、调节或协同以达到交际目的，而根据张德禄（2009）的研究，模态间的关系作用主要有互补关系和非互补关系，互补关系中包括强化关系（突出、主次、扩充）以及非强化关系（协调、联合、交叉），而非强化关系中包括交叠关系（冗余、排斥、抵消）、内包关系（整体与部分、抽象与具体）以及语境交互关系（独立、依赖）。下面将两个案例中课堂分为组织教学、复习检查、讲解并总结新课、布置作业四个教学环节进行讨论。

（一）组织教学

这个环节两个案例中的教师均提出问题引起互动，主要涉及口语模态（口气、声调、发音等）和听觉模态，体现为教师与学生相互间的语言交流。教师的非语言模态，如表情、手势等身势模态强化和补充主要模态，体现人际意义，表达教师的态度等。

（二）复习检查

第一个案例中的复习形式为默写，教师要求一名埃塞俄比亚女学生到教室前面的白板上默写前一节所学笔画，其他学生则在自己的练习本上进行。在这个过程中，教师口述笔画名称，身体略带倾斜角度给予提示，体现了口语模态和视觉模态的配合，同时朝向、身体移动、手势等身势模态辅助和强化了视觉模态，引起学生关注使知识更好理解，补充了语言模态无法表达的内容，体现了人际意义和语篇意义。学生在听到笔画名称的同时会下意识地看教师的身势动作，回忆笔画并默写在本子上，体现了听觉模态和视觉模态的相互配合。整个复习过程以视觉模态居多，包括学生默写后的检查、抬头对照白板上的笔画和教师不断走动检查学生的掌握情况等。

案例二中的复习形式为教师口述与板书，教师在进行口头回顾的同时在黑板上书写关键词，学生跟随教师思路回顾之前所学内容并结合板

书加深记忆,涉及口语模态、听觉模态和视觉模态。在复习环节中,案例一的主导模态为视觉模态,文字为主要媒介,听觉模态和口语模态为补充,教师的话语起到辅助作用。

(三)讲解并总结新课

第一个案例中,教师主要使用PPT进行授课。PPT的制作内容主要包括图片、动画效果、文字和声音,以文字为主,图片和动画为辅。其中每张PPT都有一个鲜明的大标题,大标题字号较大且一般为红色或蓝色等区别性强的鲜明颜色,正文字号略小且稍显密集,包含的文字内容较多。PPT中的大小写、斜体、颜色、黑体斜体等语言模态等起到强调和吸引注意力的作用,有时突出重点,体现人际意义和语篇意义,补充和优化了口语模态。教师在口头授课的同时遥控器红外线指向PPT相应位置,同时辅以手势动作和肢体动作。当教师向学生教授笔画时,如"卧钩",留学生从未接触过类似笔画,教师只口头描述是解释不清楚的,此时PPT动画演示卧钩运笔的方向和过程或摆上一个侧卧的人的图片便能帮助理解,视觉模态便强化补充了听觉模态,二者相互协同发挥作用,便于学生的理解并且加深记忆。

第二个案例中的教师80%的时间在口头叙述,听觉模态为课堂教学主要模态。不论是传统教育模式还是现代教育新模式,课堂主要行为都是老师讲学生听,其间伴随师生间的口头交流互动行为。课堂教学的进程基本由教师的口语进程决定,教师话语在课堂交际进程中起决定性作用,因此听觉模态自觉占据整个课堂的主导地位。案例二中的教师多用升调和重音对所述内容进行强调,每讲到重点内容就会板书同时加重语气配合。视觉模态主要起辅助和补充作用,体现在学生看课本、看教师的板书以及观察教师的手势动作上。

(四)布置作业

两位老师均口头布置课后作业,案例一中教师口述同时用PPT展示相应文字,书面语模态强化补充了听觉模态。案例二中教师口述同时板书关键词,视觉模态辅助优化口语模态。在两个案例中,教师运用丰富的手势、身势动作、语气和表情等,表达教师的态度,适时突出重点信息,体现人际意义。

第八章　多模态教学模式在汉语作为第二语言教学中的应用

综上可见,汉语写作课上,教师能够有意识地运用多种模态进行教学,其中听觉模态与视觉模态能够较好地配合以达到更好的教学效果。事实证明,不同模态之间的协同在课堂教学中的作用不容小觑,模态搭配合理发挥的效用也会增强。如教师在讲解过程中经常通过视觉模态来补充强化自己的讲解内容,授课过程中使用PPT以及利用黑板白板上的板书将知识以文字的形式呈现在学生眼前。此外,教师的面部表情有一定的反馈作用,手势与肢体动作也起到一定的辅助作用,如讲解笔画时做出大幅度的身势动作演示以帮助学生理解记忆。强调事情的重要性时常常夸张表情、放大口型、将PPT上的字体加粗标红以及加上一些搞怪图片或动画以达到强调目的,这些动画和图片在帮助留学生理解的同时增加课堂的趣味性。具体的模态类型、协同作用及具体表现等见表8-4。

表8-4　汉语写作课多模态协同情况

教学环节	模态类型及协同作用 语言	模态类型及协同作用 非语言	具体表现
组织教学	口语模态为主,控制课程进度,其中口气、声调、发音等表达区域特征和教师态度,体现人际意义;听觉模态为辅助,实现课堂进程	身势模态,如眼神、手势等为补充、强化,表达情感优化传播媒介	教师与学生的口头话语交流,教师讲话时的口气、声调、发音以及伴随的眼神、手势等
复习检查	口语模态和听觉模态为主要模态,通过口语传递信息,通过听觉接收有效信息,控制课堂;视觉模态补缺,检查回忆知识同时吸引注意力	身势模态中的朝向、身体移动、手势等优化主要模态,教师身体移动所在的部位会成为教学的关注点,具有语篇意义和人际意义,同时加强对所经过区域的控制力	教师默写时的口头话语与身体朝向、教师检查时全班走动、学生检查自己所写内容同时对照白板

续表

教学环节	模态类型及协同作用		具体表现
	语言	非语言	
讲解并总结新课	口语模态、听觉模态与书面语模态为主要模态,可永久保存的书面语中如大小写、斜体、黑体、斜体等可以辅助听觉模态使学生及时理解与记忆,表达的意义非常细致	身势模态中身体移动与手势补充视觉模态,补充语言无法表达的内容,有时起突出作用,有时也起指示作用;PPT 中的颜色、图像、动画、音效等视觉模态吸引学生注意力,有人际功能,优化了书面语模态	教师话语、手势、身势动作、表情、口音、PPT上显示文字的大小写、字体、颜色以及图片、动画、音效等
布置作业	口语模态与听觉模态为主,控制整个环节的话语进程,其中语气和声调等表达态度;视觉模态为辅助,文字的展示补充口语模态无法实现的意义和效果	表情、手势等身势模态等辅助文字模态,表达态度与情感,体现人际意义	教师口语、表情、手势、语气、PPT 与板书等

三、汉语写作课堂存在的问题探析

通过分析上述案例并结合国内大部分写作课堂的实况,总结出以下几个问题。

(一)汉语写作课堂的输出练习太少

汉语技能课的培训分为输入和输出两种类型,输入主要涉及的课型是听力课和阅读课,而输出则主要涉及写作课和口语课。输入和输出并不是绝对的,而是相比较而言的一种区分,因为口语课上必然涉及听力,

第八章　多模态教学模式在汉语作为第二语言教学中的应用

而写作课也无法离开阅读而存在。《汉语国际教师标准》提出写作教学的原则之一即"注重写作教学与其他技能教学相结合"。在上述两个写作课案例中,教师对学生的输出要求都很少,整堂课教师说得更多,学生的口语模态相对较少,而且书面输出也极少,直接导致口语模态与书面语模态脱节。口语模态在教师讲完后转瞬即逝,没有书面语的辅助无法将信息即时传递给学生,学生大脑中印象不深刻从而导致记忆不深刻。

案例一中,教师大部分时间在向学生输入笔画的写法,基本是老师一直在讲,并没有紧跟练习。汉字对于"汉字文化圈"国家(比如日本、韩国、越南等)的学生都不是很好掌握,更别说拼音文字国家的留学生。只引入新知识而不练习巩固的话并不能达到教学目标的预期效果。

案例二中,学生学习说明文,口语输出较多,但是教师只讲课文而不谈练习,远不足以训练出学生的写作能力。俗话讲"眼过千遍不如手过一遍",教师只讲说明文是什么,说明文的要素是完全不够的。写作这一门技能课是一门主动输出的复杂语言技能课,不仅要求有一定的中文词汇语法积累,还需要更高层次的语言表达能力比如中文逻辑思维能力、个人的表达能力、生活经验的积累等,因此高校的文章写作一般在学生有了一定基础和积累之后的大三才开设。

(二)教师的课堂教授用语存在问题

案例一中教师没有用汉语进行教学且偶尔出现口头禅、语音不标准等问题,口语模态和口音模态与图像模态的配合出现问题。口语模态是一种语言模态,教师所用语言与 PPT 显示文字所对应的语言有出入,不利于学生接受新知识。陈昌来(2005)指出,"尽量避免使用学生的母语或者其他媒介语(比如英语)"是汉语初级阶段的教学原则之一,因为讲媒介语不能顾全所有,对班内一些学生是不公平的。案例一中,六名学生的官方语言均不是英语,如果按照学生比例应使用韩语教学,但并不可行,因此教师选择了中介语英语。但是众所周知,韩国人的英语并不好,将其视为"老大难",甚至有记者专门写出文章报道韩国人的"英语难"。[①] 种种迹象表明,用一个国家的母语或一种中介语进行授课是不

[①] 宋佳炬. 英语:韩国人眼中的"老大难"[N]. 中国文化报,2010-04-17.

规范且不公平的,除非必要时刻不要运用。口音模态包括口头禅问题显示教师的个人特点,体现教师个体的区域属性,课堂话语不规范会影响学生的发音以及日常交际。

　　学生与教师相互间反馈信息较少,表情与身势动作单调,存在教师忽略部分学生的倾向。

　　写作课堂相较于其他课堂较复杂难度系数较高,学生最不易掌握的语言技能当属写作,而两位教师在课上都没有花很多时间让学生进行足够的输出练习并获得反馈信息,口语模态、表情模态、手势模态以及身体移动模态配合不协调。两个案例中教师的身势模态运用并不多,不能引起学生注意起到解释说明效果,信息表达不清晰。经过观察,英语国家的学生活跃度要高于亚洲国家的学生,男生的积极性明显高于女生,不论是在案例一还是案例二,都是男生主动回答问题并积极提问,而女生基本处于消极应对的状态。教师常常忽视了班上性格沉闷不善表达的学生,课堂上的"懂不懂"问完之后并没有得到学生反馈就按照自己的节奏继续讲课,询问有些流于形式。教师的表情基本只有微笑。微笑表情仅表示对学生的认可态度,其他方面的信息并无明显反馈。

(三)课堂互动与活动太少

　　在两个案例中,以学生为中心的活动太少,师生间互动模式基本为提问与回答,内容枯燥,形式单一不灵活,口语模态、听觉模态与视觉模态配合不协调,从而导致了课堂气氛的沉闷。第二个案例中的教师整节课在讲台前没有移动,只有偶尔的问答互动,没有身体动作模态与口语模态和听觉模态的配合,信息得不到补充与强化,重点信息不突出,单纯口语难以说出的信息被隐藏。课上活动较少,违背了"以学生为中心""从做中学"等基本原则,特别是写作课这种本身就枯燥无味的技能课型,活动太少在一定程度上成为整节课的沉闷主要原因之一。

(四)以 PPT 为载体的模态组合运用不到位

　　PPT 的基本布局由图片和文字构成,文字模态与图像模态在空间布局上配合不到位。案例一中教师所用 PPT 文字太过密集,关键内容不突出,留学生本身对汉字就不是很敏感,从一大段文字中提取关键信息对于初级学生来讲很困难。每张 PPT 都有一个鲜明的主题,但解释过于烦琐不易理解，文字所占篇幅较大，图片较少，PPT中的图片和文字的位置基本没有变化，没有新意。

四、从多模态角度针对问题提出解决方案

上述问题某种程度上反映了我国国内汉语写作教学的现状，其明显是受到中国传统的教育方式的影响。下面就从多模态角度出发，针对上述问题提出一些合理的可施行的解决方案。

(1) 教师要充分利用现代媒体设备，利用PPT组合模态强化辅助听觉模态。

如使用投影仪设备播放PPT、动画、电影、录像等，不仅能模拟真实语境重现对话现场，而且能增加写作课的趣味性，引起学生学习兴趣，激发学生学习动力，不至于让课堂沉闷枯燥。PPT的制作要突出重点，关键词或重点内容要明显突出一目了然，减少大篇幅的文字使用，简明扼要地叙述主要内容并用图片辅助理解。掌握现代教育技术已经成为新时代汉语教师的基本素养之一，多媒体设备的使用在有条件的情况下基本属于必备技能，在写作课中使用多媒体设备能起到视觉模态强化听觉模态的重要作用，生动形象更易于留学生接受新知识，吸收新讯息。

(2) 教师应该多设计一些有趣的活动，利用身势模态和视觉模态等优化补充听觉模态与口语模态。

活动起码应该能锻炼学生的写作输出能力，增加一些大幅度的身体移动，增强人际功能在课堂中发挥的效用，形式丰富更佳。写作属于输出类型的技能，因此要在输入阅读的基础上不断进行大量练习以积累巩固从而内化为高级的语篇写作打好坚实的基础。教师针对不同阶段不同年龄的学生可以设计不同的活动，对低龄学生可设计一些趣味丰富的游戏或比赛让他们更好地掌握笔画以及部件等汉语汉字的基础知识，而对大龄学生则可以组织他们生日或节日时生活录像，在写作课上作为题材播放，来源于生活的素材更容易激发他们的写作欲望，这样就可以利用视觉模态辅助与优化听觉模态从而达到最佳效果。

此外，写作教学要增强师生之间和学生之间的互动，写作之后不一定由教师评改，也可以将学生分为若干小组，每位同学将自己的习作读给小组同学听，小组同学边听边提出问题，通过同伴支架式教学优化写

作。学生修改后再进行师生互动。

（3）教师要规范自己的课堂用语,提高自己的话语质量,优化口音模态和口语模态的效果。

教师的角色是组织者、领导者,学生的注意力基本集中在教师身上,他们的话语内容即学生的学习内容,因此必须保证信息渠道通畅无阻,即教师的口语水平必须达标。国家要求汉语教师必须达到国家普通话水平测试二级甲等,而教师的语音也必须标准。特别是在打基础的初级阶段,教师如果自身要求不过硬就会出现把学生的语音带跑偏的现象。同样,教师要提高自己的表达水平,用规范的普通话教授学生,不要出现带口头语的现象,不然会误导学生或引起不必要的提问而耽误课堂进程。

（4）教师要合理利用人际功能来促进学生的知识吸收以及信息获取能力,充分利用表情、眼神等体势模态和声调、语气、音量等口语模态。

人际功能是韩礼德提出的系统功能语言学三大功能之一,指的是语言具有提示说话者身份、地位、态度、动机、参加社会活动等功能,通过这一功能,讲话者使自己进入某一语境发表自己的看法态度并试图影响听话人。这就要求教师在讲课过程中表情应该亲和,面带微笑,语言要简明扼要,声调抑扬顿挫,不要说口头禅和与课堂无关的话。教师在课堂中要时时转换自己的角色,变成一位倾听者、监察者,讲话时如果不需要看PPT或者板书尽量走到学生中间去,使学生成为课堂中心,为他们提供练习实践的机会,使他们成为听觉模态、视觉模态、口语模态的发出者,增加与学生的互动,多做有效询问以及时得到学生的反馈信息,同时创造一个轻松活跃的课堂氛围,有利于带动学生的写作积极性。

（5）教师要合理利用现有资源与环境,最好在已有基础上创造新资源用来教学,加大手势和身势动作模态的运用力度。

教室中现有的桌子、椅子、学生的文具、自身的着装等,都可以变为教师讲课的有效工具。教师在初级阶段可以多利用实物进行讲解以帮助留学生更快更直观地理解与记忆。手势与肢体动作也是教师自身具备的有效教具,在初级写作课中笔画与部件的教授中用以演示笔画或部件结构的大幅度的肢体动作和手势能引起学生注意并加深他们的印象,这种教学方法加强了他们的视觉模态,在听觉模态主导的同时用视觉模态解释和补充使所授知识更加直观与生动。

第五节　基于 ELAN 的汉语口语课
多模态教学考察

本节运用 ELAN 分析软件对国内某著名高校的高级口语课的教学录像进行定量研究,并结合定性分析、对比分析,探讨在教学过程中模态使用及组合上的特点,使研究结果为汉语教学提供客观依据,为老师有效使用多模态提供借鉴,使之更好地服务于汉语作为第二语言教学。

一、研究设计

(一)研究语料介绍

本研究选取的语料是基于南京大学海外教育学院朱锦岚老师高级口语真实课堂录制的教学视频。教室前面的墙上是黑板,偏右位置挂着投影幕布,黑板前方是讲台,上面有投影仪硬件控制设备,距离讲桌一米的位置是从前向后依次排开的三排学生座椅,可移动。本节课共有汉语口语教师一名,女;留学生十三名。上课期间,教师的位置基本固定,主要在讲桌后和讲桌前方进行活动。

该节口语课的教学主题为"吸烟",教学时间为 42 分钟,教学过程包括复习、生词讲解、语篇模仿、语篇演练、点评这五个环节。

(二)研究方法

本次个案分析采用的研究工具为 ELAN 视频分析软件,该软件由荷兰的由普马心理语言学研究所设计研发,是一个对视频和音频数据的标识进行创建、编辑、可视化和搜索的标注工具。本次分析使用的版本为 ELAN6.0。ELAN 对教学过程中的多模态分析起到便捷有效的作用:用户可以根据自己的研究需求自行定制模态类型,对模态进行分层标记,在标记的过程中,还可以反复播放同一段教学视频并对该段中教师的动作、语气、声调、手势等进行多层次标记,标注的结果可以导出作进一步分析。

二、结果分析

(一)不同环节模态组合使用特点分析

在不同的教学环节,教师会根据各环节的具体情况选择不同的模态组合。下面分别对各环节的模态组合使用特点进行分析。

1."复习"环节

教师先播放了一分钟的视频,然后根据视频提问问题请学生回答,此处使用了口语与视频即语言模态与视觉模态的组合,视觉模态为语言模态提供了背景信息,不仅很好地概括了上节课所学的内容,还锻炼了学生的理解表达能力和信息提取能力。接着教师通过两个自制卡片提问学生问题,口语与卡片即语言模态与视觉模态有机组合,视觉模态对语言模态起到了强化作用,突出了所讲内容。最后教师通过让单个学生以及全体学生朗读PPT图片上的内容这种方式,巩固上节课所学的重点句子结构,口语模态和图片这种视觉模态组合,让学生通过读加深印象,口语模态对视觉模态起到了强化作用。

2."生词讲解"环节

第一小阶段首先是学生看着教材说出其在预习时有疑问的生词,此处使用了口语与教材即语言模态与视觉模态的组合,视觉模态对语言模态起到了补充作用,使学生联系上下文找到生词,语言模态又对视觉模态起到强化作用,突出了生词。教师请其他理解这个生词的学生回答,之后教师针对学生的回答进行重复、补充,最后让学生用这个生词进行造句。第二小阶段主要是教师在教材上找到并指出其认为学生较难理解的词语或结构,然后举起带有该词语或结构的自制卡片,教师或是让学生回答它的意思或是自己解释,之后引导学生用该词语或结构说出句子,此时口语与卡片结合,视觉模态对语言模态起到强化作用,使词语或结构更突出。

第八章　多模态教学模式在汉语作为第二语言教学中的应用

3. "语篇模仿"环节

在"语篇模仿"环节，教师先让学生看教材回答文章的结构层次，这是使用了口语与教材即语言模态与视觉模态的组合，视觉模态对语言模态起到了补充作用，使学生能够联系上下文回答问题，语言模态又对视觉模态起到强化作用，突出了文章的结构层次。教师进行总结并将凝练的篇章结构和关键词语展示在PPT上，引导学生根据结构和关键词语对这篇文章进行叙述，口语与图片即语言模态与视觉模态的组合，视觉模态对语言模态起到补充的作用，使学生在回答问题的时候用到图片中的内容。

需要特别指出的是，在上述每个教学环节，身势模态一直贯串始终，教师在进行语言表述的同时，大量运用节拍手势、指示手势、语用手势、模糊手势、隐喻手势等，来帮助强化自己的语言以及对学生进行提问、提示，这些身势模态对语言模态起到很好的强化和补充的作用。

4. "语篇演练"环节

在"语篇演练"环节，教师通过PPT上的图片发布任务、要求等，口语与图片即语言模态与视觉模态组合，语言模态强化了视觉模态，使图片中的内容得到强调。该环节主要是学生操练的过程，在学生辩论的过程中教师仅起主持、引导的作用，模态运用相对较少。

5. "点评"环节

在"点评"环节，第一小阶段是教师对每个学生在辩论时的主要观点进行总结、重复。第二个小阶段是教师对学生在辩论过程中用词用语的不恰当进行纠正。在这两个阶段教师使用了口语与节拍手势、指示手势、模糊手势、隐喻手势即语言模态与身势模态的组合，来帮助强化自己的语言以及对学生进行提示，这里身势模态对语言模态起到强化和补充的作用。在第二个小阶段，教师还将强调的词语写到黑板上来进行突出强调，这使用了口语与板书即语言模态与视觉模态的组合，视觉模态对语言模态起到强化的作用。

综合上述分析可以看出：该课堂主要为语言模态与视觉模态的组合、语言模态与身势模态的组合。语言模态与视觉模态的组合包括口语与视频的组合、口语与图片的组合、口语与卡片的组合、口语与教材的组合、口语与板书的组合。语言模态与身势模态的组合主要是口语与手势的组合,而手势又包括指示手势、模糊手势、节拍手势、语用手势、隐喻手势。各个模态能够相互配合发挥作用,使课堂教学的教学效果达到最大化。

(二)不同环节各模态使用特点分析

应用ELAN分析软件对不同环节各模态的使用进行分层标注,标注完成后,点击"查看"中"标注统计"选项即可查看数据统计结果,然后根据数据统计结果进行数据分析。下面选取有代表性的数据对不同环节各模态的使用进行统计分析,从而得出各模态在不同环节的使用特点。

1. 不同环节各模态总体使用情况

首先,根据数据统计得到不同环节各模态总体使用情况(见表8-5)。

表8-5 不同环节各模态总体使用情况

教学环节	模态	总标注时长(秒)	标注时长百分比(%)
复习	语言模态	221.241	4.363
	视觉模态	210.4	2.766
	身势模态	23.022	0.908
生词讲解	语言模态	428.492	8.45
	视觉模态	288.23	5.684
	身势模态	69.054	2.723
语篇模仿	语言模态	315.359	6.219
	视觉模态	144.646	2.852
	身势模态	57.445	2.266
语篇演练	语言模态	1000.983	19.739
	视觉模态	29.2	1.152
	身势模态	10.7	0.422
点评	语言模态	524.268	10.338
	视觉模态	26.041	1.027
	身势模态	128.416	5.065

第八章 多模态教学模式在汉语作为第二语言教学中的应用

分析表8-5数据可以得出：各环节的语言模态的使用都是最多的，从整节课堂来看，该课堂的语言模态的使用也是最多的。由此可以看出，在各环节的教学模态的选择上，该课堂主要以语言模态为主，辅之以视觉模态和身势模态，这也符合语言教学的特点。

2. 不同环节语言模态的使用情况

由表8-5可以看出语言模态是教学过程中最主要的模态，而语言模态又可以分为教师的语言模态和学生的语言模态，通过数据统计得到不同环节教师语言模态和学生语言模态的使用情况（表8-6），对其进行分析可以得出：在语言模态的使用上，从整节课堂来看，教师的语言模态（55.297%）＞学生的语言模态（42.921%），总体上教师的话语量要多于学生的话语量。不过在"语篇演练"环节，教师的语言模态（5.848%）＜学生的语言模态（33.63%），可以看出，该教师能有意识地创设机会，在某些具体环节中注重学生的口语练习。

表8-6 不同环节教师语言模态和学生语言模态的使用情况

教学环节	语言模态	总标注时长（秒）	标注时长百分比（%）
复习	口头语言 T[①]	158.191	6.239
	口头语言 S[②]	63.05	2.487
生词讲解	口头语言 T	341.628	13.473
	口头语言 S	86.864	3.426
语篇模仿	口头语言 T	233.975	9.228
	口头语言 S	81.384	3.21
语篇演练	口头语言 T	148.281	5.848
	口头语言 S	852.702	33.63
点评	口头语言 T	520.01	20.509
	口头语言 S	4.258	0.168

[①] "T"指"Teacher"，"口头语言 T"即指"教师的口头语言"。
[②] "S"指"Student"，"口有语言 S"即指"学生的口头语言"。

3. 不同环节视觉模态的使用情况

在视觉模态的使用上,该教师在不同环节根据其具体情况选择了不同的视觉模态,包括视频、图片、卡片、教材、板书,可以看出视觉模态的选择范围比较广。通过数据统计得到了不同环节视觉模态的具体使用情况,如表8-7所示。

表8-7　不同环节视觉模态的使用情况

教学环节	视觉模态	标注数量(次)
复习	视频	1
	图片	1
	卡片	2
生词讲解	教材	5
	卡片	3
语篇模仿	教材	1
	图片	2
语篇演练	图片	1
点评	板书	5

由表8-7得出:在视觉模态的使用上使用次数教材(6次)＞板书(5次)＝卡片(5次)＞图片(4次)＞视频(1次),可以看出除视频仅在"复习"环节使用了1次外,其他视觉模态的使用情况相差不大,教材的使用次数最多,可见其重要性。

4. 不同环节身势模态的使用情况

在身势模态的使用上,手势的使用通常伴随着语言的使用并起着强化、补充的作用,如"语篇演练"环节教师语言使用较少,因此在手势的使用上也较少。其他各环节中,教师最常用到节拍手势(共22次)和指示手势(共20次),较少用到语用手势(共3次)和模糊手势(共5次)。隐喻手势共使用了10次,使用次数中等(表8-8)。

第八章　多模态教学模式在汉语作为第二语言教学中的应用

表 8-8　不同环节身势模态的使用情况

教学环节	视觉模态	标注数量（次）
复习	指示手势①	6
	模糊手势②	1
	节拍手势③	2
	语用手势④	2
	隐喻手势⑤	1
生词讲解	指示手势	2
	模糊手势	2
	节拍手势	5
	语用手势	1
	隐喻手势	3
语篇模仿	指示手势	5
	模糊手势	1
	节拍手势	9
	隐喻手势	2
语篇演练	节拍手势	1
	语用手势	1
点评	指示手势	7
	模糊手势	1
	节拍手势	6
	隐喻手势	4

---

① 指示手势表达说话人对特定对象或想法的空间距离或心理态度。
② 模糊手势是无交际功能或交际功能不清的手势。
③ 节拍手势是用以强调某个信息或突显话语节奏的手势。
④ 语用手势是具有语用功能的手势。
⑤ 隐喻手势对应话语中所包含的原始隐喻或概念隐喻。

三、传统课堂与现代课堂的模态对比及启示

与传统课堂相比,随着多媒体技术的应用和多模态概念的出现,现代教学课堂在模态的选择上更为广泛,在模态的使用上更为合理。下面从语言模态、视觉模态、身势模态三个方面对传统课堂与现代课堂的模态进行对比讨论,并得出其对汉语教学课堂的启示。

(一)语言模态

不论是传统课堂还是现代课堂,占主导地位的始终是语言。人与人之间的交流离不开语言,教师需要通过语言来讲授知识,通过语言与学生进行交流,所以语言模态是最主要的模态。一般来说,学生操练和教师讲解的时间比例,"综合课,学生的练习时间不能少于60%;口语课,学生的练习时间不能少于70%"(杨惠元,2007)。传统课堂以教师为主体,教师讲、学生听,课堂中教师的语言模态要远远多于学生的语言模态一直为人们所诟病。通过分析表8-6与表8-7的数据可以看出:虽然在现代课堂中语言模态依然是主要的模态,但是在某些环节教师会专门留给学生大块时间进行语言练习。不过如果按照杨惠元(2007)的观点,该口语课堂学生整体的口语练习量仍然有提高的空间。

启示:在汉语教学课堂中,要以学生为主体并把握好教师的主导作用,合理分配教师和学生的语言模态。尤其是在汉语口语教学课堂中,教师和学生的语言模态的分配更为重要,提高学生的话语量,让学生更多地进行高质量的语言表达,是对外汉语教师特别需要关注的问题。

(二)视觉模态

在传统课堂中,由于条件的限制,教师通常在视觉模态的使用上只能使用教材、板书。随着多媒体技术的应用,教师在视觉模态的选择上更为广泛,除了教材、板书,教师可以使用PPT播放视频、展示图片等,也会因为生活资料的丰富,使用其他便于教学的教具(卡片、实物等)。这里重点讨论一下课堂中经常出现的几种视觉模态——教材、板书、卡片、视频、图片。

首先,教材和板书是在教学中需要重视的两种视觉模态。教材是对

第八章　多模态教学模式在汉语作为第二语言教学中的应用

所需学习内容的一种凝练,它包含了词汇、语法、语篇结构等,而这些是在学习过中需要重点掌握的,是进行进一步学习的基础,所以,在教学过程中还是要以教材为主。通过分析表8-7的数据可以看出:该教师在教学过程中使用次数最多的视觉模态是教材,由此也可以看出一节优秀的课堂,教材的使用是非常重要的。和教材一样,板书的作用也是非常重要的,像视频、图片、卡片这些东西,都是教师提前准备好的,是在教师的教学计划中的,而在实际的教学过程中,总会出现一些不在教学计划之中的内容需要学生注意。尤其是当教师临时改变了教学计划时,板书的作用更是突显。在"点评"环节,该教师在视觉模态的选用上只使用了板书,因为学生在辩论中出现的错误是不能预料到的,而对于这些错误又需要学生重点注意,所以这个时候板书是当之无愧的最好选择。

其次,卡片的使用。卡片可以突出一些重点内容(主要是重点生词),它的使用能够让学生的注意力集中,能够强化教师的语言。并且卡片比较容易使用,尤其是在没有多媒体条件的课堂中,想要让课堂变得多彩一些,这个时候可以选择使用卡片。

最后,视频、图片的使用。多媒体技术的发展与应用,让课堂教学变得更加丰富多彩,适当地、恰到好处地使用视频、图片,能够激发学生的学习兴趣,能够给学生更为直观的感受,便于学生理解。通过分析表8-7的数据可以看出:在教学过程中,视频的使用次数最少,只在"复习"环节使用了一次视频。虽然视频的使用能够吸引学生的注意力、激发学生的兴趣,但是过多使用会使课堂脱离对知识的学习。所以在视频、图片的使用上要适当、适量。

前面讨论了教材、板书的重要性,并不代表视频、图片不重要,而是想要表达在教学过程中不能因为多媒体的应用而忽略了教材、板书的使用,当然也不能只使用教材、板书,多媒体技术的发展与应用为教师更好地教好一节课(吸引学生的注意力、激发学生的学习兴趣等)提供了更多的选择,不能浪费这些资源。

启示:在汉语教学课堂中,教师要利用好视觉模态,既要重视教材、板书的使用,也要恰到好处地使用视频、图片、卡片等,让课堂变得丰富多彩且效果显著。

(三)身势模态

在传统课堂的教学过程中,教师也会不自觉的用到一些手势,而当时多模态概念没有出现,大众对教师手势的使用也没有关注,所以教师在手势的使用上缺乏科学的根据。在现代多模态课堂中,教师对手势的使用更为合理,不再像之前那样随便。每种手势都有其独特的价值,这里重点讨论一下几种常见手势——节拍手势、指示手势、隐喻手势、语用手势、模糊手势。

节拍手势伴随着话语出现且容易形成习惯,而这种习惯一般不会影响学生的注意力且能对话语起强调的作用,能使话语带有节奏感,使话语听起来舒适。

指示手势能帮助局限于特定位置的教师表达话语指向,指向某位同学、某个现实中存在的事物、以及虚拟的事物。因此,节拍手势和指示手势较常用到。

在教学过程中,教师一般使用语言加升调来代替语用手势(邀请学生回答问题等),尤其是距离学生较远时,所以较少用到语用手势。

模糊手势的使用意义不大、容易引起学生的无关注意以及不解,因此教师在课堂上模糊手势使用越少越好。

隐喻手势一般用来表达抽象的概念,一般用在教师讲解的过程中,因此隐喻手势的使用次数取决于教师讲解抽象概念的多少。

通过分析表8-8的数据我们也可以看出:节拍手势和指示手势使用最多,语用手势和模糊手势使用较少,隐喻手势使用次数中等。

启示:在汉语教学课堂中,教师应该在了解常用手势的作用的基础上,有意识地培养自己良好的手势使用习惯,能够让手势的使用对教学起到促进作用。

四、结语

通过应用 ELAN 分析软件对一节汉语口语课的多模态运用情况进行定量研究,并结合定性分析、对比分析,发现结果如下。

(1)该课堂主要以语言模态为主,辅之以视觉模态和身势模态。

(2)在模态组合上,该课堂主要为语言模态与视觉模态的组合、语言模态与身势模态的组合。而语言模态与视觉模态的组合包括口语与视频的组合、口语与图片的组合、口语与卡片的组合、口语与教材的组合、口语与板书的组合。语言模态与身势模态的组合主要是口语与手势的

第八章　多模态教学模式在汉语作为第二语言教学中的应用

组合,而手势又包括指示手势、模糊手势、节拍手势、语用手势、隐喻手势。因此,在对外汉语教学过程中,应该根据教学的具体环节合理地选择、使用模态组合,使课堂教学效果达到最大化。

(3)在单个模态的使用上,在汉语教学课堂中要以学生为主体并把握好教师的主导作用,合理分配教师和学生的语言模态。要利用好视觉模态,既要重视教材、板书的使用,也要恰到好处地使用视频、图片、卡片等,让课堂变得丰富多彩且效果显著。此外,教师应该在了解常用手势的作用的基础上,有意识地培养自己良好的手势使用习惯,能够让手势的使用对教学起到促进作用。

由于我们只针对一节口语课进行了个案定量分析,分析样本不够,加之对语料进行标注时难免具有一定的主观性,在某种程度上影响了研究结论,这需要我们今后加强样本研究,提高研究质量。

参考文献

[1] Guichon, N. & McLornan, S. The Effects of Multimodality on L2 Learners: Implications for CALL Resource Design[J]. *System*, 2008, 36(1): 85-93.

[2] Halliday, M. A. K. *Language as a Social Semiotic*[M]. London: Arnold, 1978.

[3] Jewitt, C. *Technology, Literacy and Learning: a Multimodal Approach*[M]. London: Routledge, 2006.

[4] Kress, G. & van Leeuwen, T. *Multimodal Discourse: The Modes and Media of Contemporary Communication*[M]. London: Arnold, 2001.

[5] Kress, G. Van Leeuwen. T. *Reading Images: the Grammar of Visual Design*[M]. London: Routledge, 1996.

[6] Morell, T. Multimodal Competence and Effective Interactive Lecturing[J]. *System*, 2018, (77): 70-79.

[7] New London Group. A Pedagogy of Multi-Literacies: Designing Social Futures[J]. *Harvard Educational Review*, 1996, 66(1): 60-93.

[8] Royce, T. Multimodality in the TESOL Classroom: Exploring Visual-verbal Synergy[J]. *TESOL QUARTERLY*, 2002, 36(2): 191-205.

[9] Wigham, C. R. A Multimodal Analysis of Lexical Explanation Sequences in Webconferencing-supported Language Teaching[J]. *Language Learning in Higher Education*, 2017, 7(1): 81-108.

[10] 巴丹, 杨绪明, 等. "汉语国际教育线上教学模式与方法"大家谈[J]. 语言教学与研究, 2021(1).

[11] 北京语言大学对外汉语研究中心. 国际汉语教学理念与模式创新[M]. 北京: 外语教学与研究出版社, 2011.

参考文献

[12]曹文.汉语语音教程[M].北京:北京语言大学出版社,2002.

[13]陈昌来.对外汉语教学概论[M].上海:复旦大学出版社,2005.

[14]陈绂.从北美地区中小学汉语教师教学的特点谈汉语国际教师的培养[C]//第九届国际汉语教学研讨会论文选——世界汉语教学学会会议论文集.北京:高等教育出版社,2008.

[15]程棠.对外汉语教学目的、原则、方法(第二版)[M].北京:北京语言大学出版社,2008.

[16]程棠.对外汉语语音教学中的几个问题[J].语言教学与研究,1996(3).

[17]崔希亮.对外汉语教学与汉语国际教育的发展与展望[J].语言文字应用,2010(2).

[18]崔希亮.汉语国际教育与人类命运共同体[J].世界汉语教学,2018(4).

[19]崔永华,杨寄洲.对外汉语课堂教学技巧[M].北京:北京语言大学出版社,1997.

[20]崔永华.对外汉语教学的教学研究[M].北京:外语教学与研究出版社,2005.

[21]崔永华.对外汉语教学设计导论[M].北京:北京语言大学出版社,2000.

[22]邓守信.对外汉语教学语法[M].北京:北京语言大学出版社,2010.

[23]丁崇明,荣晶.现代汉语语音教程[M].北京:北京大学出版社,2012.

[24]范晓,胡裕树.有关语法研究三个平面的几个问题[J].中国语文,1992(4).

[25]冯德正,亓玉杰.态度意义的多模态建构——基于认知评价理论的分析模式[J].现代外语,2014(5).

[26]冯德正.多模态语篇分析的基本问题探讨[J].北京第二外国语学院学报,2017(3).

[27]冯凌宇.国际汉语词汇教学实践研究[M].北京:中央民族大学出版社,2018.

[28]冯胜利,施春宏.三一语法:结构 功能 语境——初中级汉语语法点教学指南[M].北京:北京大学出版社,2015.

[29]傅佳,王宇.国际汉语教学组织与课堂管理[M].长春:东北师范大学出版社,2015.

[30]甘瑞瑗.国别化"对外汉语教学用词表"制定的研究:以韩国为例[M].北京:北京语言大学出版社,2014.

[31]顾曰国.多媒体、多模态教学剖析[J].外语电化教学,2007(2).

[32]关键.声调教学改革初探[J].语言教学与研究,2000(4).

[33]郭熙,林瑀欢.明确"国际中文教育"的内涵和外延[N].中国社会科学报,2021-03-16(003).

[34]国家汉语国际推广领导小组办公室.国际汉语教学通用课程大纲[M].北京:外语教学与研究出版社,2010.

[35]郝美玲.留学生汉字正字法意识的萌芽与发展[J].世界汉语教学,2007(1).

[36]胡明扬.语言知识和语言能力[J].语言文字应用,2007(3).

[37]黄伯荣,廖序东.现代汉语(增订五版)[M].北京:高等教育出版社,2011.

[38]季羡林.卷首语[J].语言文字应用,2000(1).

[39]贾宏春.浅谈国际汉语教师的知识储备和素质修养[J].哈尔滨职业技术学院学报,2010(6).

[40]姜丽萍.对外汉语教学论[M].北京:北京语言大学出版社,2008.

[41]姜艳艳,李登桥.多模态理论在对外汉语教学中的应用——以"把"字句的教学为例[J].教学研究,2016(4).

[42]姜艳艳,刘宾.对外汉语教师多模态课堂话语分析[J].五邑大学学报(社会科学版),2020(1).

[43]姜艳艳.从口语体看对外汉语口语教材的编写[J].语文学刊,2012(11).

[44]姜艳艳.多模态教学模式在《语言学概论》课程中的应用[J].语文学刊,2014(10).

[45]教育部中外语言交流合作中心.国际中文教育中文水平等级标准[M].北京:北京语言大学出版社,2021.

[46]孔依丹.互联网背景下国际汉语课堂的教学特点及改进建议[J].云南师范大学学报(对外汉语教学与研究版),2020(6).

[47]孔子学院总部/国家汉办.国际汉语教师标准[S].北京:外语

教学与研究出版社,2015.

[48]李柏令.建构主义学习理论与对外汉语教学[J].云南师范大学学报,2003(4).

[49]李柏令.新思域下的汉语课堂"以学生为中心"的对外汉语教学探索[M].上海:上海交通大学出版社,2009.

[50]李宝贵,刘家宁.新时代国际中文教育的转型向度、现实挑战及因应对策[J].世界汉语教学,2021(1).

[51]李丹萌.汉语国际教育中线上汉语教学的应用研究[D].郑州大学,2017.

[52]李德津,金德厚.汉语语法教学[M].北京:北京语言大学出版社,2009.

[53]李冬艳,胥国红.优秀大学英语教师课堂的多模态话语分析[J].语文学刊,2011(10).

[54]李莒霄.认知学习理论及其在外语教学中的运用[J].教育探索,2006(8).

[55]李玲玲.多模态教学模式在对外汉语教学中的应用研究[D].西北师范大学,2016.

[56]李培毓.新目标 新观念 新定位:新时代背景下的国际中文教育[N].中国社会科学报,2020-06-02(003).

[57]李泉,陈天琦.论新时代对外汉语教学的"大学科化"之路[J].语言文字应用,2020(2).

[58]李泉.对外汉语教学理论研究[M].北京:商务印书馆,2006.

[59]李泉.论汉语国际化规划[J].辽宁大学学报(哲学社会科学版),2021(1).

[60]李泉.新时代对外汉语教学研究:取向与问题[J].语言教学与研究,2020(1).

[61]李泉.中国对外汉语教学七十年[J].语言战略研究,2019(4).

[62]李先银,吕艳辉,魏耕耘.词汇教学方法与技巧[M].北京:北京语言大学出版社,2015.

[63]李晓琪.对外汉语文化教学研究[M].北京:商务印书馆,2006.

[64]李宇明,唐培兰.论汉语的外语角色[J].语言教学与研究,2020(5).

[65]李宇明.海外汉语学习者低龄化的思考[J].世界汉语教学,

2018(3).

[66]李宇明.世界汉语与汉语世界[J].中山大学学报,2021(3).

[67]李宇明,等."新冠疫情下的汉语国际教育:挑战与对策"大家谈(上)[J].语言教学与研究,2020(3).

[68]李战子.多模式话语的社会符号学分析[J].外语研究,2003(5).

[69]李智强.汉语语音习得与教学研究[M].北京:北京语言大学出版社,2018.

[70]林焘,王理嘉.语音学教程(增订版)[M].北京:北京大学出版社,2013.

[71]刘富华,李轶,吕文杰.汉语语音训练教程[M].北京:北京语言大学出版社,2006.

[72]刘富华,吕文杰,东孝拓.对日汉语语音教学法:怎样教日本人汉语语音[M].北京:北京语言大学出版社,2014.

[73]刘红梅,武传涛.实用汉语语音[M].合肥:安徽教育出版社,2003.

[74]刘利.面向来华留学生讲好"中国故事"[J].北京教育(高教),2020(5).

[75]刘珣."结构—功能—文化相结合"的汉语教学理念再思考[J].国际汉语教学研究,2014(3).

[76]刘珣.对外汉语教育学引论[M].北京:北京语言大学出版社,2000.

[77]刘玉屏.汉语作为第二语言语法教学[M].北京:中央民族大学出版社,2017.

[78]龙春红.对外汉语教学课堂管理探析[J].教育现代化,2019(74).

[79]卢福波.汉语语法教学理论与方法[M].北京:北京大学出版社,2010.

[80]陆方喆,张未然,马晓娟.国际汉语语法教学[M].武汉:武汉大学出版社,2017.

[81]陆俭明."对外汉语教学"中的语法教学[J].语言教学与研究,2000(3).

[82]陆俭明,等."新冠疫情下的汉语国际教育:挑战与对策"大家谈(下)[J].语言教学与研究,2020(5).

[83]吕必松.对外汉语教学发展史(上编)[M].北京:北京语言大

学出版社,2017.

[84]吕叔湘.语文常谈[M].北京:北京大学出版社,1980.

[85]罗青松.对外汉语写作教学研究述评[J].语言教学与研究,2011(3).

[86]毛世桢.对外汉语语音教学[M].上海:华东师范大学出版社,2008.

[87]孟丹,王红燕.对外汉语教学课堂教学法初探[J].教育现代化,2016(4).

[88]宁继鸣.汉语国际教育:"事业"与"学科"双重属性的反思[J].语言战略研究,2018(6).

[89]宁建花.大学英语教学大赛优秀教师的多模态话语特征[J].山东外语教学,2019(3).

[90]潘先军.基于多模态与多元智能理论的视听说教学[J].国际汉语教学研究,2019(1).

[91]潘艳艳,李战子.国内多模态话语分析综论(2003—2017)[J].福建师范大学学报(哲学社会科学版),2017(5).

[92]亓海峰.汉语语音与语音教学[M].北京:华语教学出版社,2017.

[93]齐沪扬.对外汉语教学语法[M].上海:复旦大学出版社,2013.

[94]冉晓丽.对外汉语课堂教学研究[M].南京:江苏凤凰美术出版社,2018.

[95]汝淑媛.语境理论与多媒体对外汉语语法教学[J].中国电化教育,2011(4)

[96]邵滨,刘帅奇.说说"国际中文教育"[N].语言文字报,2020-12-2(002).

[97]沈敏.新时代汉语国际传播的湖南对策[J].湖南社会科学,2021(2).

[98]施春宏,蔡淑美.汉语基本知识语音篇[M].北京:北京语言大学出版社,2017.

[99]宋安琪,孙丹.国际汉语课堂活动设计与应用[M].广州:暨南大学出版社,2016.

[100]宋海燕.国际汉语语音与语音教学[M].北京:高等教育出版社,2013.

[101]孙德金.对外汉语语音及语音教学研究[M].北京:商务印书

馆,2006.

[102]孙汝建.三个平面理论在语法教学中的运用[J].深圳教育学院学报,1999(2).

[103]田晋华.初级汉语听力课中多模态形式调用及协同关系[J].国际汉语教学研究,2019(3).

[104]田艳.国际汉语课堂教学研究:课堂教学的组织与设计[M].北京:中央民族大学出版社,2010.

[105]田禹,孙若耘.试论汉语国际教育课堂教学设计原则的建构[J].云南师范大学学报(对外汉语教学与研究版),2019(4).

[106]王艾录,司富珍.汉语的语词理据[M].北京:商务印书馆,2001.

[107]王春辉.历史大变局下的国际中文教育[J].云南师范大学学报(哲学社会科学版),2021(2).

[108]王海峰.复杂形势下的中文教育国际化之路[J].海外华文教育,2020(5).

[109]王辉,冯伟娟.何为"国际中文教育"?[EB/OL].光明网,2021-3-15.

[110]王辉.新冠疫情影响下的国际中文教育:问题与对策[M].语言教学与研究,2021(3).

[111]王珊,刘峻宇.国际汉语词汇教学中的多模态话语分析[J].汉语学习,2020(6).

[112]王添淼.不同国别汉语学习者汉语拼音使用情况及其教学策略[J].语言文字应用,2013(S1).

[113]王韫佳.也谈美国人学习汉语声调[J].语言教学与研究,1995(3).

[114]王祖嫘.论美国中文沉浸式教学的多模态话语[J].民族教育研究,2016(4).

[115]威妥玛.语言自迩集[M].张卫东,译.北京:北京大学出版社,2002.

[116]吴中伟.怎样教语法——语法教学理论与实践[M].上海:华东师范大学出版社,2007.

[117]徐通锵.汉语字本位语法导论[M].济南:山东教育出版社,2008.

[118]许琳.汉语国际推广的形势和任务[J].世界汉语教学,2007(2).

[119]闫旭."后疫情时代"国际汉语线上教学研究[D].哈尔滨师范大学,2021.

[120]杨惠元.国际汉语教师课堂教学法[M].北京:北京语言大学出版社,2018.

[121]杨惠元.课堂教学理论与实践[M].北京:北京语言大学出版社,2007.

[122]杨玉玲,付玉萍.美国学生"识词不识字"现象实验研究[J].语言文字应用,2014(2).

[123]叶盼云,吴中伟.外国人学汉语难点释疑[M].北京:北京语言大学出版社,1999.

[124]余维.日、汉语音对比分析与汉语语音教学[J].语言教学与研究,1995(4).

[125]喻江.声调教学新教案[J].语言教学与研究,2007(1).

[126]袁萍,刘玉屏.基于ELAN的国际汉语语法教学多模态话语研究[J].辽宁师范大学学报(社会科学版),2020(1).

[127]张博.提高汉语第二语言词汇教学效率的两个前提[J].世界汉语教学,2018(2).

[128]张德禄,丁肇芬.外语教学多模态选择框架探索[J].外语界,2013(3).

[129]张德禄,李玉香.多模态课堂话语的模态配合研究[J].外语与外语教学,2012(1).

[130]张德禄,王正.多模态互动分析框架探索[J].中国外语,2016(2).

[131]张德禄,袁艳艳.动态多模态话语的模态协同研究——以电视天气预报多模态语篇为例[J].山东外语教学,2011(5).

[132]张德禄,张时倩.论设计学习——多元读写能力培养模式探索[J].解放军外国语学院学报,2014(2).

[133]张德禄,张淑杰.多模态外语教材编写原则探索[J].外语界,2010(5).

[134]张德禄.多模态话语分析综合理论框架探索[J].中国外语,2009a(1).

[135]张德禄.多模态话语理论与媒体技术在外语教学中的应用

[J].外语教学,2009b(4).

[136]张德禄.多模态外语教学的设计与模态调用初探[J].中国外语,2010(3).

[137]张德禄.论多模态话语设计[J].山东外语教学,2012(1).

[138]张德禄.适用性社会符号学的理论与实践研究[J].外语与外语教学,2010(5).

[139]张和生,马燕华.对外汉语教学示范教案[M].北京:北京师范大学出版社,2009.

[140]张和生.对外汉语词汇教学研究——义类与形类[M].北京:北京大学出版社,2010.

[141]张旺嘉.汉语作为第二语言教学的语法与语法教学研究[M].北京:商务印书馆,2019.

[142]张未然.新形势下孔子学院的舆情困境:特征、原因与对策[J].现代传播,2021(3).

[143]张新生,李明芳.汉语国际教育的终极目标与本土化[J].语言战略研究,2018(6).

[144]张雪辰.浅谈面向非汉字文化圈留学生的汉字部件教学[J].汉字文化,2018(18).

[145]赵金铭.对外汉语教学概论[M].北京:商务印书馆,2004.

[146]赵金铭.汉语可以这样教——语言技能篇[M].北京:商务印书馆,2006.

[147]赵金铭.从一些声调语言的声调说到汉语声调[C]//世界汉语教学学会.第二届国际汉语教学讨论会论文选.北京:北京语言学院出版社,1987.

[148]赵杨.构建国际中文教育标准体系[J].国际汉语教学研究,2021(2).

[149]郑艳群.多媒体汉语课堂教学方法[J].语言文字应用,2006(1).

[150]周国鹃,李迅.对外汉语课堂教学设计与技能[M].苏州:苏州大学出版社,2015.

[151]周健.汉语课堂教学技巧325例[M].北京:商务印书馆,2009.

[152]周小兵.对外汉语教学导论[M].北京:商务印书馆,2009.

[153]周小兵.汉语教材需要本土化吗[J].国际汉语教学研究,2014(1).

[154]周小兵.汉语知识与教学技能[M].北京:北京语言大学出版社,2015.

[155]周小兵,等.对外汉语教学入门(第3版)[M].广州:中山大学出版社,2017.

[156]朱芳华.对外汉语教学难点问题研究与对策[M].厦门:厦门大学出版社,2016.

[157]朱金兰,陈新仁.优秀教师多模态英语课堂话语的语用分析[J].山东外语教学,2015(1).

[158]朱永生.多模态话语分析的理论基础与研究方法[J].外语学刊,2007(5).

后 记

从 2005 年开始与对外汉语结缘,时光荏苒,已经过去了十六个春秋。十六年来,我教授过外国留学生,也教授过中国对外汉语专业(后更名为"汉语国际教育专业")本科生,积累了一定的汉语教学经验,目睹汉语教学事业的蓬勃发展,也见证了聊城大学汉语国际教育本科专业的成长。十多年来,我教授《对外汉语教学概论》《对外汉语教学法》《对外汉语教学语法》《语言学概论》《现代汉语》等本科专业课程,历经数载,有了一定的积累。本书即是在笔者相关课程讲义的基础上不断补充、完善、编辑而成,是对我多年来从事汉语教学的一个总结。几年前就萌生了出版一本汉语作为第二语言教学方法方面的专著,恰逢 2019 年和 2020 年获批了一个校级教研项目和一个科研项目,在课题研究的过程中,更加坚定了这种想法。但当真正着手实施时,才知道有多么不易。

近两年,我一直利用寒暑假不断充实、完善书稿。往事历历在目,仍记得那个凌晨三点半还在昏暗的电脑光线下(为了不打扰孩子们睡觉,没有开灯)翻阅一本本资料的自己;记得那个暑假在教室热得汗流浃背努力改稿的自己。三年来,这本书就如同自己的一个孩子,我悉心培育,将他养大。书稿付梓之际,尽管有诸多不足,但仍然有一种敝帚自珍的感觉。

感谢前辈时贤,本书在撰写过程中参考并借鉴了很多专家学者的研究成果和观点,行文中未能一一注明,所参考的文献都列在了书末参考文献中,在此对相关作者表示最诚挚的谢意!也要感谢张雪辰、孟庆昕、赵鑫鑫同学提供的数据和资料,使得本书最后两章的内容更加充实完善。感谢全家人对我的支持,在成稿最后阶段,六岁的孩子贴心地说,"妈妈最近写书比较焦虑,我要好好表现",家中老人也全力帮助带娃,于是我得以在神兽们都在家的假期抽出时间完稿。另外,感谢学院领导这么多年对自己的关心爱护,感谢出版社的编辑为这本书的出版所付出的

后　记

努力。由于水平、时间、精力有限,书中存在很多不足和疏漏之处,敬请广大学者和读者批评指正。

　　学而后知不足,写而后更知差距。本书的写作过程是我不断学习的过程,也是我不断发现自身不足的过程。在今后的日子中,希望自己能够继续认真踏实地做人做事,将教书育人作为自己的事业,也为我国的国际中文教育事业贡献自己的绵薄之力。

姜艳艳

2021 年 8 月